Der Bericht der Expedition, die George Mallory fand

Jochen Hemmleb / Larry A. Johnson / Eric R. Simonson

DIE GEISTER DES MOUNT EVEREST

DIE SUCHE NACH MALLORY UND IRVINE

Nach den Erzählungen der Autoren
wiedergegeben von William E. Nothdurft
Aus dem Amerikanischen von Hainer Kober

Hoffmann und Campe

Die Originalausgabe erschien im Oktober 1999 unter dem Titel
Ghosts of Everest: The Search for Mallory & Irvine
bei The Mountaineers Books, Seattle

Das achte Kapitel wurde von Thorsten Schmidt übersetzt. Überarbeitung der deutschen Ausgabe: Jochen Hemmleb

Die Deutsche Bibliothek – CIP-Einheitsaufnahme
Hemmleb, Jochen
Die Geister des Mount Everest: die Suche nach Mallory und Irvine/
Jochen Hemmleb; Larry A. Johnson; Eric R. Simonson
Aus dem Amerikan. von Hainer Kober
– 1. Aufl. – Hamburg: Hoffmann und Campe, 1999
Einheitssacht.: Ghosts of Everest <dt.>
ISBN 3-455-11273-0

Layout: Jennifer LaRock Shontz
Bildrecherche (historische Fotos): Margaret K. Sullivan
Fotos zu den Kapitelüberschriften: Jim Fagiolo; © Mallory & Irvine Research Expedition
Schutzumschlaggestaltung: Thomas Bonnie
Fotos auf der vorderen Umschlagseite: *Mallory und Irvine am Nordsattel beim Aufbruch zu ihrem letzten Anstieg am 6. Juni 1924* (Foto: Noel Odell, © Royal Geographical Society, London); *Nachricht Mallorys an John Noel, die Träger am 7. Juni 1924 vom Lager VI überbrachten* (© John Noel Photographic Collection); *Everest-Gipfelpyramide* (© Jake Norton)
Fotos auf der hinteren Umschlagseite: *Mitglieder der britischen Everest-Expedition 1924* (© John Noel Photographic Collection); *Mitglieder der 1999 Mallory & Irvine Research Expedition* (© Schelleen Scott)
Fotos auf der hinteren Klappe: *Jochen Hemmleb* (© Schelleen Scott); *Eric Simonson* (© Andy Politz); *Larry Johnson* (© William J. Schwartz)
Frontispiz: *Pioniere des Everest – George Leigh Mallory und Andrew Comyn Irvine* (© Royal Geographical Society, London; © The Sandy Irvine Trust). Collage von Jennifer LaRock Shontz
Satz und Lithographie: Alphabeta Druckformdienst GmbH, Hamburg
Druck und Bindung: Clausen & Bosse, Leck
Printed in Germany

Inhalt

Dank

Die Mallory & Irvine Research Expedition 1999 hätte keinen Erfolg gehabt ohne die Mühe und Unterstützung vieler Einzelpersonen, Organisationen und Unternehmen in den Vereinigten Staaten, Großbritannien, Nepal, China und Tibet.

Tom Holzel und Audrey Salkeld schulden wir Dank für ihre wegweisende Forschungsarbeit über das Geheimnis um Mallory und Irvine.

Wir danken der ganzen Expeditionsmannschaft für die hervorragenden bergsteigerischen Leistungen, den Teamgeist und die Begeisterung, die sie für das Projekt gezeigt hat, und wir danken den Sherpas, die dafür gesorgt haben, daß wir diesen Traum verwirklichen und unseren Beitrag zu einem Ereignis von historischer Bedeutung leisten konnten.

Für die unermüdliche Arbeit bei der Vorbereitung, Organisation und vielen anderen Aufgaben sind wir Erin Copland verpflichtet.

Wir danken ferner unseren Medienpartnern: Chuck Gottschalk, Peter Potterfield und Anya Zolotusky von *Mountainzone.com*; Liesl Clark, David Breashears und Paula Apsell von WGBH/*NOVA*; Graham Hoyland, Peter Firstbrook und Kate Slattery von der BBC; Nate Simmons, Lisa Raleigh und Penn Newhart von Backbone Media.

Für besondere Hilfe während der Expedition schulden wir alten und neuen Freunden Dank, unter anderem: Ying Daoshui vom Chinesisch-tibetischen Bergsteigerverband; Liu Feng, Zhao Lin Lin und Renchin Phinjo, unseren Verbindungsoffizieren; Xu Chuan, dem Dolmetscher; Sonam Gyalpo und Ang Jangbo von Great Escapes Trekking in Katmandu.

Für ihre unschätzbare Erfahrung und Hilfe bei der Untersuchung der Fundstücke: Schelleen Scott und Heather Macdonald; Larry Huntington, Dan Mann und Charlie Peck von der American Foundation for International Mountaineering, Exploration and Research; Patricia Blankenship und Lynn Anderson vom Washington State Historical Museum; dem Archäologen Dr. Rick Reanier und dem Pathologen Dr. Donald T. Reay.

Clare Millikan, John Mallory und ihren Familien.

Für die Verwirklichung dieses Buches und die Umsetzung der Ereignisse in eine spannende, wahrheitsgetreue Geschichte: dem Autor Bill Nothdurft, außerdem Margaret Foster, Art Freeman und den Mitarbeitern bei Mountaineers Books.

Nicht zu vergessen:

Jochen Hemmleb dankt Larry Johnson für seine unermüdliche Unterstützung und Loyalität und Eric Simonson für die Organisation und Leitung der Expedition bis zu ihrem erfolgreichen Abschluß. Folgende Personen halfen bei den Recherchen für dieses Buch: Dr. Gerhard Bax, Gay Blanchard von der Barnard Castle School, Russell Brice, der inzwischen verstorbene Mal Duff, Kiyoshi Furuno, Harry Hett, Maohai Huang, Tim Macartney-Snape, Colin Monteath, Sandra Noel, Joanna Scadden von der Royal Geographic Society, Marc Small, Mike Smith, Julie Summers vom Sandy Irvine Trust, Swiss Airphoto & Survey, Jon Tinker, Brad Washburn, Thomas Wetter und Professor Zhou Zheng. Außerdem dankt Jochen Hemmleb seiner Familie und seinen Freunden für Liebe, Freundschaft und Unterstützung über die Jahre.

Larry Johnson dankt Jochen Hemmleb für die Anregung, sich an diesem großen Abenteuer zu beteiligen, und Eric Simonson für die Verwirklichung der Expedition. In nicht geringerem Maße gilt sein Dank seiner Frau Dottie, die ihm mit Liebe und Tatkraft beigestanden hat, und seinen Kindern für ihre Hilfe und Ermutigung.

Eric Simonson dankt seinen Eltern Hal und Carolyn Simonson sowie seinen Freunden, Klienten und Kollegen für ihre fortwährende Unterstützung und Ermutigung.

Vorwort von Clare Mallory Millikan

Als Sir Edmund Hillary und Tenzing Norgay 1953 die Erstbesteigung des Mount Everest gelang, verfolgte ich das Ereignis mit gemischten Gefühlen. Einerseits freute ich mich über ihren Erfolg – schien es doch zeitlich außerordentlich gut zu passen: ein Krönungsgeschenk für die junge Queen Elizabeth. Andererseits aber fragte ich mich, ob die Menschen nun meinen Vater George Mallory vergessen würden, der mit seinem jungen Begleiter Andrew Irvine verschollen war, seit die beiden 1924 während einer der frühen englischen Everest-Expeditionen den letzten Gipfelaufstieg gewagt hatten.

Mein Vater wählte »Sandy« Irvine als Begleiter für die Gipfelbesteigung und nicht Noel Odell, ein anderes Expeditionsmitglied, obwohl Noel der erfahrenere Kletterer war. Im wesentlichen traf mein Vater die Entscheidung, denke ich, weil Irvine wochenlang wie besessen an der Vervollkommnung des Sauerstoffgeräts gearbeitet hatte, von dem ihre Erfolgsaussichten abhingen. (Tatsächlich stellte ich später, als ich mit Odell auf der Isle of Skye in Schottland kletterte, fest, daß er ein freundlicher und zuverlässiger Mann war, aber kein besonders versierter Felskletterer.) Am Ende war es natürlich Odells letzte Sichtung der beiden bei der Überkletterung einer Steilstufe am Gipfelgrat, die zu einem so wesentlichen Teil des Dramas wurde und die Kontroverse entfachte, ob die beiden den Gipfel erreicht hatten oder nicht.

Mein Vater und der Expeditionsleiter Edward Norton waren damals noch immer tief bekümmert über den Tod von sieben Trägern, die während der Expedition von 1922 einer Lawine zum Opfer gefallen waren, und daher entschlossen, bei der Expedition im Jahr 1924 keine unnötigen Risiken einzugehen – weder für ihre Träger noch für sich selbst. Bezüglich der Frage, ob mein Vater und Andrew Irvine den Gipfel erklommen haben, bevor sie verschwanden, schrieb Norton meiner Mutter später vom Basiscamp aus: »Ich würde die Chancen fünfzig zu fünfzig einschätzen. Zwar waren sie unerklärlich spät an dem Punkt, an dem sie zuletzt gesehen wurden, aber sie hatten noch genügend Zeit, um ohne ernsthafte Gefahr den Gipfel zu erreichen. Offenbar hatten sie das schwierigste Hindernis schon überwunden.« Vielleicht war das Urteilsvermögen meines Vaters durch die Höhe getrübt. Vielleicht hätte es sie gerettet, wenn sie früher umgekehrt wären.

Vier Tage bevor mein Vater den Gipfel in Angriff nahm, gelangten Norton und Howard Somervell, ein weiteres Expeditionsmitglied, in der Nordwand des Everest auf eine Höhe von mehr als 8500 Meter – eine historische Leistung. Doch wer, von einigen Chronisten des Bergsteigens abgesehen, erinnert sich heute noch an Norton oder Somervell oder an Captain Noel, der so wunderbare Fotografien aus dieser schroffen Eiswelt mitbrachte? Wer erinnert sich an die späteren Versuche von Shipton, Smythe und Longland?

Clare Mallory als junges Mädchen: Porträt von T. A. Gotch (Quelle unbekannt)

Aber das Rätsel, was mit meinem Vater und seinem jungen Gefährten am 8. Juni 1924 geschah, läßt die Menschen noch heute, fast ein dreiviertel Jahrhundert später, nicht los. Hunderte von Menschen haben inzwischen den Mount Everest bestiegen – Männer, Frauen, erfahrene Bergsteiger und Neulinge. Auch der Enkel meines Vaters, mein Neffe George Mallory II, hat den Gipfel erreicht. Der Everest ist im Alleingang, mit und ohne Sauerstoffgerät bezwungen worden. Man hat ihn auf vielen verschiedenen Routen bestiegen. Gleichwohl, das Bild von Mallory und Irvine, diesen beiden frühen Abenteurern, mit ihrer unzulänglichen Bekleidung und primitiven Ausrüstung, hoch oben auf der Eispyramide unterwegs in das Unbekannte, beflügelt noch immer die Phantasie der Öffentlichkeit.

Als ich im Frühling dieses Jahres die sensationelle Nachricht vernahm, man habe den Leichnam meines Vaters entdeckt, betrübte es mich zunächst ein wenig, daß man seine Ruhe gestört hatte. Doch als ich dann mit den Bergsteigern sprach, die ihn gefunden hatten, und spürte, wie sehr sie ihn verehrten und wie sehr sie davon überzeugt schienen, er habe seinen Frieden mit dem Berg gemacht, kamen die alten Gefühle wieder hoch: Wäre er früher umgekehrt, hätte er vielleicht überlebt, statt dort zerschmettert auf einem kalten Felssims zu liegen, und ich wäre an der Seite jenes wunderbaren Mannes aufgewachsen, der mein Vater war. Später, als der Leiter der Mallory & Irvine Research Expedition, Eric Simonson, mich in Berkeley besuchte und der ganzen Familie die Dinge zeigte, die das Team bei dem Leichnam meines Vaters gefunden hatte, konnte ich die Schneebrille in den Händen halten, die er in der Tasche gehabt hatte – womöglich dieselbe Schneebrille, die er mir gezeigt hatte, als ich acht Jahre alt gewesen war. Die Bergsteiger hatten auch Briefe von Angehörigen und Freunden in seiner Tasche entdeckt. Jedoch keine Spur von einem Bild meiner Mutter! Ist daraus zu schließen, daß ihm vor seinem Tod der Triumph zuteil wurde, auf dem höchsten Punkt der Erde zu stehen? Befindet sich die Fotografie dort? Das Geheimnis bleibt – und vielleicht ist es auch viel interessanter so.

Mit Bergsteigerliteratur habe ich mich wenig befaßt und nur die Bücher einiger weniger Menschen gelesen, die ich kenne, wie die von Geoffrey Young oder Wilfred Noyce und einige Bücher über meinen Vater. Solche Lektüre weckt in mir immer nur die Sehnsucht, selber dort zu sein. Doch als Historikerin hat mich dieses Buch wirklich interessiert – es ist ein spannender Bericht, der Schritt für Schritt erzählt, wie der Aufstieg von 1924 verlief, und parallel dazu, wie die Expedition von 1999 vonstatten ging und zur Entdeckung meines Vaters führte. Ich hoffe, es wird viele Leser finden.

Clare Mallory Millikan
Berkeley, Kalifornien
August 1999

Vorbemerkung an den Leser

Wenn drei Leute beschließen, gemeinsam ein Buch zu schreiben, stellt sich sofort das praktische Problem: Wer erzählt die Geschichte? Hinzu kommt, daß es sich ja um mehr als nur unsere Geschichte handelt; wir haben viele Ausschnitte aus längeren Interviews mit anderen Expeditionsmitgliedern aufgenommen – Dave Hahn, Jake Norton, Andy Politz, Tap Richards und unserem Expeditionsarzt Lee Meyers.

Am Ende haben wir uns dazu entschlossen, unsere Erlebnisse dem in Seattle lebenden Autor Bill Nothdurft zu schildern, damit er sie Ihnen erzählt.

Jochen Hemmleb
Larry Johnson
Eric Simonson

PROLOG

Der letzte Versuch

Ich kann mir nicht vorstellen, besiegt herunterzukommen...
George Mallory

Fünfundsiebzig Jahre lang wußte man mit Gewißheit nicht mehr als dies: Am 6. Juni 1924 krochen kurz nach Morgengrauen zwei Mitglieder der englischen Everest-Expedition, George Leigh Mallory und Andrew Comyn Irvine, aus ihrem einfachen Leinwandzelt auf dem Nordsattel, einem 7066 Meter hohen windgepeitschten Joch aus Schnee, Eis und Fels zwischen dem ungeschlachten Massiv des Everest selbst und seinem niedrigeren Nordgipfel, Changtse. Es war der Beginn eines Tages, der in die Geschichte des Bergsteigens eingehen sollte.

An diesem strahlenden, aber bitterkalten Morgen waren sie nicht allein. Die beiden Expeditionsmitglieder Noel Ewart Odell und John de Vere Hazard hatten ihnen ein herzhaftes Frühstück aus gebratenen Sardinen, Keksen, Tee und heißer Schokolade zubereitet, das sie, wie Odell später beklagen sollte, »kaum wertzuschätzen wußten«.[1] In einem anderen Zelt, das zur Verdunklung mit Schlafsäcken verhängt war, lag der Expeditionsleiter Colonel Edward Felix Norton, vollkommen schneeblind und mit schrecklichen Augenschmerzen nach einem fehlgeschlagenen Gipfelversuch zwei Tage zuvor. Er hoffte auf Hilfe im vorgeschobenen Basislager, etwa fünfhundert Meter unterhalb des Sattels.

Die Männer sprachen nicht viel. Das war auch nicht nötig. Sie wußten alle, daß sie in einer kritischen Situation steckten. Vor mehr als zwei Monaten waren sie aus Darjeeling in Indien nach Tibet aufgebrochen und vor mehr als

Gegenüberliegende Seite:
Mount Everest – Chomolungma, Göttinmutter der Erde (*Foto Jake Norton*)

einem Monat in ihrem Basislager an der Endmoräne des Rongbukgletschers auf der tibetischen Hochfläche im Norden des Everest angekommen. Zweimal hatten sie im vergangenen Monat versucht, höher auf den Berg zu gelangen – einmal waren sie bis Lager III am Fuß des Nordsattels, einmal bis Lager IV auf dem Sattel selbst vorgestoßen –, und zweimal hatten sie widriges Wetter und Mißgeschicke wieder ins Basislager zurückgetrieben. In den ersten Junitagen hatte das Expeditionsteam es endlich geschafft, zwei Hochlager einzurichten: Lager V auf 7710 Meter und Lager VI auf 8230 Meter Höhe.[2] Doch zwei Versuche, den 8848-Meter-Gipfel des Everest zu erreichen, waren fehlgeschlagen. Ihnen gingen die Vorräte aus. Viele der eingeborenen Träger waren zu krank, um nochmals aufsteigen zu können, und auch das Expeditionsteam selbst war auf einen harten Kern von Unverzagten zusammengeschmolzen. Vor allem aber lief ihnen die Zeit davon. In wenigen Tagen, vielleicht sogar Stunden, war mit dem jährlichen Monsun zu rechnen, der aus dem feuchten indischen Subkontinent heraufziehen und die Höhen des Himalaja unter immer neuen Wellen von Schneestürmen begraben würde.

Mallory hatte das alles schon erlebt. Zweimal. Die Everest-Expedition von 1924 war der dritte britische Versuch in vier Jahren. Weder den Nord- noch den Südpol hatten die Engländer als erste erreicht, nun sollte wenigstens der »dritte Pol«, der Everest, ihnen gehören. Unter dem Eindruck eines aufsehen-

Die erste Gipfelseilschaft 1922 (von links nach rechts): Henry Morshead, George Mallory, Theodore Somervell und Edward Norton (*Foto John Noel; mit freundlicher Genehmigung des Mountain Camera Archive*)

erregenden Vortrags des Himalaja-Forschers Captain John Noel, der 1913 einen klammheimlichen Vorstoß nach Tibet unternommen hatte, wurde 1921 eine erste Expedition organisiert, die vor allem die Erkundung des kartografisch nicht erfaßten Gebiets nördlich und östlich des Mount Everest zum Ziel hatte. Dennoch lockte der Gipfel, und noch bevor das Expeditionsteam in England aufgebrochen war, hatte Mallory schon beklagt, es weise für diese Aufgabe nicht die richtigen Teilnehmer auf. Abgesehen von Mallorys Kletterpartner Guy Bullock stammten die meisten Mitglieder aus dem »Klüngel« des British Alpine Club. Sie waren schlicht zu alt, um in großen Höhen klettern zu können. Und tatsächlich starb eines der Expeditionsmitglieder schon auf dem Fußmarsch zum Everest.

Nach wochenlangen Erkundungen entdeckte Mallory eine Route, die von Nordosten zum Gipfel führte. In letzter Minute wurde noch eine Gipfelbesteigung versucht, doch die Kletterer kamen nur bis zum Nordsattel, wo sie ein mörderisches Wetter wieder zum Abstieg zwang. Wenn sie auch schlecht ausgerüstet und schlecht vorbereitet waren – »Ich bezweifle, daß jemals ein großes Kletterunternehmen mit bescheideneren Kräften in Angriff genommen wurde«[3], schrieb Mallory –, so war es doch allemal eine historische Leistung.

Noch bevor das 1921er Team aus Tibet zurückgekehrt war, bereiteten offizielle Kreise in London bereits eine weitere Expedition für das nächste Jahr vor. Diesmal waren neben Mallory mehrere erfahrene Bergsteiger mit von der Partie. Auf dieser Expedition schlug die erste Gipfelseilschaft ein Lager V in einer Höhe von 7620 Metern auf, kam aber nur auf 8130 Meter[4], bevor Erschöpfung und Krankheit den weiteren Aufstieg verhinderten. Eine weitere Seilschaft, diesmal mit Sauerstoffgeräten ausgerüstet, errichtete Lager V auf 7770 Metern, doch Probleme mit der Sauerstoffversorgung zwangen sie auf einer Höhe von 8380 Metern zur Umkehr.[5] Schließlich leitete Mallory einen dritten Versuch, den Gipfel zu bezwingen, gelangte dabei aber noch nicht einmal bis zum Nordsattel: Eine Lawine auf dem Schneehang oberhalb des vorgeschobenen Basislagers riß sieben Träger in die Tiefe. Die Expedition war zu Ende.

Die zweite Gipfelseilschaft 1922: Geoffrey Bruce und George Finch (*Foto John Noel; © Royal Geographical Society, London*)

An diesem verheißungsvollen Junimorgen im Jahre 1924 schnallten sich Mallory und Irvine ihre primitiven, unzuverlässigen und gnadenlos schweren Sauerstoffgeräte um. Noel Odell machte ein Foto von ihnen. Auf dem Bild sieht man Irvine, einen kräftigen, jungen Mann von zweiundzwanzig Jahren, wie er ruhig dasteht, die Hände in den Taschen, den Kopf etwas geneigt, und Mallory beobachtet, der mit seiner Sauerstoffmaske hantiert. Mallory ist sicherlich der beste englische Bergsteiger seiner Zeit, aber immerhin schon achtunddreißig und damit »etwas betagt« für solche Himalaja-Expeditionen. Doch er ist fasziniert – fast besessen – von diesem Berg und entschlossen, ihn zu bezwingen; das ist er sich und seinem Land schuldig. Es wird der dritte und letzte Versuch auf dieser Expedition sein. Wenn er sich also lange mit seinem Sauerstoffgerät beschäftigt, dann hat er seine Gründe: Alles muß perfekt sein. Es ist ihre letzte Chance. Wenn sie als erste Menschen den höchsten Punkt der Erde erreichen wollen, dann muß dieser Versuch gelingen. Jetzt oder nie.

Das letzte Bild von Mallory und Irvine beim Aufbruch vom Nordsattel am 6. Juni 1924 (*Foto Noel Odell; © Royal Geographical Society, London*)

Um 8 Uhr 40, wenige Minuten nachdem Odell das Foto aufgenommen hatte, brachen Mallory und Irvine auf, begleitet von acht Tibetern, die Vorräte, Wolldecken und weitere Sauerstoffflaschen trugen. Sie erklommen den Nordgrat in Richtung Lager V. Gut acht Stunden später kamen vier der Träger mit einer Notiz von Mallory ins Lager IV zurück: »Kein Wind hier oben; die Sache sieht hoffnungsvoll aus.«[6] Am nächsten Morgen stiegen die beiden Bergsteiger und die restlichen vier Träger zum Lager VI auf. Gleichzeitig begab sich Odell mit zwei Trägern vom Nordsattel ins Lager V, um die Gipfelmannschaft unterstützen zu können, falls sie Hilfe beim Abstieg brauchte. Odell kletterte ohne Sauerstoffgerät. Er war kein Freund des neumodischen und umstrittenen Apparats. Außerdem hatte ihm das Sauerstoffgerät, das er bei einer früheren Gelegenheit benutzt hatte, kaum Erleichterung verschafft.[7]

Als Mallory und Irvine sich in Lager VI eingerichtet hatten, kehrten ihre vier verbliebenen Träger zurück und hatten zwei Nachrichten von Mallory bei sich, die mit Bleistift auf die herausgerissenen Seiten eines kleinen Notizbuches gekritzelt waren. Die eine war an Captain John Noel gerichtet, den Kameramann der Expedition, der versuchen wollte, die Gipfelbesteigung von Lager III am Fuße des Nordsattels aus zu filmen:

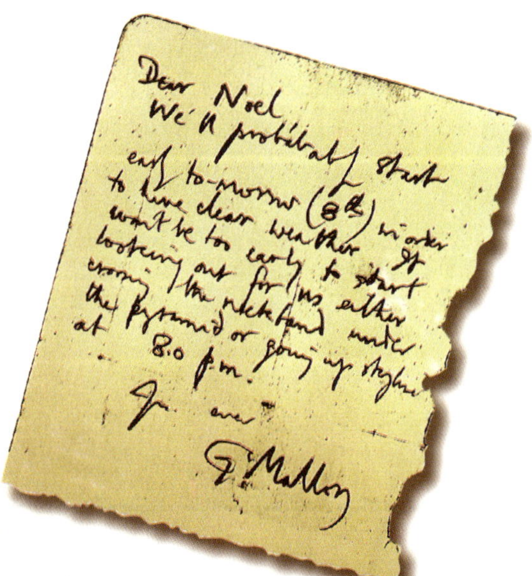

Dear Noel
We'll probably start early to-morrow (8th) in order to have clear weather. It won't be too early to start looking out for us either crossing the rockband under the pyramid or going up skyline at 8.0 p.m.
Yours ever
G Mallory

Mallorys Nachricht an Noel (*© John Noel Photographic Collection*)

> Lieber Noel,
> wahrscheinlich brechen wir morgen (am 8.) früh auf, um klares Wetter zu haben. Ab 8.0 p. m. [*sic*] können Sie nach uns Ausschau halten: Dann sollten wir entweder das Felsband unterhalb der Pyramide queren oder entlang der Gratschneide aufsteigen.
> Grüße – G. Mallory[8]

»8.0 p. m.« war offensichtlich ein Irrtum; Mallory meinte 8.00 a. m. – also acht Uhr früh. Das »Felsband« ist ein Gürtel aus grauem Kalkstein, der die Gipfelpyramide umsäumt und in einem Vorsprung auf dem Nordostgrat endet, der sogenannten Zweiten Stufe.

Die andere Notiz war für Odell bestimmt. Als echter englischer Gentleman entschuldigte sich Mallory für den Zustand, in dem sie Lager V zurückgelassen hatten, und bat Odell, einen Kompaß ins Lager VI mitzubringen, den er in der für ihn typischen Vergeßlichkeit in Lager V zurückgelassen hatte. Außerdem forderte er Odell auf, am folgenden Tag zum Nordsattel abzusteigen, da er das gleiche vorhatte und in Lager VI für sie zu dritt nicht genügend Platz war. Schließlich informierte er Odell über ihren Sauerstoffverbrauch:

> Lieber Odell,
> tut uns leid, daß wir solche Unordnung hinterlassen haben. Unser Unnakocher ist im letzten Augenblick den Berg hinuntergerollt. Gehen Sie morgen nur rechtzeitig nach Lager IV zurück, um vor dem Dunkelwerden zu räumen, was auch ich zu tun hoffe. Ich muß einen Kompaß liegengelassen haben; bringen Sie ihn um Himmels willen mit, denn wir haben keinen. Bis hier mit neunzig Atmosphären während der zwei Tage. Werden wahrscheinlich mit zwei Flaschen gehen. Ist aber doch eine verfluchte Last beim Klettern. Großartiges Wetter für den Aufstieg.
>
> Immer Ihr
> G. Mallory

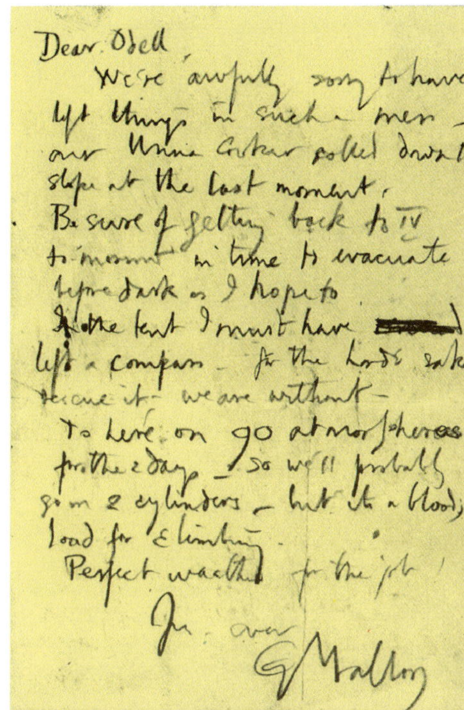
Dear Odell,
We're awfully sorry to have
left things in such a mess —
our Unna Cooker rolled down the
slope at the last moment.
Be sure of getting back to IV
to-morrow in time to evacuate
before dark as I hope to.
In the tent I must have
left a compass — for the Lord's sake
rescue it — we are without —
To here on 90 atmospheres
for the 2 days — so we'll probably
go on 2 cylinders — but it's a bloody
load for climbing.
Perfect weather for the job!
Yours ever
G Mallory

Mallorys Nachricht an Odell
(© *John Cleare/Mountain Camera*)

Nachdem Odell seine kranken Träger mit den anderen hinuntergeschickt hatte, verbrachte er die Nacht allein in Lager V. Der Nordgrat des Everest ist für seine Stürme berüchtigt. Selbst bei schönem Wetter wird er von Böen gepeitscht, aber die Nacht war relativ ruhig und der Morgen klar.

Obwohl Lager VI nur gut sechshundert Meter unter dem Gipfel lag, hatten Mallory und Irvine gefährliche Hindernisse vor sich, als sie am nächsten Morgen mit dem Anstieg begannen: das brüchige Gelbe Band aus steil aufragenden, geröllbedeckten Kalksteinplatten, dann eine fast senkrechte Wand von dreißig Meter Höhe aus härterem Gestein, die sogenannte Erste Stufe; einen heiklen und exponierten Gratweg; die ebenfalls dreißig Meter hohe Zweite Stufe, weit schwieriger als die Erste – wie »der scharfe Bug eines Schlachtschiffs« –; dann ein breites, leicht ansteigendes Plateau, das zur schneebedeckten Gipfelpyramide selbst führt. Wenn sie den Gipfel erreichen sollten, erwartete sie möglicherweise die schwierigste Aufgabe von allen: sicher abzusteigen in ihrem – wie wohl mit Sicherheit anzunehmen war – Zustand äußerster Erschöpfung.

Mallory und Irvine dürften schon ein gutes Stück zurückgelegt haben, als Odell um acht Uhr morgens seine Stiefel anzog, den Rucksack schulterte, in dem sich der vergessene Kompaß und zusätzliche Verpflegung für das Gipfelteam befanden, und den Aufstieg in Richtung Nordostgrat und Lager VI begann. Der Geologe hatte sich bemerkenswert gut an die dünne Luft in den oberen Regionen des Everest gewöhnt (zwei Drittel Sauerstoff weniger als auf Meereshöhe), war ausgeglichen und kräftig und hatte sich vorgenommen, am Vormittag die geologischen Verhältnisse an der Nordseite des Bergs zu erkunden. Mitte des Vormittags bemerkte er, daß sich das Wetter veränderte: »... es

bildeten sich Nebelbänke im Westen und zogen über die Bergflanke«.[9] Um die beiden Kletterer über ihm habe er sich keine Sorgen gemacht, sollte er später schreiben, denn es gab Hinweise, daß sich der Nebel vor allem auf die untere Hälfte des Bergs beschränkte. »Auch schloß ich aus der Helligkeit über mir, daß die oberen Teile des Bergs nebelfrei blieben.«[10]

Da Odell es nicht besonders eilig hatte, ins Lager VI zu gelangen, wanderte er zufrieden über den Berghang, ein Wissenschaftler bei der Arbeit. Einmal erklomm er einen Felsvorsprung, von dem er eine bessere Aussicht hatte. Und dann

> um 12 Uhr 50, als sich meine Begeisterung über die Entdeckung der ersten eindeutig bestimmbaren Fossilien auf dem Everest langsam legte, klarte die Atmosphäre plötzlich auf, so daß der gesamte Gipfelgrat und die Spitze selbst aus dem Nebel auftauchten. Meine Augen wurden von einem winzigen schwarzen Fleck angezogen, dessen Silhouette auf einem kurzen Schneegrat unterhalb einer Felsstufe im Grat sichtbar wurde. Ein zweiter schwarzer Punkt tauchte auf und bewegte sich über den Schnee, bis er den anderen auf dem Kamm erreicht hatte. Nun näherte sich der erste der großen Felsstufe und tauchte kurz darauf auf ihrer Spitze auf; der zweite folgte dem ersten. Dann verschwand das ganze faszinierende Bild wieder in den Wolken. Es gab nur eine einzige Erklärung dafür: Es waren Mallory und sein Begleiter, die sich, soweit ich aus dieser großen Entfernung erkennen konnte, mit bemerkenswertem Tempo vorwärtsbewegten, zweifellos weil ihnen klar war, daß ihnen nicht mehr allzu viele Stunden Tageslicht blieben, um von ihrer gegenwärtigen Position aus den Gipfel zu erreichen und bis zum Anbruch der Nacht wieder ins Lager VI zurückzukehren. Der Punkt auf dem Grat, von dem ich spreche, ist die vorspringende Felsstufe in kurzer Entfernung vom Fuß der Gipfelpyramide.[11]

Odell schätzte, daß seine Kameraden jetzt noch drei Stunden vom Gipfel entfernt waren, und kletterte zum Lager VI hinauf, um es so vorzubereiten, daß sie es benutzen konnten, sollten sie bei ihrer absehbar späten Rückkehr darauf angewiesen sein. Als er das Lager erreichte, kam ein Schneesturm auf. Er suchte Schutz in dem Zweimannzelt und fand dort ein Durcheinander aus Proviantresten, Kleidungsstücken, den Schlafsäcken der Bergsteiger und Ersatzteilen der Sauerstoffgeräte.

In der Sorge, das Lager, das auf einem Band unter einer niedrigen Klippe errichtet war, könnte in dem Schneetreiben schwer auszumachen sein, verließ Odell das Zelt und kletterte weitere sechzig Meter den Berg hinauf, wobei er pfiff und rief, um Mallory und Irvine den Weg zu ihrem Zelt zu weisen. Doch nachdem er vor Sturm und Schnee hinter einem Felsen Schutz gesucht hatte,

Noel Ewart Odell (© *John Noel Photographic Collection*)

Der Gipfel des Mount Everest aus achttausend Meter Höhe am Nordgrat (*Foto Andy Politz*)

wurde ihm klar, daß die Kletterer auf ihrem Rückweg vom Gipfel noch gar nicht in der Nähe sein konnten und daß sein Rufen völlig sinnlos war. Als er wieder im Lager VI ankam, hörte der Schneesturm ebenso plötzlich auf, wie er angefangen hatte. Der gefallene Schnee verdunstete einfach in der trockenen, kalten Luft und dem strahlenden Sonnenschein. Um 17 Uhr 30 ließ er Mallorys Kompaß und die zusätzliche Verpflegung, die er für die beiden Gefährten mitgenommen hatte, im Zelt zurück und stieg zum Lager IV ab, wie Mallory es in der Notiz vom Vortag verlangt hatte.

Als er eintraf, nachdem er einen Teil des Weges rutschend auf dem Schneehang zurückgelegt hatte, nahm ihn Hazard mit heißer Suppe und Tee in Empfang. »Was sind das für zwei Tage gewesen ... Eine Zeit intensivster Erfahrungen, etwa romantischer, ästhetischer und wissenschaftlicher Natur, von denen jede uns durch ihre verschiedenartigen Reize für die unvermeidliche Mühsal der Kletterei zu entschädigen vermochte. Und immer wieder galten unsere Gedanken den beiden entschlossenen Männern, die jeden Augenblick mit der Nachricht von ihrem grandiosen Triumph zurückkehren zu können schienen.«[12]

Aber sie kehrten nicht zurück.

Odell war nicht allzu besorgt. Schließlich hatten sie sich beim Aufstieg verspätet. Da war es nur logisch, daß sie auch beim Abstieg spät dran waren und höchstwahrscheinlich in einem der höheren Lager übernachteten. Odell und Hazard blieben wach und suchten in der klaren Nacht nach Anzeichen für Bewegung – oder Notsignalen.

Aber sie sahen nichts.

Als Odell und Hazard am nächsten Morgen die Zelte von Lager V und VI durchs Fernglas musterten, konnten sie kein Lebenszeichen entdecken. Mittags machte sich Odell in Begleitung zweier widerstrebender Träger abermals an den Aufstieg. Es war eine heroische Leistung. Der Mann befand sich seit Tagen in der »Todeszone«, wie das Gebiet unter Bergsteigern heißt. In dieser Zeit war er immer wieder hinaufgeklettert und hatte dabei schwere Lasten geschleppt. Nun war er schon wieder im Berg und kämpfte gegen den bösartigen Seitenwind, der einem das Leben auf dem Nordgrat so schwer macht. Als sie am Abend Lager V erreichten, fand Odell es genauso vor, wie er es zwei Tage zuvor verlassen hatte, leer und unberührt. Als die Dunkelheit nahte, »gewährten uns fliegende Wolkenfetzen flüchtige Blicke in die Gluten des Sonnenuntergangs, und während die Nacht über uns hereinbrach, steigerte sich der Wind, und die Kälte nahm zu«.[13]

Am Morgen weigerten sich die Träger, noch höher zu steigen. Odell schickte sie zurück und machte sich ein weiteres Mal allein auf den Weg zum Lager VI. Er hatte sich mit einem Ersatzsauerstoffgerät aus Lager V ausgerüstet, schien aber wie bei früheren Gelegenheiten keinen Nutzen davon zu haben. Ähnlich Lager V präsentierte sich auch Lager VI genau so, wie er es verlassen hatte, nur daß der mit unverminderter Gewalt dahinjagende Sturm eine der Zeltstangen umgeknickt hatte. Unter Verzicht auf das Sauerstoffgerät begann er sofort Richtung Gipfel zu klettern, und zwar auf der Route, die Mallory und Irvine seiner Meinung nach genommen hatten. Nach weiteren zwei

Stunden in dem erbarmungslosen Sturm und der brutalen Kälte hatte er noch immer nichts gefunden. Er dachte: »Der Gipfelbau des Mount Everest gehört wohl zu den unwirtlichsten Teilen der Erde, zumal wenn der Sturm die düsteren Flanken des Berges peitscht. Und wie grausam ist dieser Wind, wenn er jeden Schritt hemmt, der verlorenen Freunden gilt.«[14] Schließlich gab er auf und kehrte ins Lager VI zurück. In einem vorher vereinbarten Muster legte er die Schlafsäcke der Kletterer im Schnee aus – das Signal, mit dem er Hazard mitteilte, daß seine Suche ergebnislos verlaufen war – und machte sich an den mühsamen Abstieg zum Nordsattel. Noch einen Blick warf er über die Schulter zurück auf den Gipfel, »der durch die fliehenden Wolken lugte. Ernst und kalt erschien mir sein Antlitz; auf meine Frage nach den Freunden antwortete des Sturms gellender Spott.«[15]

Mallory und Irvine waren verschollen.

Ihr Verschwinden ist eines der langlebigsten und verwirrendsten Rätsel in der Geschichte des Bergsteigens. Haben sie den Gipfel erreicht? Sind sie gemeinsam dort angekommen? Wenn ja, was ist ihnen zugestoßen? Haben sie allein oder angeseilt nach ihrem epochalen Erfolg in ihrer Achtsamkeit nachgelassen und beim Abstieg einen falschen Schritt getan, der bei beginnender Dunkelheit ihren Sturz in den Tod bedeutete? Oder waren sie, erschöpft und unter Sauerstoffmangel leidend (ihre Flaschen mußten schon lange leer sein), gezwungen, eine Nacht auf dem Dach der Welt zu verbringen – eine Nacht, die nie enden sollte?

In den Monaten, Jahren und schließlich Jahrzehnten seit ihrem Verschwinden sind viele Theorien vorgeschlagen, erörtert und entkräftet worden; man hat Berechnungen vorgenommen, wann sie vom Lager VI aufgebrochen, wie schnell sie geklettert sind und wieviel Sauerstoff sie verbraucht haben. Man hat Spekulationen darüber angestellt, was für Charaktere die beiden Kletterer gewesen sind und wie sie möglicherweise auf eine Reihe denkbarer Krisen beim Gipfelaufstieg reagiert haben. Von Zeit zu Zeit wurden verheißungsvolle Hinweise entdeckt. Das Resultat? Ein dreiviertel Jahrhundert nach dem Verschwinden dieser beiden Everest-Pioniere wußte die Welt wenig mehr über ihr Schicksal als am 21. Juni 1924. Damals veröffentlichte die Londoner *Times* die telegrafische Mitteilung des Expeditionsleiters Norton:

»Mallory und Irvine beim letzten Versuch ums Leben gekommen.«[16]

KAPITEL 1

Der Detektiv und das Geheimnis

Ich kann nicht sagen, wie besessen ich davon bin . . .
George Mallory

Jochen Hemmleb reibt sich die Augen und wartet, bis die Welt klare Konturen gewonnen hat. Dann öffnet er den Reißverschluß seines Schlafsacks, rollt sich auf den Teppichboden seines Einzimmerappartements am Südrand von Frankfurt und steht auf. Dabei hat Hemmleb durchaus ein Bett, aber das ist im Augenblick belegt. Auf der Tagesdecke sind – wie auf dem Fußboden, dem Schreibtisch, dem Tisch, den bis zur Decke reichenden Regalen und fast jeder anderen waagerechten Fläche in der Wohnung – in säuberlich geordneten Stapeln alte Fotografien, Karten und Bücher verteilt. Allerdings sammelt er keine antiquarischen Raritäten, sondern ist eine Art Detektiv.

An diesem Morgen des 2. Juni 1998 kocht er sich eine Tasse Zitronentee, bahnt sich vorsichtig einen Weg zum Schreibtisch, schaltet sein Laptop ein und ruft eine E-mail ab, die sein Leben und die Geschichte der Everest-Besteigungen verändern soll.

Jochen Hemmleb ist hochgewachsen mit leicht hängenden Schultern, als trüge er stets einen Kletterrucksack. Er hat ein sympathisches, offenes Gesicht, eine melodische Stimme und ein freundliches, jungenhaftes Lächeln, das in auffallendem Gegensatz zum Ausdruck seiner extrem blauen Augen steht – sie lassen auf eine Ernsthaftigkeit und Reife schließen, die über sein Alter hinausgehen. Er ist sechsundzwanzig Jahre alt, studiert an der Johann-Wolfgang-Goethe-Universität in Frankfurt, wo er gerade an seiner Diplomarbeit in Geologie schreibt, und gilt weltweit als einer der versiertesten Experten für die

Geschichte der Everest-Expeditionen. Tatsächlich haben nur einige wenige der in seiner Wohnung aufgestapelten Dokumente mit seinen geologischen Studien zu tun. Alle anderen betreffen den Mount Everest.

Hemmleb hat eine sorgsam archivierte und ausgewertete Sammlung von Everest-Dokumenten zusammengetragen, die zu den umfangreichsten der Welt gehört. Es gibt kein Merkmal des Bergs, das er nicht in sein Gedächtnis eingeschrieben, keine Expedition, keine Besteigung, mit deren Einzelheiten er sich nicht vertraut gemacht hat. Doch ein Ereignis beschäftigt ihn mehr als alle anderen: das Rätsel um das Verschwinden von Mallory und Irvine. Seit mehr als zehn Jahren arbeitet der Detektiv an der Lösung dieses Falls.

Jochen Hemmleb (*Foto Schelleen Scott*)

Dabei ist Hemmleb kein Alpinhistoriker, der hinter Büchern verstaubt. Er klettert vielmehr seit seinen Kindertagen selbst auf die Berge, eine Leidenschaft, die er von seinem Vater geerbt hat. Als Jochen geboren wurde, war Rudolf Hemmleb siebenundfünfzig. Er war sein Leben lang Bergsteiger gewesen, doch die drei Kinder aus erster Ehe teilten die Passion des Vaters nicht. Erst in dem einzigen Sohn aus zweiter Ehe, dem am 13. August 1971 geborenen Jochen, fand er eine verwandte Seele. Als Jochen zehn und der Vater fast neunundsechzig war, begannen die beiden gemeinsame Bergtouren zu unternehmen.

Jochen war unersättlich. Mit elf hatte er seinen ersten Dreitausender in den italienischen Alpen bezwungen. Mit vierzehn folgte der erste Viertausender, das Zermatter Breithorn in der Schweiz. 1998 hatte er etwa fünfundvierzig Viertausender in den Alpen bezwungen und Bergtouren in Südamerika, Ostafrika und Neuseeland hinter sich.

Für Hemmleb war das Bergsteigen Heil und Fluch zugleich: »Das Klettern und meine Begeisterung dafür, die ich nicht verhehlte, haben mich während der Schulzeit zum Außenseiter gemacht. Ich war anders in einem Alter, wo die meisten Jungen bemüht sind, sich anzupassen. Aber auf diese Weise habe ich mich selbst gefunden, und tatsächlich war es einfach so, daß dieser Teil von mir keine Lust hatte, sich anzupassen. Als ich älter wurde, ist das Gefühl geblieben, anders zu sein, weil ich klettere und nicht mit dem Strom schwimme. Doch die Fülle von Erfahrungen, die mir das Klettern verschafft – die Eindrücke, das Abenteuer, der geistige Gewinn –, haben mich stets für alles entschädigt.«

Diese Intensität der Erfahrungen macht, wie Hemmleb erläutert, die besondere Anziehungskraft des Bergsteigens aus: »Zwei Stunden Klettern bringen dir unter Umständen mehr an Erfahrung als eine ganze Woche woanders. Deine Sinne sind hellwach, wenn du kletterst – Hören, Atmen, Riechen, alles –, und du bekommst eine Ahnung davon, wie intensiv das Empfinden, am Leben zu sein, tatsächlich werden kann.«

Zu den Gefahren des Bergsteigens hat Hemmleb eine eher philosophische Einstellung: »Ich glaube nicht, daß Bergsteiger klettern, weil sie die Todesgefahr suchen. Sie klettern, um sich zu beweisen, daß sie noch nicht tot sind.«

Jede Leidenschaft hat ihren Preis. Wie andere Bergsteiger vor ihm, so hat auch Hemmleb gelernt, wie schwer es unter diesen Umständen ist, enge menschliche Beziehungen zu knüpfen und aufrechtzuerhalten. »In gewissem Sinne«, sagt er, »ist ein Teil von mir immer auf dem Sprung, stets bereit, sofort aufzubrechen. Damit kann eine Partnerin schlecht leben.« Gleichzeitig staunt Hemmleb, wie tief die Beziehung zu seinen Kletterpartnern ist: »Wenn du weißt, daß deine Sicherheit von dem anderen abhängt und seine von dir, dann lernst du, in einem Maße zu vertrauen, das es in der normalen Welt nicht sehr oft gibt. Bergsteiger sind eine merkwürdige Mischung aus gegensätzlichen Charaktereigenschaften: Individualisten, die sich aufeinander verlassen müssen. Da entwickeln sich ganz ungewöhnliche Freundschaften.«

Am Heiligabend des Jahres 1987 kam es zu einer Wende im Leben des sechzehnjährigen Hemmleb, die dazu führte, daß sich sein allgemeines Interesse am Bergsteigen auf die Geschichte der Everest-Expeditionen zu konzentrieren begann. Seine Eltern schenkten ihm ein gerade erschienenes Buch über das Verschwinden von Mallory und Irvine während der wegweisenden und doch so tragisch verlaufenen britischen Expedition von 1924.[1] Seither hat ihn die Geschichte nicht mehr losgelassen. »Ich hatte schon vorher von ihnen gelesen, aber aus irgendeinem Grund nahm das Thema mich diesmal gefangen«, erinnert er sich. »Ich hielt es für möglich, das Geheimnis zu lösen, und ich hatte das Gefühl, daß ich dazu beitragen konnte.«

Manche Leute, darunter auch einige Freunde, glauben, Hemmleb sei besessen von Mallory und Irvine. Er gibt zu, daß ihn ungelöste Rätsel faszinieren – reale Rätsel und vor allem solche, die mit Forschungen und Entdeckungen zu tun haben. Es sind die Geheimnisse, die erkennen lassen, daß sich in der Geschichte eine noch rätselhaftere Geschichte verbirgt: »In der Welt der Entdeckungen und Expeditionen ist das Schicksal um Mallory und Irvine das größte Rätsel, das es noch zu lösen gibt. Ich wollte wissen, was ihnen zugestoßen ist. Ich wollte das Geheimnis lüften. Nun gut, wenn das eine Besessenheit ist, dann bekenne ich mich schuldig.«

Wenn Hemmleb besessen ist von Mallory und Irvine, dann befindet er sich in guter Gesellschaft. Seit einem dreiviertel Jahrhundert spürt jeder Bergsteiger, der sich dem Everest nähert, ihre Gegenwart. Viele haben auf dem Gipfel nach Spuren gesucht, aus denen sich schließen ließe, daß Mallory und Irvine ihn erreicht hatten, so, als hätten sie erwartet, daß die beiden dank irgendeines übernatürlichen Geschehens plötzlich aus den Nebeln des Berges treten würden, in denen sie vor so langer Zeit verschwunden sind.

Zumindest bei George Leigh Mallory könnte man dies sogar fast für möglich halten. Der berühmte Bergsteiger war schon vor seinem Verschwinden beinahe zum Mythos geworden. Mallory, der auch an den beiden vorangegangenen Everest-Expeditionen teilgenommen hatte, war allen Berichten zufolge schon als junger Mann ein Kletterer von außergewöhnlicher Eleganz und Kraft gewesen. Sein bester Freund, der Bergpionier Geoffrey Winthrop

Young, bewunderte, wie flüssig sich Mallory bewegte: »Er vollführte beim Klettern unnachahmliche Bewegungen, die allen Theorien widersprachen. Er setzte seinen Fuß in einem beliebigen Winkel gegen eine glatte Oberfläche, schmiegte seine Schulter an sein Knie und schnellte mit ungestümem Schwung wieder in eine aufrechte Position. Was auch immer unbeobachtet zwischen ihm und dem Fels vorgehen mochte ... der Anblick und auch das Ergebnis waren immer identisch – eine ständige wellenförmige Bewegung, so rasch und kraftvoll, daß der Fels entweder nachgeben oder zerbersten mußte.«[2]

Harry Tyndale, ein anderer Kletterpartner, sagte von Mallory: »Wenn man George im Fels beobachtete, hatte man weniger den Eindruck von physischer Kraft als von Gewandtheit und Balance. Sein Fortkommen in jeder Wand vollzog sich so rhythmisch und harmonisch ... daß seine Bewegungen in ihrer Geschmeidigkeit fast schlangenhaft wirkten.«[3]

Francis Younghusband, der Vorsitzende des gemeinsam von der Royal Geographical Society und dem Alpine Club gebildeten Everest Committee, hat beschrieben, wie die Mitglieder der Erkundungsexpedition von 1921 ausgesucht wurden, und in diesem Zusammenhang erklärt: »Ein Name wurde von den Mitgliedern des Alpine Club sofort genannt: Mallory. Für sie stand zweifelsfrei fest, daß er der beste Kletterer war, den sie hatten.«[4]

Allerdings entsprach Mallory, wie Younghusband selbst anmerkte, trotz seines Rufes ganz und gar nicht dem Klischee des Bergsteigers: »Er war damals ein Mann von dreiunddreißig Jahren, nicht groß und massig, sondern schlank und geschmeidig ... zweifellos gut aussehend, eine eher intellektuelle, kultivierte Erscheinung ... [aber] wer ihn nicht auf einem Berg erlebt hatte, bemerkte nichts sonderlich Auffallendes an ihm.«[5] Doch als Mallory an jenem Junitag des Jahres 1924 in die Ewigkeit kletterte, erklomm er den Zenit der Bergsteigerlegenden. Er war sozusagen der Everest.

Andrew Irvine dagegen war ein Neuling. Er wurde am 8. April 1902 als Kind reicher Eltern in Birkenhead geboren, das Liverpool gegenüber am Mersey liegt, und besuchte die Shrewsbury School. 1922 ging er ans Merton College in Oxford, wo er seiner blonden Haare wegen den Spitznamen »Sandy« erhielt. Er zeichnete sich sogleich als Ruderer aus und wurde Captain der Ruderriege. Mit einundzwanzig, als er in die Everest-Expedition von 1924 berufen wurde, war er ein hochgewachsener, attraktiver junger Mann mit energischem Kinn und breiten Schultern. Obwohl er in den Alpen Ski gelaufen war, an einigen Klettertouren in Nordwales und einer von der Universität veranstalteten Expedition nach Spitzbergen teilgenommen hatte, war er weitgehend unerfahren – »unser Experiment«, wie der Expeditionsleiter sagte.[6]

Mallory und Irvine hätten kaum verschiedener sein können und wurden doch rasch Freunde. Auf dem Schiff, das sie ostwärts Richtung Indien trug, aßen sie am selben Tisch und schlossen sich im Laufe der Expedition immer enger zusammen: der Priester und sein Meßdiener.

Wie so viele Bergsteiger waren beide Männer von unwiderstehlichem Idealismus und fast kindlicher Unschuld geprägt. Irvines Tagebücher offenbaren einen jungen Mann, dessen gute Laune durch nichts zu erschüttern ist und der darauf brennt, den Berg »in Angriff zu nehmen«.[7] Die Notizen zeigen, wie erwartungsvoll und unermüdlich er während der ganzen Expedition war, beseelt von der Aufgabe, die vor ihnen lag, und daß er bedingungslos an Mallory glaubte.

Mallorys Charakter war weitaus komplizierter. Er wurde am 18. Juni 1886 in Mobberly, Cheshire, als erster Sohn des dortigen Pfarrers geboren und begann, so wird berichtet, schon früh »auf alles zu klettern, was sich erklettern ließ« – Bäume, Regenrinnen, Hausdächer, das Kirchendach, Steilküsten.[8] Er besuchte das Winchester College, zeichnete sich vor allem durch seine sportlichen Leistungen aus und fiel dem jungen Tutor R. L. G. Irving auf, der ihn mit dem Bergsteigen vertraut machte und ihn schließlich zusammen mit zwei seiner Klassenkameraden auf eine Klettertour in die Alpen mitnahm.

Von Anfang an stand fest, daß das Klettern für Mallory mehr bedeutete, als sich nur »einen schönen Tag in den Bergen zu machen«. Nach der Besteigung des Mont Blanc schrieb er: »Du kannst jemandem, der es noch nie erlebt hat, nicht begreiflich machen, was diese Erregung bedeutet. Zum Teil entspringt sie unmittelbar der Freude und dem Hochgefühl des Lebens.«[9]

Anschließend besuchte Mallory das Magdalen College in Cambridge, wo sein Charakter vor allem durch den Einfluß junger Intellektueller geprägt wurde, zu denen er sich hingezogen fühlte. Er schloß sich der linksgerichteten Fabian Society an und zählte den Dichter Rupert Brooke und mehrere junge Mitglieder der »Bloomsbury Group«, darunter Lytton Strachey und den Maler Duncan Grant, zu seinen Freunden. Auch wenn Mallory nicht ganz das intellektuelle Format der Freunde hatte, die für ihr exzentrisches Auftreten verschrien waren, so gewann er doch mit seinem hochgesinnten und prinzipientreuen Idealismus ihre Achtung. Ein langjähriger Freund beschrieb eine der hitzigen Debatten: »[George] blieb fest bei seiner Auffassung, daß es zwar notwendig sein könne und müsse, vom Wortlaut der Prinzipien abzurücken, um neuen Tatsachen gerecht zu werden … daß aber dessenungeachtet der Geist, der ihnen zugrunde liege, unverändert bleibe. Es gebe etwas, das richtig sei, und wenn man wolle, dann könne man es finden. Das sei von höchster Bedeutung.«[10] Obwohl die Freunde ihn mit seinem Idealismus und seiner Prüderie aufzogen, blieben sie ihm treu verbunden, als er die Universität schon längst verlassen hatte und Lehrer an der Charterhouse School geworden war. Er heiratete die bildhübsche, blitzgescheite Ruth Turner, die Tochter eines Architekten in Godalming im Süden Londons, wo Charterhouse liegt.

Dieses leidenschaftliche Streben nach Klarheit und Gewißheit, nach dem Richtigen und Guten, ist eine Eigenschaft, für die Jochen Hemmleb viel Verständnis hat. Er beobachte sie bei den meisten Bergsteigern, sagt er, auch bei sich selbst. »So schwierig und gefährlich das Klettern auch manchmal ist«, erläutert er, »so hat es doch eine ganz eigene Klarheit und Einfachheit. Ich glaube, das Bergsteigen erfreut sich in den letzten Jahren so großer Beliebtheit, weil es einem emotionalen Bedürfnis entgegenkommt: Ein Aufstieg hat einen Anfang, eine Mitte und ein Ende. Er hat ein klares Ziel – den Gipfel zu erreichen und mit den Schwierigkeiten der Route und der eigenen Psyche fertig zu werden. Und er hat ein klares Ergebnis – du kommst auf den Gipfel oder nicht. Das ist nicht verschwommen, ungewiß oder mehrdeutig wie so vieles im modernen Leben. Und es ist mehr als nur eine körperliche Herausforderung, es ist zugleich eine geistige und emotionale Herausforderung. Du erreichst nicht nur einen topografischen, sondern auch einen emotionalen Höhepunkt. Nichts verkörpert die Idee vom Erreichen eines Ziels und der daraus folgenden Befriedigung besser als die Besteigung eines Berggipfels.«

Eispickel von Andrew Irvine, gefunden 1933 (© *The Sandy Irvine Trust*)

In aller Stille legte Jochen Hemmleb in den Jahren von 1987 bis 1993 sein Everest-Archiv an. Er sammelte Zeitungs- und Zeitschriftenartikel, Fachblätter, Bücher und Expeditionsberichte. Außerdem korrespondierte er mit Bergsteigern. »Liebend gern habe ich manchmal auf Essen oder andere Ausgaben verzichtet«, erzählt er, »um irgendeinen alten Expeditionsbericht bei einem Antiquar erstehen zu können.«

Ende 1994 erfuhr Hemmleb dann, daß der englische Bergsteiger Jon Tinker[11] im Jahr zuvor eine neue und kürzere Route von Lager VI an der Nordflanke des Everest zur Zweiten Stufe am Nordostgrat des Bergs entdeckt hatte. »Da kam ich auf die Idee, daß Mallory und Irvine einen anderen Weg zum Gipfelgrat eingeschlagen haben könnten, als die Historiker bisher angenommen hatten. Je mehr ich darüber nachdachte, desto klarer wurde mir, daß es Zeit war, mich an der Debatte zu beteiligen. Zwar habe ich inzwischen meine ursprüngliche Idee selbst widerlegt, doch war das der Anfang. Ich verfaßte meinen ersten Forschungsbericht und brachte ihn in Umlauf, und mir wurde bewußt, daß ich im Hinblick auf das Geheimnis um Mallory und Irvine vom interessierten Beobachter zum Detektiv avanciert war.«

Es gab Indizien in diesem vertrackten Fall. Der erste Hinweis war natürlich, daß Noel Odell Mallory und Irvine um 12 Uhr 50 am Tag ihres Verschwindens bei der Erkletterung der Zweiten Stufe, nur zweihundertfünfzig Meter unterhalb des Gipfels, beobachtet hatte. Oder doch nicht? Bei seinem ersten Bericht aus Tibet war Odell seiner Sache ganz sicher gewesen. Doch wieder in England, wo eine von wenig Sachkenntnis geprägte Debatte über das Schicksal der verschwundenen Bergsteiger entbrannt war, erschien es ihm nicht mehr ganz so sicher, ob er sie auf der Zweiten oder weiter unten, an der Ersten Stufe, gesehen hatte. Welcher Bericht stimmte?

1933 entdeckte eine weitere erfolglose englische Expedition Andrew Irvines Eispickel in 8460 Meter Höhe, einige hundert Meter von der Ersten Stufe entfernt. Viele schlossen daraus, der Fund markiere die Stelle eines tödlichen Sturzes, möglicherweise in der Dunkelheit, weil die Kletterer zu spät mit dem Abstieg begonnen hatten. Aber war er dort fallengelassen oder einfach abgelegt worden? Auf dem Weg nach oben oder dem Weg nach unten?

Es hieß, 1960 habe eine chinesische Expedition während einer angeblich erfolgreichen Gipfelbesteigung in der Nordflanke unterhalb der Zweiten Stufe eine Zeltstange aus Holz und einen Seilrest entdeckt. Wenn das Gerücht stimmte, mußten die Funde von Mallory und Irvine stammen, denn keine der späteren Expeditionen hatte irgendwelche Ausrüstungsgestände in solcher Höhe zurückgelassen. Doch da die Chinesen 1960 dem Westen gegenüber nur wenig Mitteilungsdrang verspürten, konnte nie genau geklärt werden, wo die chinesische Expedition diese Dinge gefunden hatte. Mehr noch – westliche

Bergsteiger hegten sogar jahrelang erhebliche Zweifel, ob es den Chinesen überhaupt gelungen war, den Gipfel zu erreichen. (Vgl. »Über jeden Zweifel erhaben« in Anhang 1.)

Wang Hongbao, ein chinesischer Bergsteiger, der 1979 eine japanische Erkundungsexpedition zur Nordflanke unterstützte, deutete bei dieser Gelegenheit gegenüber dem japanischen Bergsteiger Yoshinori Hasegawa an, er habe vor vier Jahren einen »englischen Toten« auf 8100 Meter gefunden, nur wenige Schritte vom Camp VI der Expedition von 1975 entfernt.[12] Durch entsprechende Gesten gab Wang, der kein Japanisch sprach, zu verstehen, daß die Kleidung des Leichnams alt gewesen und bei Berührung zerfallen sei. Mehr konnte Hasegawa jedoch nicht in Erfahrung bringen, denn Wang Hongbao kam am folgenden Tag in einer Lawine ums Leben. Irvines Eispickel war ein Stück höher gefunden worden, aber nicht weit vom mutmaßlichen Standort des Lagers VI entfernt. Hatte Wang Irvine entdeckt?

1991 war Eric Simonson bei einer kommerziellen Expedition unmittelbar unterhalb der Ersten Stufe auf eine alte Sauerstoffflasche gestoßen. Damals hatte er sich nicht viel Gedanken darüber gemacht, doch später fiel ihm ein, daß sie einer der frühen englischen Expeditionen gehört haben könnte. War sie 1924 von Mallory und Irvine zurückgelassen worden?

Doch diese Häufung von Hinweisen machte den Fall eher noch rätselhafter. Hemmleb prüfte die historischen Berichte und zeitgenössischen Theorien, um herauszufinden, welche Teile des Puzzles Mallory und Irvine brauchbar waren, wie – oder auch ob – sie zusammenpaßten und was für eine Geschichte sie erzählten. Aber die Teile fügten sich nicht ineinander.

»Schließlich gewann ich die Überzeugung, daß wenig von der Durchsicht und kritischen Prüfung der alten Unterlagen zu erwarten war. Ich mußte nach neuen Informationen suchen und die alten Daten in neuen Zusammenhängen ganz unvoreingenommen betrachten. Immerhin studierte ich schon seit einigen Jahren Geologie, also beschloß ich, mich dem Problem wissenschaftlich zu nähern und bei Null anzufangen. Ich sah mir die alten Rohdaten ohne die mitgelieferten Interpretationen an – so als hätte noch nie jemand Überlegungen zu ihnen angestellt – und probierte aus, ob ich auf diese Weise einen neuen Zugang zu den Fakten gewann.«

Wichtiger noch, Hemmleb verzichtete darauf, sich weiterhin mit den historischen Berichten auseinanderzusetzen, und verglich statt dessen Fotografien, die von früheren Expeditionen aufgenommen worden waren, mit den genauesten Karten, die es von der Nordflanke und dem Nordostgrat gab. In der Sprache der Bergsteiger: Er suchte nach einer neuen Route.

Im Herbst 1997 und Frühjahr 1998 veröffentlichte Hemmleb die Ergebnisse seiner neuen Untersuchungen auf der Website *Everestnews.com*. Diese Berichte lösten im Forum der Website sofort eine lebhafte Debatte aus, und viele wandten sich per E-mail an ihn. Er freute sich über die Reaktion, erhielt aber nur wenige Zuschriften von Leuten, die wie er historisch forschten.

Am 2. Juni 1998 bekam Hemmleb dann eine E-mail von jemandem, der sich ebenfalls seit Jahren mit den Expeditionen zur Nordseite des Everest befaßte, wobei sein »besonderes Interesse den englischen Vorkriegsexpeditionen galt«. Der Absender dieser E-mail war der Amerikaner Larry Johnson. »Ich schickte ihm eine Standardantwort«, erzählt Hemmleb, »erwähnte aber, daß ich hoffte, eines Tages selbst auf dem Everest nach Mallory und Irvine suchen zu können. Dann habe ich nicht mehr daran gedacht.«

Anfang 1998 arbeitete Larry Johnson als Marketingleiter bei einem kleinen unabhängigen Sachbuchverlag in Pennsylvania. Der damals Einundfünfzigjährige war zwar ein Kenner der Ereignisse um Mallory und Irvine, aber nach eigenem Bekunden ein reiner »Schreibtischtäter«. Er hatte erst seit kurzem einen Internetzugang, als ein Freund ihn auf *Everestnews.com* aufmerksam machte, wo er auf Hemmlebs Forschungsberichte stieß.

Wie Hemmleb – und auch Mallory – hatte Johnson schon früh begonnen, sich für das Bergsteigen zu interessieren. »1959, als ich zwölf war, las ich *The Third Man* von James Ramsey Ullman, ein billiges Taschenbuch über das Abenteuer eines fiktiven Bergführers auf einem Berg, der große Ähnlichkeit mit dem Matterhorn hat. Irgendwie begann ich mich für das Klettern zu begeistern – was ziemlich erstaunlich ist, wenn man bedenkt, daß ich damals schon unter Höhenangst litt, wenn ich auf einer kleinen Trittleiter stand.«

Mit einigen Freunden gründete Johnson einen Kletterclub, wo sie sich langsam mit dem Abc des Bergsteigens vertraut machten. Schon bald gewannen das Interesse und die Freude an den technischen Feinheiten des Kletterns die Oberhand über seine Höhenangst. »Im Laufe der Jahre«, berichtet er, »bin ich sowohl im Fels als auch im Eis geklettert, meist im Osten der Vereinigten Staaten. Aber ich habe mich auch in den Grand Tetons in Wyoming versucht und ohne Bergführer den Mount Rainier und Mount Adams in den Cascades bestiegen.«

Larry Johnson (*Foto William J. Schwartz*)

In der Highschool las Johnson ein weiteres Buch von Ullman, *Tiger of the Snows*, eine Biographie von Tenzing Norgay, dem Sherpa, der 1953 zusammen mit Edmund Hillary den Gipfel des Mount Everest bezwungen hat. »Da habe ich zum erstenmal von Mallory und Irvine gehört und war sofort Feuer und Flamme. Merkwürdig, da lebte ich als junger Bursche praktisch mitten auf einem berühmten Schlachtfeld des Bürgerkriegs in Gettysburg, Pennsylvania, und war fasziniert von einem vergleichsweise unbedeutenden historischen Ereignis, das sich am anderen Ende der Welt zugetragen hatte. Ich weiß nicht, was mich so gefesselt hat, ob es diese spätviktorianischen Charaktere waren und die Art, wie sie das Abenteuer suchten. Jedenfalls habe ich fortan alles verschlungen, was ich über diese Zeit in die Hände bekam.«

Auch nachdem Johnson seine Tätigkeit im Verlagsgeschäft aufgenommen und geheiratet hatte, hielt er dem Rätsel um Mallory und Irvine die Treue. »Im Laufe der Jahre habe ich es von Zeit zu Zeit ein bißchen aus den Augen verloren, bin aber immer wieder zu ihm zurückgekehrt. Es hat mich einfach nicht losgelassen. Als ich im Internet schließlich auf Jochens Arbeit stieß, wurde mir klar, daß sie ein vollkommen neuer Ansatz war und zudem unglaublich gründlich und detailliert. Ich mußte mich einfach bei ihm melden.«

Die E-mail, die Johnson am 2. Juni 1998 an Jochen Hemmleb schickte, war der Beginn einer elektronischen Korrespondenz, die sofort zu einem täglichen Austausch wurde. Bereits nach einer Woche erörterten sie die Möglichkeit, sich einer kommerziellen Expedition zur Nordflanke des Everest anzuschließen, und zwar im nächsten Jahr, wo sich die Everest-Expedition von 1924 und das Verschwinden von Mallory und Irvine zum fünfundsiebzigsten Mal jährten.

Graham Hoyland (*Foto Jochen Hemmleb*)

Hemmleb hoffte, bereits einen Trumpf in der Hand zu haben. Einige Monate vor dem schicksalhaften 2. Juni, an dem ihn Johnsons E-mail erreichte, hatte Hemmleb von der renommierten Everest-Historikerin Audrey Salkeld eine sehr interessante Information erhalten: Der BBC-Produzent Graham Hoyland, selbst ein Everest-erfahrener Bergsteiger, versuchte seinen Sender zu überreden, eine Expedition zu finanzieren, auf der er aus Anlaß dieses fünfundsiebzigsten Jahrestages einen Dokumentarfilm drehen wollte. Hoylands Interesse an dem mysteriösen Schicksal von Mallory und Irvine war nicht nur beruflicher Natur: Er war der Großneffe von T. H. Somervell, einem anderen Mitglied der Everest-Expedition von 1924, und hoffte, die Kamera zu entdecken, die sein Großonkel George Mallory geliehen hatte, als dieser sich auf den Weg zum Gipfel machte.

Hoyland hatte sich in den Kopf gesetzt, seine Suche im Rahmen einer Expedition zur Nordseite des Everest durchzuführen, die Russell Brice von Himalayan Experience, einem Veranstalter für kommerzielle Expeditionen, anbot, und er schlug Hemmleb vor, sich an diesem Projekt zu beteiligen. Doch ein Student und Bergsteiger wie Hemmleb, der noch keinen Namen hat, findet nur schwer Sponsoren, die ihm ein solches Vorhaben finanzieren. Dennoch blieb er in Kontakt mit Hoyland, und langsam freundeten sich die beiden an. Nur ein paar Wochen, nachdem Johnson zum erstenmal mit Hemmleb Verbindung aufgenommen hatte, sprachen die drei schon von einer gemeinsamen Expedition.

Obwohl Hemmleb keine Zweifel an Graham Hoylands persönlichem Engagement hatte, begann er sich ab Juli 1998 zu fragen, ob die BBC wirklich daran interessiert war, eine solche Expedition zu finanzieren. Hoyland rückte nicht so recht mit der Sprache heraus, wer die anderen Expeditionsmitglieder sein würden und wie ernst es der BBC tatsächlich mit dem Projekt sei. Er bestand darauf, daß Johnson und Hemmleb bei ihrem Bemühen um Sponsoren die BBC nicht erwähnten, was die beiden vermuten ließ, Hoyland habe noch keine Zusage von dem Sender. In einer E-mail an Johnson schrieb Hemmleb: »Soweit ich im Moment sehen kann, scheint beträchtliche Unsicherheit hinsichtlich der Mitglieder des BBC-Projekts zu herrschen. Manchmal spiele ich mit dem Gedanken, selbst ein Team aufzustellen und das Projekt auf eigene Faust durchzuführen.«

Einige Tage später begannen sie, genau diesen Plan zu verwirklichen.

SWAN
VESTAS
BRYANT & MAY LTD.
LONDON. LIVERPOOL & GLASGOW.

KAPITEL 2

Mehr Krieg als Abenteuer

Es wäre ziemlich schlimm, wenn ich zusehen müßte, wie andere ohne mich den Gipfel bestiegen.

George Mallory

Im Gespräch richtet Eric Simonson seinen durchdringenden Blick oft auf einen fernen Punkt, den vielleicht nur er ganz allein sieht. Doch hat er nicht die Augen eines Träumers; ihr Blick gilt nicht einer inneren Landschaft fernab aller Wirklichkeit. Es sind die Augen eines Menschen, der ständig mit Dringlichem beschäftigt ist, und sie vermitteln den Eindruck, daß es keinen Moment gibt, wo nicht ein Teil von ihm, ein wichtiger Teil, die Einzelheiten irgendeines Problems Revue passieren läßt, eine Checkliste durchgeht, die Konsequenzen von Handlungen bedenkt, die möglicherweise nur indirekt mit den aktuellen Ereignissen zu tun haben.

Er ist sehr hochgewachsen – über eins neunzig groß –, hat ein markantes skandinavisches Gesicht und Schultern, die er instinktiv seitwärts dreht, wenn er durch eine Tür geht. Der schleppende, schlaksige Gang ist nicht ein Resultat seines Naturells, sondern seiner Körpergröße. Tatsächlich scheint Simonson ständig auf dem Sprung zu sein, was seine Hände verraten. Sie sind ruhelos, als führten sie ein Eigenleben und befänden sich in direktem Kontakt mit dem, was seine Augen in der Ferne erblicken. Mag er sonst auch entspannt wirken, seine Augen und Hände offenbaren, daß er vollkommen in Anspruch genommen ist. Er ist der geborene Expeditionsleiter. Die Augen erfassen das Gesamtbild, die Hände beschäftigen sich mit den Details. Alles andere ist Nebensache.

Eric Simonson (*Foto Jochen Hemmleb*)

Im Frühjahr 1998, als Simonsons Firma, International Mountain Guides, ihren Expeditionsprospekt 1999 verschickt, ist Simonson dreiundvierzig, seit sechsundzwanzig Jahren Bergführer und hat an die siebzig Expeditionen in der ganzen Welt durchgeführt. 1981 haben er und seine Partner Phil Ershler und George Dunn IMG gegründet und bei dieser Gelegenheit die wichtigsten Expeditionsgebiete der Welt untereinander aufgeteilt. Simonson bekam den Himalaja und war damit sehr zufrieden. 1998 hatte er die Region zwanzigmal aufgesucht und war siebenmal auf dem Everest gewesen, außerdem auf einigen anderen Achttausender-Gipfeln des Gebiets.

Am selben Tag, an dem Jochen Hemmleb Larry Johnson seine Zweifel mitgeteilt hatte, ob die BBC – nicht Graham Hoyland – die Mallory-und-Irvine-Suchexpedition ernsthaft plane, blätterte Johnson daheim in Gettysburg den IMG-Prospekt 1999 durch. Eine Ankündigung erregte seine Aufmerksamkeit: Simonson bot eine kommerzielle Expedition zur Nordseite des Everest an, die ausdrücklich *keine* Gipfelbesteigung vorsah. Statt dessen wollte er die Teilnehmer auf achttausend Meter führen – eine Idee, die ihm von seinen Kunden selbst vorgeschlagen worden war. Es war mehr als eine Trekkingtour, aber auch weniger als eine Gipfelbesteigung und damit erheblich preiswerter.

Johnson war klar: Von achttausend Metern aus ließ sich das Gebiet erreichen, wo nach Hemmlebs Einschätzung die sterblichen Überreste von Andrew Irvine und vielleicht auch Somervells Kamera am ehesten zu finden waren. Wichtiger noch, der Preis von zwölftausend Dollar lag beträchtlich niedriger als die fünfzehntausend, die der neuseeländische Expeditionsveranstalter Russell Brice (zugleich Konkurrent und Freund von Simonson) laut Hoyland von der BBC allein für die Reise zum Basislager verlangte.[1]

Noch am selben Tag, dem 7. Juli, wandte sich Johnson an Simonson und beschrieb die Forschungsexpedition, die Hemmleb und er planten.

Eric Simonsons Geburtsort liegt buchstäblich im Schatten des Mount Rainier in Washington, jenes 4392 Meter hohen schlafenden Vulkans, dessen massige Gestalt das Panorama von Seattle und Tacoma beherrscht. 1965, als Simonson zehn Jahre alt war, nahm ihn der Vater mit in die Pacific Lutheran University von Tacoma, wo *Americans on Everest* gezeigt wurde, der Film von der ersten erfolgreichen amerikanischen Expedition, die zwei Jahre zuvor stattgefunden hatte. Die Bergsteigerlegenden Jim Whittaker, Tom Hornbein, Lute Jerstad und Dick Emerson sprachen an diesem Abend – und weckten in dem Jungen eine lebenslange Leidenschaft für den Everest und seine Besteigungsgeschichte.

Mit dem Bergsteigen begann Eric Simonson schon in ungewöhnlich jungen Jahren. Den Mount Rainier erkletterte er zum erstenmal mit fünfzehn, und seine erste reguläre Bergsteigerausbildung absolvierte er als Sechzehnjähriger. Wenn Simonson von seinen Anfängen berichtet, offenbaren seine Worte eine verblüffende Ähnlichkeit mit George Mallorys Erzählung: »Als Kind bin auf alles geklettert, was sich fand – Bäume, Gebäude, was Sie wollen. Als Jugendlicher hatte ich fast alle höheren Gebäude und Brücken in der Umgebung von Tacoma bestiegen, von denen ich mich dann in der Dunkelheit abseilte.« Als Pfadfinderführer und unermüdlicher Rucksackreisender unternahm Simonson während der Highschoolzeit unzählige Bergtouren in den Cascades und den Olympics, zwei Gebirgsketten im Staat Washington.

»Meine Eltern reisten leidenschaftlich gern. Mein Vater war Professor, und eines seiner Sabbaticals – ich war damals im ersten Highschooljahr – verbrachte er in Schottland. Da haben wir Großbritannien, Skandinavien und Frankreich bereist. So bin ich schon in jungen Jahren mit dem Virus des Fernwehs infiziert worden.« Als sie in die Vereinigten Staaten zurückkehrten, ging Simonson gar nicht erst an die Highschool zurück, sondern schrieb sich gleich am Carleton College in Minnesota ein. 1977 wechselte er an die University of Washington, wo er seinen Master's – das entspricht etwa dem deutschen Diplom – in Geologie machte.

1973, mit achtzehn Jahren, wurde Simonson Bergführer bei Rainier Mountaineering, einem Unternehmen, das der Zwillingsbruder des Everest-Pioniers Jim Whittaker, Lou, gegründet hatte. Am Ende seines ersten Studienjahres am Carleton College nahm er an einer abenteuerlichen Überschreitung des Mount McKinley teil, die einundvierzig Tage dauerte. 1976 begann er, selbst McKinley-Expeditionen zu leiten. 1997, nach fünfundzwanzigjähriger Tätigkeit bei RMI, erteilte der National Park Service seiner neuen Firma Mount Rainier Alpine Guides die Lizenz zu Führungstouren auf der Ostseite des Rainier. Bereits 1981 hatte er, wie erwähnt, zusammen mit George Dunn und Phil Ershler die Firma International Mountain Guides gegründet. Im Laufe der Jahre hat Simonson den Mount Rainier zweihundertsechzigmal und den Mount McKinley sechzehnmal bestiegen, an sieben Everest-Expeditionen teilgenommen (mit einer Gipfelbesteigung 1991) und Bergtouren in Indien, Nepal, Tibet, der Antarktis, Rußland, Tadschikistan, Südamerika und Afrika unternommen.

»Ich bin davon überzeugt, daß die Gründung einer Firma, die solche Expeditionen veranstaltet, mein Schicksal war. Unter anderen Umständen wäre ich vielleicht Kapitän geworden oder ein General, der einen Feldzug irgendwo in den Steppen Asiens vorbereitet hätte. Mich reizt die Aufgabe, Expeditionen zu organisieren und zu leiten. Das ist ein unglaublich vielseitiger Beruf. Ich bin Geschäftsmann, muß mich um die Logistik kümmern, leite Expeditionen und Reisen, arbeite und kommuniziere mit den verschiedensten Menschen. Ich kann mir keine andere Beschäftigung vorstellen, die mir so viel Zufriedenheit bei der Arbeit bescheren würde.«

Zwar haben Bergsteigen und Felsklettern – und mit ihnen die Bergführerorganisationen – in den letzten Jahren einen enormen Aufschwung genommen, doch die Zahl erfahrener Himalaja-Bergführer ist noch immer gering. In dieser kleinen, erlesenen Schar hat sich Eric Simonson als der erfahrenste Veranstalter von Himalaja-Expeditionen in den Vereinigten Staaten – möglicherweise der ganzen Welt – profiliert.

Zwei Tage, nachdem Johnson ihm geschrieben hatte, antwortete Simonson sehr interessiert und wies darauf hin, daß auch er von der Besteigungsgeschichte des Everest fasziniert sei. Innerhalb einer Woche erörterten Johnson, Hemmleb und er die logistischen, personellen und finanziellen Einzelheiten einer offiziellen Mallory & Irvine Research Expedition.

Zu ihrer großen Freude schien auch Graham Hoyland von Simonsons Teilnahme sehr angetan zu sein. Mitte Juli informierte er sie, es gebe gute Aussichten für die Koproduktion eines Expeditionsfilms durch BBC2 und Discovery Channel. Johnson und Hemmleb sahen darin eine ermutigende Nachricht, ohne die Mitteilung zwischen den Zeilen zu lesen: daß die BBC dem Plan immer noch nicht zugestimmt hatte.

Als Marketingleiter eines Verlegers von Wanderführern hatte Johnson lange Zeit die Outdoor-Messe besucht, die zweimal im Jahr in Salt Lake City stattfindet. Dabei vertrat er einerseits seine Firma, knüpfte andererseits aber auch Beziehungen zu Hunderten von Herstellern und Einzelhändlern für Outdoor-Bedarf, die auf der Messe vertreten waren. Wenn es Hemmleb und ihm rasch genug gelang, einen Marketingvorschlag für ihre Expedition zu entwickeln, dann, so wußte Johnson, war die Messe im August 1998 das ideale Forum für die Suche nach Sponsoren. Anfang August befand sich Johnson, den ausgearbeiteten Vorschlag im Koffer, auf dem Weg nach Salt Lake City.

Immer wenn es seine Zeit zuließ, trieb er sich zwischen den Ständen auf dem Messegelände herum und führte Vorgespräche mit potentiellen Sponsoren. Das war keine leichte Aufgabe: »Natürlich sind Sponsoren nur bereit, so eine Expedition zu unterstützen, wenn sie die Sichtbarkeit ihrer Produkte erhöht. Deshalb sind sie vor allem an Film und Fernsehen interessiert«, erläutert Johnson. »Nun hatte Graham uns aber verboten, die BBC zu erwähnen, so daß ich in dem Punkt, der die Sponsoren am meisten interessierte, nur vage Andeutungen machen konnte. Das trug nicht zu unserer Glaubwürdigkeit bei, und ich denke, das hätte uns bezüglich des Interesses der BBC eine Warnung sein sollen.«

Die größte Bedeutung für die Vorbereitung der Expedition und letztlich auch ihr Ergebnis hatte dann das Treffen mit Simonson. Der machte keine langen Umschweife: »Ich sagte zu Larry: ›Schau mal, ihr wollt doch nicht einfach zwei Plätze bei einer kommerziellen Expedition kaufen, deren Hauptziel es ist, die Teilnehmer auf achttausend Meter zu bringen. Ihr braucht eine Expedition, die ganz im Zeichen eures Vorhabens steht.‹«

Er nahm Johnson auch die Illusion, daß dies für eine so bescheidene Summe zu machen sei. »Eine Suchmannschaft so hoch auf den Berg zu führen ist fast genauso kostspielig wie jemanden auf die Gipfel zu bringen; der Aufwand an Sauerstoff, Unterstützung und Logistik ist fast der gleiche. Das geht richtig ins Geld, so in der Größenordnung von zwei- bis dreihunderttausend Dollar. Ihr müßt ernsthafte und professionelle Anstrengungen unternehmen, das Geld zu beschaffen.«

Wenn Johnson durch diese Worte nachdenklich gestimmt wurde, so ließ er sich das jedenfalls nicht anmerken. »Wenn du nicht weißt, was du tust«, sagt er amüsiert, »hast du einen Riesenvorteil: Du weißt auch nicht, daß es unmöglich ist.«

Das war eine Einstellung, die hervorragend in das viktorianische England der Jahrhundertwende gepaßt hätte. Es war der gleiche naive Glaube an die Machbarkeit der Dinge, der Großbritannien im neunzehnten und zu Beginn des zwanzigsten Jahrhunderts zur führenden Nation der Entdecker und, nicht zufällig, zum größten Kolonialimperium gemacht hatte. Wenn der winzige Inselstaat fast ohne Übertreibung behaupten durfte, daß »die Sonne im britischen Weltreich nie untergeht«, lag das nicht allein und noch nicht einmal hauptsächlich an seiner militärischen Macht. Der wirkliche Grund war, daß die Engländer als Volk einfach nicht imstande schienen, einen weißen Fleck auf der Landkarte zu ertragen, und genauso wenig vermochten sie sich offenbar auszumalen, die Beseitigung dieser Leerstelle auf der Karte könnte etwas anderes als ein großartiges sportliches Vergnügen sein. Häufig schlecht oder gar nicht auf die Gefahren vorbereitet, die sie erwarteten, machten sich diese Expeditionen auf in die entlegensten Winkel der Erde – mit dem Ergebnis, daß sie ebenso oft in einer Tragödie wie in einem Triumph endeten, und manchmal auch in beidem zugleich.

1852 wurde im Rahmen der Kartografierung Indiens »Peak XV« als höchster Berg der Welt ermittelt. 1865 verlieh die Royal Geographical Society dem Gipfel mit klassischer imperialistischer Arroganz den Namen »Mount Everest« – nach Sir George Everest, dem Leiter der indischen Landvermessungsarbeiten. Dabei sprach sich Everest der Mann dagegen aus, Everest den Berg nach ihm zu benennen, weil er der Meinung war, Berge sollten ihre einheimischen Namen behalten. Doch die Royal Geographical Society blieb bei ihrem Vorhaben und taufte den Berg in dem Jahr, bevor der Pate starb, auf den Namen Everest.[2]

Audrey Salkeld, eine englische Expertin für die Geschichte des Bergsteigens, vermutet, daß die ersten Pläne zur Besteigung des Bergs rund vierzig Jahre später entstanden, 1893, als Charles Granville Bruce, ein schneidiger junger Offizier im Eliteregiment der 5th Gurkha Rifles, Francis Younghusband einen entsprechenden Vorschlag unterbreitete. Younghusband war damals politischer Offizier in Chitral in den westlichsten Ausläufern des Himalaja. »Er war selbst ein großer Romantiker und liebte abenteuerliche Reisen«, schreibt Salkeld. »Einige Jahre zuvor hatte Younghusband eine erstaunliche Expedition von Peking durch die Wüste Gobi und das Karakoramgebirge nach Rawalpindi unternommen. Unterwegs hatte er auf einem hohen Paßweg gestanden und einen Gipfel von geradezu atemberaubender Höhe erblickt. Das war der K2. Wenn der Everest noch höher war, was für ein phantastisches Ziel mußte er dann abgeben!«[3] Natürlich waren damals sowohl die nepalesische als auch die tibetische Grenze geschlossen. Ein paar Erkundungsexpeditionen, unter ihnen auch John Noels heimliches Unternehmen, waren zwar schon in die Nähe des Everest gelangt, aber noch kein Europäer hatte den Berg selbst erreicht, als der Erste Weltkrieg jeden Gedanken an eine Expedition in den Hintergrund drängte.

Als dann das Thema wieder aktuell wurde, befand sich Younghusband in einer Position, die es ihm erlaubte, in Sachen Everest einiges zu bewirken.

Nur wenige Tage nach der Augustmesse, auf der sich Larry Johnson und Simonson getroffen hatten, erfuhr dieser, daß ein großes Telekommunikationsunternehmen Interesse daran hatte, eine Expedition zu sponsern, die seine Geräte präsentierte. Innerhalb von zwei Wochen hatte Simonson einen weit umfangreicheren Vorschlag ausgearbeitet als Johnson und Hemmleb und ihn im Namen der Expedition abgeschickt.

Johnson merkte rasch, daß sich eine nicht unwesentliche Veränderung anbahnte. Er mailte Hemmleb: »Ich glaube, er macht seine Sache großartig, aber ich habe das Gefühl, die Leitung der Expedition gleitet uns dabei aus den Händen. Kannst Du damit leben?« Einige Stunden später las er die Antwort auf dem Bildschirm: »Bei Eric ist die Leitung der Expedition in besten Händen. Damit habe ich überhaupt kein Problem.«

Am nächsten Tag schloß die Expedition ihren ersten Medienvertrag ab: Die Zeitschrift *Climbing* plante einen großen Artikel über die Suche. Damit hatten Johnson und Simonson wenigstens eine PR-Plattform für die Produkte potentieller Ausrüstungssponsoren.

Hemmleb erinnert sich an diese Zeit mit einer Mischung aus Staunen und Verwirrung: »Es war, als sollte unsere Expedition tatsächlich stattfinden. Alles fügte sich so rasch und so reibungslos.«

Natürlich täuschte er sich.

Erstens mußte Simonson, so interessiert er war, noch endgültig für das Projekt gewonnen werden. Er war eingeladen, im Frühjahr 1999 an einer Expedition zur Südseite des Everest teilzunehmen, die Brad Washburn vom Boston Museum of Science, der Guru der Bergkartografie und -fotografie, organisiert hatte, ein Vorhaben, das im Vergleich zum Projekt von Johnson und Hemmleb weit sicherer und professioneller erschien. Doch Mitte Oktober war noch immer unklar, ob Washburns Expedition tatsächlich stattfinden würde. »Mit größten Bedenken entschied ich mich schließlich für Jochens und Larrys Projekt. Ich wußte nämlich, daß es höllisch schwer sein würde, die Expedition auf die Beine zu stellen. Mir war klar, daß ich 'ne Menge Eigenkapital investieren mußte, um das Geld aufzutreiben, das wir brauchten.«

Während Simonson darauf wartete, daß das Telekommunikationsunternehmen endlich die umständliche Prüfung seines Vorschlags abschloß, nahm Simonson Kontakt zur Internet-Site *Mountainzone.com* auf, der vielleicht bekanntesten Bergsteiger-Website der Welt, um sie zu überreden, die Mallory & Irvine Research Expedition finanziell zu unterstützen und mit einem »Cybercasting« während der gesamten Dauer zu begleiten. Mit diesem Geld konnte man allerdings erst ganz zum Schluß rechnen, was bedeutete, daß die Expedition zunächst einmal andere Mittel auftreiben mußte. Das war die schlechte Nachricht. Die gute Nachricht lautete, daß die Expedition mit *Mountainzone.com* einen weiteren bedeutenden Medienpartner gewonnen und damit ihre Aussichten verbessert hatte, potentielle Sponsoren zu interessieren, für die die werbewirksame Placierung ihrer Produkte von entscheidender Bedeutung war.

Inzwischen, aus dem Sommer war fast schon Herbst geworden, stellte sich heraus, daß die BBC-Beteiligung keineswegs so sicher war, wie Hemmleb und Johnson geglaubt hatten. Dieser Fehleinschätzung lag zum Teil das Wechselbad der ermutigenden und enttäuschenden Nachrichten zugrunde, die Graham Hoyland übermittelte, zum Teil aber war sie auch einfach auf das Wesen nichtkommerzieller Fernsehproduktionen zurückzuführen. Der englische Everest-Filmemacher Matt Dickinson, der laut BBC eigentlich an dem Projekt teilnehmen sollte, hat diese Welt zutreffend, wenn auch etwas brutal mit folgenden Worten beschrieben: »Fernsehen ist ein schmutziges Geschäft. Um zu überleben, mußt du ein bißchen Wiesel, ein bißchen Python und ein bißchen Wolf sein. Um Erfolg zu haben, mußt du zu 99,9 Prozent der Große Weiße Hai sein. Und die Fähigkeit, wie gedruckt zu lügen, kann auch nicht schaden ...«[4]

Unter diesen Umständen schien sich nun deutlich abzuzeichnen, daß Graham Hoyland, der sich seit einem Jahr bemühte, seine Vorgesetzten davon zu überzeugen, welche Bedeutung dieser fünfundsiebzigste Jahrestag des Verschwindens von Mallory und Irvine hatte – schließlich *waren* sie ja Engländer –, kräftig Gegenwind bekam. Aus welchen Gründen auch immer – vielleicht lag es einfach an der Schwerfälligkeit des bürokratischen Apparats – die BBC konnte sich nicht für das Projekt »erwärmen«. Da Hoyland nicht nur ein berufliches, sondern auch ein persönliches Interesse an dem Projekt hatte, ging er auf Nummer Sicher – er versuchte einerseits, die BBC-Produktion doch noch durchzubringen und es sich andererseits mit Hemmleb, Johnson und Simonson nicht zu verderben.

Im Oktober biß endlich ein BBC-Produzent an: Peter Firstbrook, zuständig für Reise- und Abenteuersendungen. Er faxte Simonson am 21. Oktober, die BBC habe sich entschieden, eine eigene Expedition zu organisieren, und sei deshalb mit einem anderen Expeditionsleiter im Gespräch, und zwar mit Russell Brice, Simonsons Freund und Kollegen.[5] Mit keinem Wort ging der Brief auf die langen Vorgespräche ein, die Hemmleb, Johnson und Simonson in Vorbereitung einer gemeinsamen Expedition mit Graham Hoyland geführt hatten, genauso wenig wie auf den Vertrag, den Firstbrook Hemmleb angeboten hatte. Danach sollte Hemmleb, wenn er die Exklusivrechte für die Nutzung seiner Forschungsarbeit an den Sender abtrat, fünfhundert Pfund erhalten (noch nicht einmal genug, um nach Katmandu zu kommen, vom Everest ganz zu schweigen), ein Angebot, das mit einem vagen Versprechen weiterer Zuwendungen verbunden war, falls das Budget es zulasse.

Einen Tag später wurde klar, daß Hoyland Firstbrook nie über seine Vorgespräche mit der amerikanischen Expedition informiert hatte. Als Firstbrook auf seinen Brief vom 21. Oktober ein sehr ärgerliches Schreiben von Hemmleb erhielt, wies er jede Verantwortung von sich und erklärte, Hoyland habe ihn erst eine Woche zuvor über die Einzelheiten der amerikanischen Expedition unterrichtet.

Damit saß Hemmleb in einer Zwickmühle. Einerseits hatte er ein festes, wenn auch beschämendes Angebot von der BBC. Auf der anderen Seite stand die freundschaftliche Beziehung zu Johnson und Simonson, allerdings ohne daß eine konkrete Finanzierung ihres gemeinsamen Projekts in Sicht war. An diesem Punkt bewies Johnson seine fast fürsorgliche Loyalität gegenüber Hemmleb, indem er ihn ermutigte, zu tun, was er für das Beste hielt; schließlich seien die neuen Aspekte, die die Suche nach Mallory und Irvine überhaupt erst möglich machten, ganz allein seiner, Hemmlebs, Arbeit zu verdanken. (Als sich später herausstellte, daß die finanziellen Mittel der Expedition recht knapp bemessen waren, bot Johnson sogar an, zu Hause zu bleiben, um Hemmlebs Reise zum Everest nicht zu gefährden.)

Schließlich lehnte Hemmleb das BBC-Angebot ab und setzte ganz auf Johnson und Simonson. »Sie hatten ihr Wort immer gehalten«, erklärt er. »Bei der BBC konnte ich mich darauf nicht verlassen.«

In all diesem Hin und Her bewies Simonson eine schier übermenschliche Ruhe und Entschlossenheit. Sein Instinkt sagte ihm, daß die Entscheidung der BBC, trotz anderslautender Beteuerungen, noch nicht gefallen war. Johnson und er kamen überein, es mit einem Bluff zu versuchen. »Wir teilten ihnen mit, daß wir unser Projekt durchziehen würden, egal was sie planten oder taten«, erzählt Simonson. »Sie hätten die Wahl, sich mit uns zusammenzuschließen oder gegen uns anzutreten. Es war ein Vabanquespiel. Wir erklärten, es sei unsinnig, zwei schlecht finanzierte Expeditionen auf die Reise zu schicken, damit sie sich auf dem Berg Konkurrenz machten, statt die Mittel zu bündeln und eine einzige vernünftig ausgerüstete Expedition auf die Beine zu stellen, die alle Energie auf ein Ziel konzentrierte.«

John Noel mit seiner Filmkamera auf dem Nordsattel, 1922 (© *John Noel Photographic Collection*)

Sein Instinkt war richtig. Die BBC hatte die Verhandlungen über die Expedition und die Filmproduktion tatsächlich noch nicht abgeschlossen. Mit der WGBH/*NOVA* in Boston hatte der englische Sender zwar einen Partner für die Produktion und Finanzierung gewonnen, doch war der Vertrag noch nicht unterzeichnet. Mit dem Eintritt von *NOVA* veränderten sich die Machtverhältnisse erheblich. Die BBC brauchte *NOVA* und räumte ihr ein beträchtliches Mitspracherecht bei der Entscheidung über die Zusammensetzung der Expedition ein. Die Leute von *NOVA* erkannten rasch, daß Simonsons Expedition alle Kräfte auf die Suche nach den beiden verschollenen Bergsteigern richten würde, während die Abmachung der BBC mit Brice vorsah, die Suche im Rahmen einer Gipfelbesteigung durchzuführen, und zwar zusammen mit Bergsteigern, die wenig Interesse an dem Projekt hatten. Im übrigen hatte Simonson für die Suche auf dem Berg eine erlesene Schar außergewöhnlicher Bergsteiger zusammengestellt. »Ich nehme an«, sagt er amüsiert, »*NOVA* hat die Beteiligung zugesagt, aber auf der amerikanischen Expedition bestanden. Da mußte Firstbrook wieder mit uns ins Geschäft kommen, was ziemlich peinlich für ihn war.«

Die Verhandlungen zogen sich hin. November und Dezember gingen ins Land, doch schließlich unterschrieb Simonson auf der Outdoor-Wintermesse in Salt Lake City auch im Namen von Johnson und Hemmleb einen offiziellen Vertrag mit der BBC zur Finanzierung der Expedition (die Gelder von *NOVA* flossen über die BBC, obwohl der Vertrag zwischen BBC und *NOVA* erst nach Abschluß der Expedition unterzeichnet wurde). Bei dem ganzen Hin und Her

Expeditionspostkarte von 1924 (*mit freundlicher Genehmigung von Malcolm Clifford*)

war der eigentliche Verlierer Simonsons Freund Russell Brice, den die BBC in dem Glauben gewiegt hatte, er werde die Expedition leiten. Der Zickzackkurs der BBC bedeutete einen empfindlichen finanziellen Verlust für ihn. »Russell gehört zur allerersten Garde der Expeditionsveranstalter«, sagt Simonson, »und er ist ein feiner Kerl und hervorragender Bergsteiger. Er hatte wirklich was Besseres verdient als die Behandlung, die ihm die BBC zugemutet hat.«

Hemmleb, Johnson und Simonson waren erstaunt, wie wenig sich die Welt in fünfundsiebzig Jahren verändert hatte. Schon 1921, als die Engländer ihre erste Expedition auf den Berg vorbereiteten, wurde rasch klar, daß Everest-Expeditionen neben den üblichen Voraussetzungen – verläßlicher Leitung, erfahrenen Bergsteigern, sorgfältiger Planung und umfassender logistischer Unterstützung – noch zwei Dinge erforderten, die mindestens genauso wichtig waren: Medien und Geld, wobei letzteres nicht ohne erstere aufzutreiben war. Die beiden konkurrierenden Zielsetzungen einer Expedition, Geldbeschaffung und Medienarbeit auf der einen Seite und die Verwirklichung der wissenschaftlichen und bergsteigerischen Vorhaben auf der anderen, waren nie ganz reibungslos miteinander zu vereinbaren.

Bei der Finanzierung der Erkundungsexpedition von 1921 hofften die Organisatoren auf private Spenden. Die Mitglieder des Alpine Club brachten rasch dreitausend Pfund auf, keine kleine Summe für die damalige Zeit, und die Mitglieder der Royal Geographical Society, die sehr viel zahlreicher waren, kamen nur mit Mühe auf den gleichen Betrag. König George V. und der Prince of Wales trugen beide ein bescheidenes Scherflein bei, während Lord Reading,

Expeditionspostkarte von 1999 (*mit freundlicher Genehmigung der Mallory & Irvine Research Expedition*)

der Vizekönig von Indien, siebenhundertfünfzig Rupien spendete. Um den Rest des veranschlagten Zehntausend-Pfund-Budgets für die Erkundung von 1921 und den für 1922 geplanten Gipfelversuch aufzutreiben, verkaufte das Everest Committee die Medienrechte. Die Londoner *Times* und der *Philadelphia Ledger* erhielten die Exklusivrechte an den Expeditionstelegrammen, die Zeitschrift *The Graphic* die an den Fotos.[6]

Drei Jahre später stieß die dritte Everest-Expedition (und das zweite Gipfelunternehmen) beim Fundraising auf weit größere Schwierigkeiten als erwartet, obwohl jetzt Britanniens Ehre auf dem Spiel stand. Zwar schrieb Sir Francis Younghusband, der Vorsitzende des Everest Committee: »In der Öffentlichkeit ist heute eine weit größere Bereitschaft zu spüren, das Vorhaben zu unterstützen, als zu dem Zeitpunkt, da die Idee vorgeschlagen wurde«, doch offenbar machte diese Bereitschaft vor dem Scheckheft halt. Ein gemeinsamer Aufruf der Präsidenten des Alpine Club und der Royal Geographical Society brachte die gewaltige Summe von zehn Pfund zusammen.[7]

Für die Finanzierung der Expedition von 1924 sorgte schließlich der Himalaja-Pionier Captain John Noel, der schon an der Expedition von 1922 teilgenommen hatte. Noel, der ein hervorragender Fotograf und Kameramann wie auch Bergsteiger war, hatte einen Film von der abgebrochenen Expedition im Jahr 1922 gedreht, den er überall in England zeigte. Er war zwar kein Kassenerfolg, doch ließ sich Noel dadurch nicht von seinem Glauben an die kommerziellen Möglichkeiten eines Expeditionsfilms abbringen. Es gelang ihm, genügend wohlhabende und einflußreiche Leute zu seiner Auffassung zu bekehren. So trieb er hinreichend Geld auf, um dem Everest Committee ein Geschäft vorzuschlagen, das es nicht ablehnen konnte und wollte: Für die Abtretung der Exklusivrechte an den Filmaufnahmen und Fotografien der Expedition an die Explorer Films Ltd., Noels neugegründetes Unternehmen, erklärte dieses sich bereit, dem Komitee fürstliche achttausend Pfund zu zahlen – genug, um die ganze Expedition zu finanzieren. Tatsächlich war das Angebot sogar zehntausend Pfund wert, denn dadurch erübrigte sich der Posten von zweitausend Pfund, der für Foto- und Filmkosten veranschlagt worden war. Als versierter Werbestratege gab Noel sogar Sondermarken für die Expeditionspostkarten in Auftrag.[8]

Nachdem die Finanzierung der Mallory & Irvine Research Expedition endlich gesichert war, konzentrierte sich Eric Simonson auf die Zusammenstellung des Expeditionsteams. Seine Kriterien waren einfach: Er suchte Kletterer, die Erfahrung in großen Höhen hatten, die auch unter Streß die Nerven behielten und sich stets den übergeordneten Zielen der Expedition verpflichtet fühlten. Dabei waren ihm Bergführer lieber als führerlose Bergsteiger, weil erstere durch Ausbildung und Beruf daran gewöhnt sind, immer das Wohl der anderen Gruppenmitglieder im Auge zu behalten, eine Eigenschaft, die, wie Simonson aus Erfahrung wußte, unter den gefährlich unvorhersehbaren Bedingungen des Everest von entscheidender Bedeutung ist.

Der erste, für den sich Simonson entschied, war Dave Hahn, siebenunddreißig, ein enger Freund und Bergführer, der das Klettern in großen Höhen

gewohnt war und mit dem Simonson schon oft zusammengearbeitet hatte. Hahn war seit über zehn Jahren als Bergführer am Mount Rainier tätig, hielt am Mount Vinson in der Antarktis, wo er jeden Winter als Bergführer für Network arbeitete, den Rekord mit vierzehn Gipfelbesteigungen, hatte Expeditionen zum McKinley und in den Himalaja geführt und den Everest 1994 auf der Route über den Nordostgrat bestiegen.

Auf Hahns Empfehlung lud Simonson auch Conrad Anker ein. Anker war sechsunddreißig und einer der besten amerikanischen Alpinisten und Felskletterer. Hahn hatte mit ihm in der Antarktis gearbeitet. Anker war bisher noch nicht in extremen Höhen gewesen, galt aber als außergewöhnlich guter Kletterer.

Simonson hatte den Everest 1991 mit Andy Politz bestiegen. Der war neununddreißig Jahre alt, seit fünfzehn Jahren Bergführer und hatte an Expeditionen in vielen Teilen der Welt teilgenommen. Als Schriftsteller, Fotograf, Bergsteiger, Segler, Bootsbauer, Zimmermann und Lehrer war Politz der Kosmopolit der Expedition, außerdem das einzige Mitglied des Bergsteigerteams, das verheiratet war und Kinder hatte.

Die »Youngster« des Teams waren Tap Richards und Jake Norton, beide fünfundzwanzig. Beide arbeiteten seit acht Jahren als Bergführer, hatten an

Die Mallory & Irvine Research Expedition 1999: (stehend von links) Lee Meyers, Conrad Anker, Andy Politz, Dave Hahn, Thom Pollard, Jake Norton, Tap Richards, Eric Simonson; (vorn hockend) Jochen Hemmleb; wichtige Teilnehmer, die nicht abgebildet sind: Larry Johnson, Graham Hoyland (*Foto Schelleen Scott*)

Expeditionen nach Alaska, Südamerika und Nepal teilgenommen oder sie geleitet und den Cho Oyu, einen Nachbargipfel des Everest in Tibet, bestiegen.

Als Expeditionsarzt wählte Simonson Lee Meyers, einen Unfallmediziner, der viele Bergtouren in Alaska, Ecuador, Kanada, Peru und der Antarktis unternommen und dabei den McKinley, Aconcagua und Mount Vinson bestiegen hatte.

Jochen Hemmleb gehörte als historischer Berater zur Expedition, während Larry Johnson mit einer von Simonson organisierten Trekkinggruppe nachfolgen wollte, um die Expeditionskasse zu entlasten.

Natürlich stellten sowohl WGBH/*NOVA* als auch die BBC eigene Mitglieder des Expeditionsteams. *NOVA* übertrug das Projekt der Produzentin Liesl Clark und engagierte den Bergsteiger und freiberuflichen Kameramann Thom Pollard, der das Bergsteigerteam bei der Suche nach Mallory und Irvine begleiten sollte.

Die BBC hatte versprochen, neben dem verantwortlichen Produzenten Peter Firstbrook noch zwei höhenerfahrene Bergsteiger und Filmemacher zu stellen: Graham Hoyland, der den Everest 1993 von der Südseite bestiegen hatte und in der BBC der entschiedenste Befürworter einer solchen Expedition war, und den freiberuflich arbeitenden Matt Dickinson, der den Everest 1996 von der Nordseite erklommen hatte. Mit Rücksicht auf Dickinson, der auf Vortragsreise war, um seine Chronik des unheilvollen Everestjahres 1996 vorzustellen, hatte Simonson den Beginn der Expedition sogar verschoben.

Im letzten Augenblick erklärte die BBC dann, Dickinson könne nun doch nicht teilnehmen und werde durch Ned Johnston ersetzt, einen Kameramann, der 1996 mit Dickinson am Everest gewesen war, aber keine Erfahrung in großen Höhen hatte. Simonson war bei seiner Expeditionsplanung davon ausgegangen, daß ihm zwei Teams von je vier Bergsteigern zur Verfügung stünden, die fähig waren, in extremer Höhe – in der sogenannten »Todeszone« – nach Mallory und Irvine zu suchen. Da Dickinson nun ausgemustert war (und Hoyland später durch Krankheit ausfiel), war der Plan geplatzt. Die Expedition hatte jetzt nur noch ein einziges Team von sechs Bergsteigern, denn zwei Teams von drei Kletterern waren zu klein, um für die nötige Unterstützung zu sorgen. »Erst viel später erfuhr ich von Graham, warum Dickinson gestrichen worden war«, berichtet Simonson. »Offenbar hat Firstbrook von beiden verlangt, sie sollten sich vertraglich verpflichten, kein Buch über die Expedition zu schreiben. Firstbrook wollte selbst eines verfassen (tatsächlich hatte er ein schon begonnenes Manuskript im Rucksack, als er im Basislager eintraf). Matt, der selber ein hervorragender Autor ist, weigerte sich, auf diese Bedingung einzugehen, woraufhin Firstbrook ihn anscheinend aus dem Team nahm.«

Letztlich wurde die Filmarbeit in großer Höhe dann von einem der Bergsteiger übernommen, die Simonson engagiert hatte: Dave Hahn, der schon früher viele Videoaufnahmen in solchen Höhen gemacht hatte, erhielt einen entsprechenden Vertrag von der BBC.

Die etwas undurchsichtigen Vorgänge im Zusammenhang mit der Auswahl der englischen Expeditionsmitglieder erinnerten sehr an die kleinen Intrigen,

die bei den Vorbereitungen der englischen Everest-Expeditionen in den zwanziger Jahren an der Tagesordnung waren. Bei der Entscheidung über die Zusammensetzung dieser Teams zählte nicht nur, was für Fertigkeiten man besaß, sondern eine mindestens ebenso wichtige Rolle spielte, wer man war. Damals hatten die meisten Himalaja-Forscher ihre Erfahrungen als Offiziere in den militärischen Aktionen an Indiens Nordgrenzen gesammelt, und so lag es nahe, daß im wesentlichen das koloniale »Old-Boy-Network«, der »Militärklüngel«, entschied, wer an den Expeditionen, vor allem der ersten von 1921, teilnahm. Angesichts dieser Männerbündelei und der Tatsache, daß bestimmte Qualifikationen erforderlich waren, um die kartografischen und wissenschaftlichen Zielsetzungen der Expedition von 1921 zu erfüllen, war es kein Wunder, daß es unter den Expeditionsteilnehmern nur zwei erfahrene Bergsteiger gab: George Leigh Mallory und George Ingle Finch.

Doch selbst hier setzte sich die Klüngelpolitik durch. Mallory hatte sich in langen Jahren einen Namen im Establishment der englischen Bergsteiger

Die englische Everest-Expedition 1924: (hintere Reihe von links) Andrew Irvine, George Mallory, Edward Norton, Noel Odell, John MacDonald (Sohn des englischen Handelsagenten in Tibet); (vordere Reihe von links) Edward Shebbeare, Geoffrey Bruce, Howard Somervell, Bentley Beetham; nicht abgebildete Teilnehmer: General Charles Bruce, John Noel, John de Vere Hazard, Richard Hingston (© *John Noel Photographic Collection*) erworben. Abgesehen davon, daß er das alpinistische Metier beherrschte, hatte er die richtigen Schulen besucht, war Mitglied des Alpine Club, hatte liebenswürdige und gewinnende Umgangsformen.

Finch dagegen war von ganz anderem Schlage. Geboren in Australien, wuchs er in eher unbürgerlichen Verhältnissen auf, nachdem die Familie auf Drängen der Mutter wieder nach Europa zurückgekehrt war. So hatte Finch eine sehr unstete Jugend verbracht und war auf eher unorthodoxe Weise zu einem der besten Kletterer des Kontinents geworden. Er hatte ganz bestimmt nicht die richtigen Schulen besucht und war auch wenig geneigt, einen günstigen Eindruck auf die Hüter britischer Traditionen zu machen. Sie erkannten zwar seine Fähigkeiten an, mochten ihn aber nicht. Als bei der medizinischen Voruntersuchung ein Arzt leichte Bedenken wegen seiner Kondition äußerte, wurde Finch sofort ausgesondert. Tatsächlich gab das Untersuchungsergebnis zu keinerlei Besorgnis Anlaß; es wurde einfach als Vorwand benutzt. Wahrscheinlich waren seine Gegner im bornierten britischen Bergsteigerestablishment froh über die Gelegenheit, sich des ungeliebten Außenseiters entledigen zu können.[9]

Daraufhin schlugen die Old Boys einen aus den eigenen Reihen vor: den achtundvierzigjährigen William Ling, den Präsidenten des Scottish Mountaineering Club. Diesmal stellte sich Mallory jedoch auf die Hinterbeine und erklärte dem Komitee, das Expeditionsteam sei zu alt und habe zu wenig Klettererfahrung, um erfolgreich sein zu können: »Ich bin von Anfang an der Meinung gewesen, daß die Expeditionsmitglieder kaum die Voraussetzung für ein Unternehmen dieser Art besitzen, wenn man bedenkt, welche enormen Anforderungen mit Gewißheit an Psyche und Physis gestellt werden ... Sie müssen verstehen, daß ich mir auch um meine eigene Sicherheit Gedanken machen muß. Ich bin ein verheirateter Mann und kann nicht blindlings in mein Unglück rennen.«[10]

Seine Einwände wurden einfach übergangen, doch zum Glück lehnte Ling die Einladung ab, so daß Mallory seinen alten Freund und Kletterpartner Guy Bullock als Ersatz vorschlagen konnte. Das Komitee war einverstanden. Wie sich später herausstellte, waren Mallorys Befürchtungen völlig berechtigt; zwei der erfahrensten Himalaja-Forscher, über die die Expedition verfügte, fielen aus: Der eine wurde krank und setzte sich nach Indien ab, der andere starb und wurde unterwegs begraben. Damit war genau die Situation eingetreten, die Mallory vorhergesagt hatte: Die Hauptverantwortung für Erkundung und Bergsteigen lastete auf ihm und seinem Freund Bullock.

Im folgenden Jahr nahm sich das Komitee Mallorys Rat zu Herzen und stellte ein jüngeres und sehr viel befähigteres Team zusammen – diesmal mit George Ingle Finch, der sich hervorragend bewährte. Zwar verfehlte die Expedition ihr Ziel, die Besteigung des Gipfels, doch ihre Mitglieder arbeiteten so gut zusammen, daß viele von ihnen wieder mit von der Partie waren, als 1924 ein weiterer Gipfelversuch in Angriff genommen wurde.

Wie 1922 wurde auch 1924 General Charles Granville Bruce mit der Leitung der Expedition betraut. Der Himalaja-Veteran, der schon vor der Jahrhundertwende die Besteigung des Everest vorgeschlagen, sich einen legendären Namen als Kommandeur der Gurkha-Regimenter erworben und das englische Militär mit den Khakishorts beglückt hatte, war ein Musterbeispiel des geselligen britischen Kolonialoffiziers. Mit seinem Bürstenschnurrbart und seiner unverwüstlichen Vitalität (Bruiser, »Boxer«, nannten ihn seine Freunde) war er in ganz Indien eine bekannte Erscheinung. Seine Kollegen schätzten ihn wegen seiner guten Laune und seines Organisationstalents, das er während der Expedition von 1922 zur Genüge unter Beweis gestellt hatte. Später schrieb einer seiner Kollegen: »Der Name Bruce allein genügt, um einem in der Himalaja-Region alle Türen zu öffnen, vor allem aber in und um Nepal. Durch die Art, wie er mit den Einheimischen, den bedeutenden und unbedeutenden, umgegangen ist, hat er dafür gesorgt, daß Everest-Expeditionen heute so unbehelligt durch Tibet reisen können.«[11] Er war der geborene Führer.

Doch er hatte gesundheitliche Probleme. Mit seinen achtundfünfzig Jahren machten ihm das Alter und sein abenteuerliches Leben zu schaffen. Das äußerte sich in einem schwachen Herz und hohem Blutdruck. Die Ärzte, die die Expeditionsmitglieder auf ihre Tauglichkeit untersuchten, erhoben Einwände gegen seine Teilnahme, aber ihre Warnungen wurden in den Wind geschlagen. Niemand konnte sich die Expedition ohne Bruce vorstellen.

Doch das Komitee, das für die Auswahl der Expeditionsmitglieder verantwortlich war, baute für den Fall der Fälle vor: Als Leiter der Bergsteiger und stellvertretenden Expeditionsleiter bestimmte es Lieutenant-Colonel Edward Felix Norton, ein weiteres Mitglied der Expedition von 1922. Der schlaksige, bärtige Norton war ein erfahrener Bergsteiger, beliebt und mit natürlichen Führungsqualitäten ausgestattet: »Er fragte seine Männer um Rat und akzeptierte ihn, wenn er vernünftig war. Gab er Befehle, dann erklärte er bereitwillig, von wem er die Idee hatte, und wenn er sich für eine Maßnahme entscheiden mußte, die auf wenig Gegenliebe stieß, dann tat er das aus Gründen, die allen einleuchteten ... Jeder akzeptierte sein Urteil, deshalb wurde seine Autorität von niemandem in Frage gestellt.«[12] Schon bald sollte Norton sich gezwungen sehen, diese Fähigkeiten zum Einsatz zu bringen.

Auch Howard Somervell wurde wieder vom Komitee benannt. Somervell war ein erfahrener Alpinist, der 1922 eine schier unglaubliche Zähigkeit bewiesen und in der Zwischenzeit eine gutgehende ärztliche Praxis in England aufgegeben hatte, um am Neyyoor-Missionskrankenhaus im südindischen Travancore zu arbeiten. Von diesem Chirurgen, Maler, Musiker, Komponisten und Bergsteiger sagte Norton: »Somervell hat eine ungeheure Moral, auf die er immer zurückgreifen kann, um etwaige körperliche Beeinträchtigungen wettzumachen, so daß es keine Rolle spielt, wie seine Kondition ist. Er ist immer fit genug, um große Höhen zu erreichen.«[13]

Captain Geoffrey Bruce, ein Neffe von General Bruce, der 1922 dank seiner Erfahrung mit den Bergbewohnern als Transportoffizier in die Expedition berufen worden war und damals bei dem ersten Kletterversuch seines Lebens gleich einen Höhenrekord aufgestellt hatte, gehörte erneut zum Team, genauso wie natürlich Captain John Noel in seiner Eigenschaft als Fotograf und Filmdokumentarist. George Finch, der ein weiteres Mal mit den verknöcherten

Mitgliedern des Everest Committee aneinandergeriet, wurde wieder nicht berücksichtigt.

Zu diesen Everest-Veteranen stießen die Neulinge Edward Shebbeare vom indischen Forstministerium, der Geoffrey Bruce unterstützen sollte, Bentley Beetham, ein Freund von Somervell mit beeindruckender Klettererfahrung in den Alpen, Major Richard Hingston, ein Sanitätsoffizier, der sich besonders für die Auswirkungen großer Höhen auf den menschlichen Organismus interessierte, John de Vere Hazard, ein Einzelgänger, der trotzdem Lager V erreichte, und Noel Odell, ein Geologe und Mitglied des Alpine Club, jener Mann, der am Tag nach Mallorys und Irvines Verschwinden einen so heroischen Versuch unternehmen sollte, die beiden zu finden.

Und schließlich gehörten noch Andrew Comyn Irvine und George Leigh Mallory selbst dazu, der Neuling und der Veteran, deren Namen bald für alle Zeiten mit einem der größten Geheimnisse der Bergsteigergeschichte verknüpft sein sollten. Irvine, der im zweiten Jahr Maschinenbau am Merton College in Oxford studierte, war so etwas wie ein Protegé von Odell. 1923 waren sie gemeinsam zu einer Collegeexpedition nach Spitzbergen aufgebrochen, und Odell hatte ihn zu Klettertouren nach Wales mitgenommen. Als das Auswahlkomitee Finch einen Platz in der Expedition verweigerte, gab es schließlich Mallorys Drängen nach, der wiederholt unterstrichen hatte, daß die Expedition kräftige, junge Kletterer benötige. Dabei setzte man sich über Irvines Unerfahrenheit hinweg, weil er sich in hervorragender körperlicher Verfassung befand, über eine unverwüstliche gute Laune verfügte und – vielleicht der wichtigste Aspekt – ein ungewöhnlich geschickter Mechaniker war. Während der gesamten Expeditionsdauer hat Irvine mit primitivsten Werkzeugen alles repariert, was zu reparieren war. Noch bevor das Team England verließ, nahm er Verbesserungen an den sehr hinderlichen und anfälligen Sauerstoffgeräten vor – eine Tätigkeit, die er während der gesamten Reise nach Indien fortsetzte.

Im Hinblick auf George Mallory befand sich das Komitee in einer weit schwierigeren Lage, die Sir Francis Younghusband mit folgenden Worten beschrieb: »Mallorys Fall war problematischer. Es war in höchstem Maße wünschenswert, ihn dabei zu haben. Aber war es auch fair, ihn zu fragen? Wenn er aufgefordert wurde, konnte er schlecht Nein sagen. Hatte das Komitee das Recht, ihn praktisch zur Teilnahme zu zwingen? Er war ein verheirateter Mann und hatte bereits an zwei Expeditionen teilgenommen. Bei der letzten war er in zwei schwere Unfälle verwickelt gewesen – einer von ihnen hatte sieben Männern das Leben gekostet. Er hatte seinen Beitrag geleistet – hervorragend geleistet. Konnte das Komitee es verantworten, ihm noch mehr abzuverlangen? War aber andererseits nicht damit zu rechnen, daß er zutiefst beleidigt sein würde, wenn man ihn *nicht* fragte – ihn, der am Everest schon soviel durchgemacht hatte? Mußte er es nicht als schrecklichen Affront empfinden, wenn er übergangen wurde? Es war eine schwierige Entscheidung ...«[14]

Auch für Mallory war es eine schwierige Entscheidung. Nach einigen frustrierenden Jahren als Lehrer und einem Jahr als mäßig erfolgreicher Vortragsreisender war es ihm endlich gelungen, eine gute Stellung als Dozent und Sekretär des Board of Extra-Mural Studies in Cambridge zu bekommen, eines Ausschusses, der für Unterrichtsveranstaltungen außerhalb der Universität zuständig war. Er hatte dort mit seiner Frau Ruth und seinen drei Kindern gerade ein Haus bezogen. Ruth und er standen sich sehr nahe, aber in den letzten drei Jahren war er von ihr fast ebenso lange getrennt wie mit ihr zusammen gewesen. Mallory wußte, daß man ihn fragen würde, meldete sich aber nicht freiwillig. Es gab verschiedene Stimmen in ihm. Nach einem Gespräch mit seiner Frau schrieb er an seinen Vater: »Wir waren beide der Meinung, daß es ziemlich schlimm wäre, wenn ich zusehen müßte, wie andere ohne mich den Gipfel bestiegen ... Gegenwärtig denke ich, es geht eher um die Loyalität gegenüber der Expedition und darum, daß man eine angefangene Sache zu Ende bringen muß.«[15]

Es war also eine Frage der Pflicht, einer Pflicht allerdings, der er nicht ohne böse Vorahnungen folgte. Kurz vor dem Aufbruch nach Indien vertraute sich Mallory seinem Freund Geoffrey Keynes an, der später über dieses Gespräch schrieb: »Er sagte mir, es werde mehr Krieg als Abenteuer werden, und er glaube nicht, daß er lebend zurückkomme.«[16]

KAPITEL 3

Im Begriff, die Karte zu verlassen

Höher im Himmel, als wir es uns in den kühnsten Phantasien ausgemalt hatten, tauchte der Gipfel des Everest auf.

George Mallory

AN DIE JONGPENS UND STAMMESÄLTESTEN VON PHARIJONG, TING-KE, KAMBA UND KHARTA.
Ihr sollt wissen, daß eine Gruppe von Sahibs zum Berg Cho-mo-lung-ma ziehen und dabei den Tibetern mit großer Freundschaft begegnen wird. Auf Veranlassung des Großministers Bell ist ein Passierschein ausgestellt worden, der Euch und alle Amtsträger und Untertanen der tibetischen Regierung auffordert, Transportmittel zur Verfügung zu stellen, zum Beispiel Reitpferde, Packtiere und Kulis, wie es die Sahibs verlangen, wobei das Entgelt dafür zur gegenseitigen Zufriedenheit festgesetzt werden soll. Jede andere Hilfe, um die die Sahibs Euch ersuchen – bei Tage oder bei Nacht, beim Marschieren oder während der Pausen –, ist getreulich zu gewähren. Ihre Wünsche bezüglich Beförderung oder anderer Leistungen sind umgehend zu erfüllen. Alle Menschen des Landes sollen, wo immer die Sahibs erscheinen, alle nötige Unterstützung in der bestmöglichen Weise leisten, damit die freundlichen Beziehungen zwischen der englischen und der tibetischen Regierung gewahrt bleiben.

Verfügt im Jahr des Eisenvogels
Siegel des Premierministers[1]

Da der kurze Weg durch Nepal für Fremde gesperrt war, versammelten sich 1921, 1922 und erneut 1924 die Mitglieder der englischen Expeditionen zum Everest – zu *Chomolungma*, der »Göttinmutter der Erde«, wie er bei den Menschen heißt, die zu seinen Füßen leben – in der Teeregion Darjeeling, hoch im Norden Indiens, um sich auf den langen, indirekten Weg durch Tibet vorzubereiten. »Darjeeling selbst«, schrieb Sir Francis Younghusband, Vorsitzender des Everest Committee und selbst ein alter Himalaja-Kenner, »liegt mehr als zweitausend Meter über dem Meeresspiegel in einem Wald aus Eichen, Magnolien, Rhododendron, Lorbeerbäumen und Platanen. Und durch diese Wälder blickt der Betrachter über die steilen Berghänge hinab zum Fluß Rangeet, der sich nur dreihundert Meter über dem Meeresspiegel befindet, und dann die baumbestandenen Terrassen hinauf, jede Stufe in einen Dunst aus immer tieferem Purpurrot gehüllt, bis die Schneelinie erreicht ist. Und dann noch höher hinauf zum Gipfel des Kanchenjunga, der so rein und entrückt wirkt, daß man kaum glauben mag, er gehöre noch zur festen Erde, auf der wir stehen. So hoch erscheint er, als wäre er ein Teil des Himmels selbst.«[2]

Die Mitglieder der Expedition von 1924 trafen aus allen Himmelsrichtungen ein. Norton und General Bruce kamen schon früh, Mitte Februar, mit dem Postdampfer aus Bombay. Von dort aus fuhren sie mit der Eisenbahn weiter, zuerst nach Delhi, um die letzten Einzelheiten der Expedition zu klären, dann nach Kalkutta, wo sie die Expeditionsausrüstung in Empfang nahmen; anschließend ging es nordwärts durch die indische Tiefebene und schließlich mit einer Schmalspurbahn durch den dichten Wald nach Darjeeling.

Unterwegs stieß Geoffrey Bruce zu ihnen, und in Darjeeling erwartete sie Shebbeare vom indischen Forstministerium. Somervell kam aus Travancore, Odell von den persischen Ölfeldern und Hingston aus dem Air-Force-Krankenhaus in Bagdad. Am 21. März trafen Mallory, Irvine, Beetham und Hazard ein. Die Überfahrt von Liverpool nach Bombay hatten sie auf dem neuen Dampfschiff *California* zurückgelegt, um dann nordwärts durch den mittlerweile dampfenden Dschungel nach Darjeeling zu reisen – eine Tour von fast einem Monat.

Am 18. März 1999, fast genau fünfundsiebzig Jahre später, landeten Simonson, Hahn, Anker, Politz, Richards, Norton und Meyers im nepalesischen Katmandu. Hinter ihnen lagen Marathonflüge von sechsunddreißig Stunden aus Seattle und anderen Städten über Los Angeles, Osaka und Bangkok – eine weit weniger kultivierte, wenn auch schnellere Anreise. »Am Ende unserer Flugodyssee«, erinnert sich Dave Hahn, »schaufelten wir in uns hinein, was man uns vorsetzte, ohne uns noch Gedanken zu machen, wie es in die normale Abfolge von Frühstück, Mittagessen und Abendbrot paßte. Wir nahmen es gleichmütig hin, wenn sich die Sonne zu höchst merkwürdigen Zeiten höchst merkwürdig verhielt, und reagierten vollkommen gelassen, wenn der Kalender an der internationalen Datumsgrenze verrückt spielte.«[3]

Wenn die Flugodyssee Simonsons Kletterteam »fix und fertig« gemacht hatte, wie Hahn es ausdrückte[4], so war das nichts im Vergleich zu dem, was

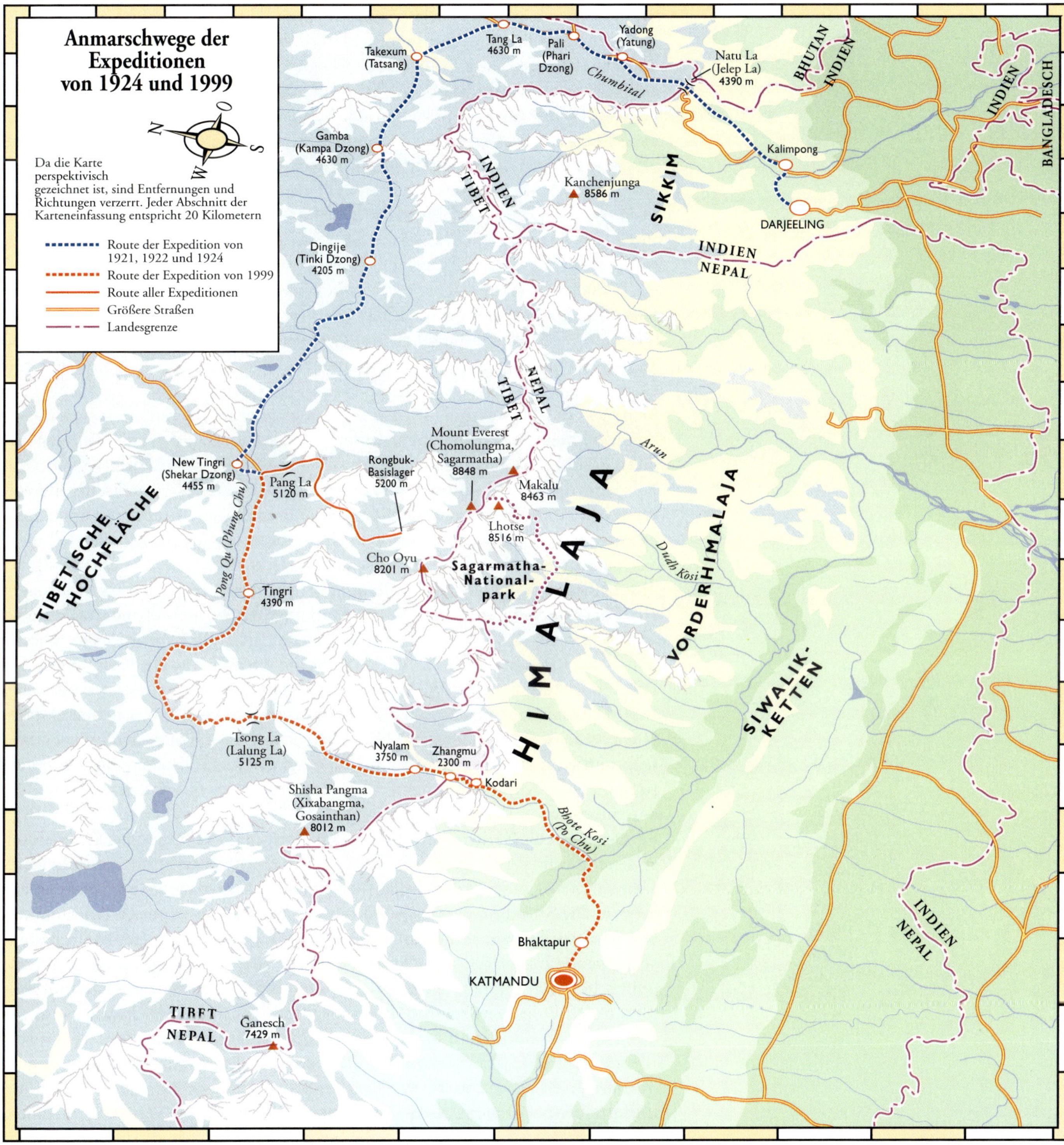

(Karte Gray Mouse Graphics)

Simonson selbst hinter sich hatte. Seit drei Monaten arbeitete er an sieben Tagen in der Woche zwölf bis vierzehn Stunden täglich, um die Expedition vorzubereiten, wobei er es oft genug mit haarigen Problemen zu tun hatte.

Mehr als fünfundsiebzig Jahre sind vergangen seit dem »Jahr des Eisenvogels«, als der Ministerpräsident von Tibet 1921 der englischen Erkundungsexpedition den Passierschein ausstellte, der ihr die Reise in das verbotene Reich erlaubte, und als der Dalai Lama ihr Zugang gewährte »zum Land im Westen der Fünf Schatzkammern des Großen Schnees, die der Rechtsprechung der Weißen Glasfeste unterliegt, nahe dem Inneren Kloster im Tal der Felsen, im Vogelland des Südens«[5]. Heute ist das Bewilligungsverfahren zwar nicht mehr ganz so lyrisch, dafür aber erheblich bürokratischer.

Und teurer. Lange bevor Eric Simonson sich mit Hemmleb und Johnson zusammentat, um die 1999 Mallory & Irvine Research Expedition vorzubereiten, hatte er bereits um die Erlaubnis ersucht, eine Expedition zur tibetischen Seite des Mount Everest zu führen, und sie auch erhalten. In jedem Jahr gibt es nur wenige Wochen – im Spätfrühling, kurz bevor der Monsun beginnt –, in denen die Besteigung des Everest kein vollkommen unverantwortliches Unternehmen ist. Daher buchen die Leiter kommerzieller Expeditionen für diese Periode schon lange im voraus »feste« Zeiten auf dem Berg.

Für die Genehmigung der Expedition, der Filmaufnahmen, der Benutzung von Funkgeräten, der Satellitentelefone und für viele andere Dinge hatte Simonson rund hunderttausend Dollar zu zahlen. Großenteils wickelte er diese Verhandlungen über den Chinesischen Bergsteigerverband ab, eine Behörde, die solche Angelegenheiten in Tibet und in anderen Regionen Chinas regelt. Als Expeditionsveranstalter mußte Simonson auch die »Visumantragsautorisierung« von den Chinesen einholen, so daß sich alle Expeditionsmitglieder von den chinesischen Botschaften in ihren Heimatländern Visa ausstellen lassen konnten.

Die meisten Expeditionsmitglieder bekamen sie ohne Schwierigkeiten. Nicht so die Vertreter der BBC. Hier ergaben sich Probleme, die die Expedition fast zum Scheitern gebracht hätten. Wegen der ausführlichen Berichterstattung über das Massaker auf dem Platz des Himmlischen Friedens war die BBC der chinesischen Regierung alles andere als genehm. Simonson riet den BBC-Filmern, sich als Bergsteiger auszugeben, doch Peter Firstbrook schickte einen Assistenten mit Anträgen nach London, aus denen hervorging, daß die BBC-Leute in Tibet einen Film drehen wollten. Die Chinesen zeigten sich wenig erfreut. Die Situation verschlimmerte sich noch, als ein Reporter einer Londoner Boulevardzeitung eine beiläufige Bemerkung von Larry Johnson über das schleppende Einreisegenehmigungsverfahren so aufbauschte, daß eine außenpolitische Affäre daraus wurde. Schließlich rettete Simonson das Unternehmen durch einen raffinierten Trick: Er sorgte dafür, daß die Einreisevisa der BBC-Leute in Katmandu und nicht in London ausgestellt wurden.

Es war eine jener Krisen, auf die Simonson gut verzichten konnte. Da es mittlerweile Februar geworden war und das Abreisedatum der Expedition unmittelbar bevorstand, hatte er wichtigere Dinge zu tun. Das Telekommunikationsunternehmen, das Larry Johnson und er schon fast als Sponsor gewonnen hatten, war im letzten Moment abgesprungen, doch Simonson ließ seine Verbindungen in der Outdoor-Industrie spielen und schloß fünf kleinere Sponsorverträge mit Ausrüstungsherstellern ab, während Johnson das Unternehmen Eureka dazu bewog, Zelte zu stiften. Weitere Unterstützung bekam die Expedition von der Ford Motor Company, die die Berichterstattung von *Mountainzone.com* im Internet sponserte, von dem Energieriegelhersteller Powerbar und anderen Firmen. So war zu guter Letzt doch noch für ein Expeditionsbudget von dreihunderttausend Dollar gesorgt.

Die nächste Aufgabe bestand darin, rund zweitausend Kilogramm Lebensmittel und Ausrüstung zu verpacken – viereinhalbtausend Meter Seil, Kletterzubehör (Sicherungsmaterial, Schneehaken, Eisschrauben, Schlingen, Steigeisen, Sauerstoffgeräte und -masken), Lagerausstattung (Tische, Stühle, Kocher), technisches Gerät für die Telekommunikation per Satellit, Computer, medizinische Geräte und Artikel sowie rund sechzig Zelte verschiedenster Art. Weitere Teile der Ausrüstung hatte Simonson in Nepal und Tibet gelagert und wollte sie unterwegs abholen, so daß sich das Gesamtgewicht am Ende auf gut siebentausend Kilogramm belaufen würde.

Den Nahrungsbedarf der Expedition unterteilte Simonson in zwei Kategorien: die Lebensmittel, die unterwegs, im Basislager und im vorgeschobenen Basislager von Köchen zubereitet werden sollten und großenteils in Katmandu besorgt werden konnten, und die Fertignahrung für die höheren Lager. Dafür brachte die Expedition rund dreihundert Kilogramm Lebensmittel aus den Vereinigten Staaten mit. »Da war alles dabei, Konservendosen, Kartoffelchips und Kochbeutelgerichte aus Armeebeständen«, berichtet Simonson. Das erinnerte nur von fern an die Einkaufsliste der Expedition von 1924, die unter anderem sechzig Büchsen Wachteln mit Gänsestopfleber und vier Kisten Champagner, Montebello, Jahrgang 1915, aufführte.[6]

Kein Unternehmen verläuft ganz reibungslos – schon gar nicht eine Everest-Expedition. Zwei Jahre nach der Expedition von 1924 schrieb Sir Francis Younghusband, der Vorsitzende des Everest Committee: »Nachdem wir von der tibetischen Regierung die Erlaubnis erwirkt hatten, zum Everest zu reisen, die finanziellen Fragen geregelt, die Mitglieder der Expedition bestimmt hatten, galt es nun, die Vorräte und Ausrüstung zu kaufen, zu verpacken und zu versenden. Man sollte meinen, mit der Erfahrung zweier vorangegangener Expeditionen sei dies eine einfache Angelegenheit. Doch bei der Vorbereitung und Ausstattung von Expeditionen wird dem Menschen noch deutlicher als in anderen Dingen des Lebens vor Augen geführt, daß er nie auslernt.«[7]

Simonson hätte ihm vorbehaltlos zugestimmt. In der letzten Woche vor dem Aufbruch nach Katmandu, der für den 17. März geplant war, packten er und seine Klettermannschaft Nahrungsmittel und Ausrüstungsgegenstände in Dutzende von Siebzig-Pfund-Seesäcke und mußten immer wieder feststellen, daß entscheidende Dinge fehlten. So hatte Eureka zwar die versprochenen Zelte an Simonson abgeschickt, doch waren sie zwei Tage vor dem Abreisedatum noch nicht bei ihm angekommen. Eiligst mußte Eureka eine zweite Lieferung per Expreß abschicken, die gerade noch rechtzeitig eintraf.

Doch die Zelte gehörten zu diesem Zeitpunkt zu Simonsons geringsten Problemen. Die größte Sorge war das Geld. Simonson: »Nach dem Vertrag, den wir mit WGBH/*NOVA* und der BBC hatten, verpflichteten sie sich, den Großteil der Summe bei Vertragsunterzeichnung Ende Januar zu überweisen und den Rest bis zum 15. Februar. Das Geld von *Mountainzone.com* stand uns erst zur Verfügung, wenn BBC und *NOVA* gezahlt hatten. Doch die beiden hatten die Einzelheiten des Vertrags, der zwischen ihnen geschlossen werden sollte, noch gar nicht geklärt, und so kam es, daß die erste Zahlung fast bis zum 15. Februar, der Frist der zweiten und letzten Überweisung, auf sich warten ließ. Das Geld war noch keine Stunde auf dem Konto, da wurde es schon an die chinesischen Behörden zur Begleichung der längst überfälligen Expeditionsgebühren überwiesen.«

Als Simonson am 18. März in Katmandu ankam, war die BBC ihren Verpflichtungen noch immer nicht nachgekommen. Die Reisekasse war leer, und Simonson schäumte vor Wut. »Um die Kosten der Expedition zu decken, unter anderem etwa dreißigtausend Dollar für Sauerstoffgeräte, hatte ich Riesenschulden auf meinen Kreditkarten machen müssen. Die Mitglieder des Kletterteams hatte ich gebeten, das Geld für die Flugtickets erst einmal auszulegen«, berichtet Simonson. »Es war Zeit, die Sache ein- für allemal zu klären.«

Obwohl das Filmteam der BBC aufgefordert worden war, sich beizeiten in Katmandu einzufinden, um mit der Akklimatisierung zu beginnen, und natürlich auch, um bei dem mühseligen Aus- und Umpacken der Vorräte und Ausrüstung zu helfen, trafen die Engländer erst im letzten Augenblick ein, am Abend vor dem festgesetzten Aufbruch nach Tibet. Simonson stellte Firstbrook zur Rede. »Ich teilte ihm klipp und klar mit, daß weder er noch irgend jemand aus seinem Team am nächsten Tag den Bus besteigen werde, wenn die BBC nicht ihrer Verpflichtung nachkommen und das seit einem Monat überfällige Geld auf der Stelle telegrafisch überweise. Die gleiche Nachricht schickte ich nach London. Das fruchtete endlich.« Obwohl Simonson dann doch nachgab und die BBC-Leute in den Bus ließ, überwies der Sender endlich das gemahnte Geld, so daß es am 23. März auf dem Expeditionskonto war.

Anfang der zwanziger Jahre hatten die englischen Expeditionen den großen Vorteil gehabt, daß ihnen die Sorge um Lebensmittel, Beförderung, Nachrichtenübermittlung und Logistik weitgehend von der Kolonialverwaltung und dem Militär in Indien abgenommen worden war. Eine ähnliche Unterstützung vor Ort erhielt Simonson durch Great Escapes Trekking, eine Organisation mit Sitz in Katmandu, die Expeditionsveranstaltern eine Vielzahl von lokalen Dienstleistungen anbietet, von der Anwerbung der Sherpas und Köche bis hin zur Betreuung der Expeditionsausrüstung bei der Abfertigung durch den nepalesischen Zoll. Als Simonsons Kletterteam auf dem Flughafen von Katmandu eintraf, wartete die Sherpamannschaft schon auf sie.

Jake Norton, der eine Zeitlang in Nepal gelebt hat, beschreibt die Szene: »Das Innere des Flughafens ist ein ziemlich ruhiger Ort. Dort dürfen sich nur Nepalesen aufhalten, die ein Flugticket haben. Während Eric mit einem Zollbeamten verhandelte, luden Dave, Tap, Conrad, Lee und ich so an die siebzig Seesäcke mit Lebensmitteln und Ausrüstungsgegenständen auf

Gepäckkarren und schoben sie in Richtung Tür. In dem Moment, wo sich die automatischen Glastüren öffnen, ist es mit der Ruhe vorbei, und du tauchst in ein Meer von lärmenden Menschen. Kinder zerren an den Gepäckstücken und versuchen, sie zu Taxis zu schleppen, von deren Fahrern sie Prozente bekommen. Überall hupt es, Hotelwerber rufen, Menschen schreien und laufen umher. Es ist der reinste Kulturschock.« Während sich die Sherpas einen Weg durch das Chaos bahnten und die Seesäcke in den Liefer- und Lastwagen von Great Escapes verstauten, schirmten die Kletterer sie ab. Schließlich zwängten sie sich alle in die Wagen und fanden irgendeinen Weg hinaus aus dem Gewimmel. »Katmandu«, sagt Norton, »dürfte der einzige Flughafen der Welt mit einem Weiderost in seiner Zufahrt sein. Kühe sind heilig in Nepal. Es gibt keine andere Möglichkeit, die frei umherlaufenden Viecher vom Flughafen fernzuhalten.«

Schlingernd fuhren die Wagen durch kurvenreiche Straßen in die Stadt, vorbei an der riesigen Tempelanlage Pashupatinath an den Ufern des Bagmati mit den vielen, noch schwelenden Scheiterhaufen, die der Feuerbestattung dienen, über hoffnungslos verstopfte Kreuzungen voller Lastwagen, Taxis, Limousinen, Fahrräder, Motorräder, Rikschas und, natürlich, Kühen. Im Hotel Manaslu holten sich alle ein Bier und ließen sich erschöpft auf die Stühle im Hotelgarten fallen. Trotz Jugend und Nepalerfahrung bekennt Norton: »Ich war kaputter als an einem Gipfeltag.«

Das alte Stadtbild von Katmandu hat sich gründlich verändert, seit Eric Simonson es 1979 zum erstenmal zu Gesicht bekommen hat. Die alte Stadt war von einer Ringstraße umgeben, die auf der anderen Seite an üppige Reis- und Getreidefelder grenzte. »Wie überall«, sagt Simonson mit Bedauern in der Stimme, »sind die Felder inzwischen von der wuchernden Stadt gefressen worden, und die Luft hat sich enorm verschlechtert; daran sind vor allem die Rikschas und Motorräder mit ihren Zweitaktern schuld.« In diesem Jahr war die Luft noch schlechter als gewöhnlich, weil der trockene Winter überall in der Region zu Wald- und Buschbränden geführt hatte. Bergsteiger Andy Politz, auch ein Mann mit Katmandu-Erfahrung, notierte in seinem Tagebuch: »Luftqualität und Staub werden hier immer schlimmer. Angesichts der vielen Lungenkrankheiten, die es hier gibt, sollten wir uns vor Krankheitserregern hüten, die mit dem Staub durch die Luft getragen werden.«

Gleichwohl, so meint Jake Norton, habe Katmandu seinen exotischen Zauber nicht gänzlich eingebüßt: »Wenn du früh am Morgen aufstehst und im Herzen der Stadt umherschlenderst, kannst du immer noch spüren, wie es vor hundert Jahren war: Kurz nach Sonnenaufgang kommen die Menschen von kleinen Höfen am Rande der Stadt und tragen Körbe mit frischem Gemüse durch die gewundenen, überfüllten Gassen auf die offenen Märkte. Stände mit Obst und anderen Lebensmitteln öffnen, und die Frauen jagen Kühe davon, die sich für die ausgebreiteten Waren interessieren. Dort wird alles verkauft, was du dir vorstellen kannst. Ständig spricht dich ein Händler an und fragt: ›Kaufen Teppich? Tigerbalsam? Tee? Geld wechseln? Haschisch?‹ Es ist ein pralles, buntes Bild.«

Das Zentrum von Katmandu ist ein Basar für die Sinne. Überall ertönen Klingeln, die mit Hupen und Pfiffen wetteifern. Der Duft von Weihrauch und

Ein Sadhus: Hindu-Asket und Wanderprediger
(Foto Schelleen Scott)

Ringelblumen dringt aus den zahllosen kunstvoll verzierten Tempeln und mischt sich mit dem Wohlgeruch von *Daal Bhat*, dem Nationalgericht aus Reis, Linsen und Curry, das in Tausenden von versteckten Küchen zubereitet wird. Riesige Buddha-Augen, die auf Hauswände gemalt sind, scheinen dem Besucher überallhin zu folgen, und die Menschen, die ihm begegnen, zaubern ein Lächeln in ihre verwitterten Gesichter und flüstern: *Namaste* – »Ich grüße den Gott, der in dir wohnt« –, während sie im Vorbeigehen die Handflächen zu einer segnenden Geste falten.

Während die anderen Mitglieder des Teams die neuen Eindrücke aufnahmen, sich ausruhten und darauf achteten, ihrer Gesundheit keinen Schaden zuzufügen, machten sich Simonson und seine Sherpamannschaft an die Arbeit. Zunächst einmal setzten sie sich zusammen und handelten die Einzelheiten der Sherpalöhne und -prämien aus, dann holten sie die von Simonson in Katmandu deponierte Ausrüstung vom Lager. Am folgenden Tag kauften die Köche und er mehrere tausend Pfund Reis, Mehl, Zucker, getrocknetes Schaf- und Yakfleisch, Käse, Konserven und haltbares frisches Gemüse (Zwiebeln, Kohl, Kartoffeln, Karotten), außerdem einen kleinen Vorrat an leichter verderblichem Gemüse, der in den ersten Expeditionstagen verbraucht und durch die einige Wochen später nachfolgende Trekking-Gruppe wieder aufgefüllt werden sollte.

Am 20. halfen auch die anderen Teammitglieder, die Ausrüstung zusammenzupacken. Hahn erzählt: »Wieder staunten wir alle über Erics schier unglaubliche logistische Fähigkeiten: wie er herumwirbelte, wie er zum Beispiel die für dieses oder jenes Lager benötigte Anzahl Gaskartuschen blitzschnell im Kopf ausrechnete, Ersatzzeltstangen von bestimmter Art und Größe verlangte oder Aufgaben verteilte, die erledigt werden mußten, bevor alles am folgenden Tag durch den Zoll gebracht werden konnte. Wir anderen waren noch gar nicht richtig da, während Eric schon seit Monaten ganz in dieser Expedition aufging. Wir mußten also zusehen, daß wir ein bißchen aufholten, um ihm einen Teil der Verantwortung abzunehmen.«

Doch Simonson war in seinem Element: »Für mich geht hier der Spaß erst so richtig los: Wenn wir anfangen, die Sachen für die Fahrt zum Basislager aufzuladen, laufen alle Fäden zusammen. Sind wir dann endlich da und fangen an abzuladen, dann weiß ich, daß jedes Stück der Ausrüstung durch meine Hände gegangen ist und daß alles funktionieren wird.«

Am Nachmittag traf Jochen Hemmleb, der historische Berater der Expedition, im Hotel ein. Nachdem er sich kurz schlafen gelegt hatte, hörte er englische Stimmen. Er ging den Korridor entlang, fand eine offene Tür und betrat den angrenzenden Raum. Dort begegnete er Eric Simonson zum erstenmal. »Als ich Eric sah, war mein erster Gedanke: ›Mein Gott, was für ein Riesenkerl!‹« berichtet er. Die beiden umarmten sich, und Simonson machte Hemmleb mit den übrigen Expeditionsmitgliedern bekannt.

Am nächsten Tag wurde weiter gepackt, während immer mehr Teammitglieder eintrafen: die Produzentin Liesl Clark und Kameramann Thom Pollard von WGBH/*NOVA*, außerdem der freiberuflich arbeitende Kameramann Ned Johnson, der bei der BBC unter Vertrag stand.

Am Morgen des 22. März hielt der Rinpoche (Abt) des buddhistischen Klosters Thyangboche – gelegen im Herzen der nepalesischen Region Solu Khumu, aus der die meisten Sherpas der Expedition stammten – eine Puja (Opferungszeremonie) ab, die dafür sorgen sollte, daß die Expedition unter einem günstigen Stern stand. Alle Teammitglieder hatten sich Gebetsfahnen gekauft, die sie aufhängten, Wacholderzweige, die sie verbrannten, Reis und andere Opfergaben. Dafür erhielten sie die Segnungen des Lamas. Den Rest des Tages verbrachten sie mit letzten Vorbereitungen. Nach dem Essen trafen an diesem Abend endlich auch Peter Firstbrook und Graham Hoyland von der BBC ein – mit fünfundvierzig Kisten Gepäck und Ausrüstung.

Da das Zentrum von Katmandu tagsüber für Lkw gesperrt ist, fuhr erst am Abend des 22. um acht Uhr ein großer Containerwagen bei Great Escapes vor. Die Sherpas begannen sofort damit, ihn für die Abfahrt früh am folgenden Morgen zu beladen. Um halb sechs wurde der Laster zum Zoll gefahren, abgefertigt und versiegelt. Durch die späte Ankunft der BBC-Ausrüstung und Komplikationen bei der Abfertigung der Sauerstoffflaschen verzögerte sich der ganze Prozeß jedoch. Simonson ließ Dave Hahn und zwei Sherpas mit dem Lastwagen zurück, während Firstbrook und Hoyland ihre Ausrüstung durch den Zoll brachten und die Sauerstoffflaschen verladen wurden.

In der Zwischenzeit stieg der Rest des Bergsteigerteams in einen nepalesischen Bus, der nach Kodari an der tibetischen Grenze fuhr, etwa fünf Stunden Fahrzeit entfernt. Nach Simonsons Plan würde die Mallory & Irvine Research Expedition, die Zwischenstopps zur Akklimatisierung eingerechnet, in sechs Tagen im Everest-Basislager eintreffen.

Am 25. März 1924, als die dritte englische Everest-Expedition Darjeeling verließ, hatte sie eine Reise von mehr als einem Monat vor sich. Meist zu Fuß und nur gelegentlich auf dem Rücken der zähen, kleinen Hochlandponys begaben sie sich von der Höhe Darjeelings hinab durch die Hügelterrassen zur Tistabrücke und zogen dann nordostwärts nach Kalimpong, Pedong und durch die dampfenden Täler von Sikkim. Dabei übernachteten sie in Berghütten, in denen nur die Hälfte der Expeditionsmitglieder unterkam. So hatten sie sich in zwei Gruppen aufgeteilt, die eine etwa eine Tagesreise hinter der anderen, so daß sich zwei Karawanen von Ponys, Trägern (etwa siebzig Sherpas und Bhotias), persönlichen Dienern, Sirdars (Sherpaführer) und den Expeditionsmitgliedern langsam in Richtung Tibet schlängelten, das fern im Norden lag.

Anfangs war die Landschaft, die sie durchquerten, von einer fast unglaublichen Üppigkeit. In seinem Tagebuch notierte der junge Andrew Irvine: »Wir erblickten einige wunderschöne Schmetterlinge, während uns der heiße Wind Schwaden herrlicher Düfte zutrug.«[8] Es gab Baumfarne und wilde Bananen, scharlachroten Hibiskus, die dreißig Zentimeter langen weißen Trompetenblüten des Stechapfels und Orchideen von jeder erdenklichen Form und Farbe. Als sie aus dem Tal zum 4390 Meter hohen Jelep La (*la* bedeutet »Paß«) emporstiegen und die Luft kühler wurde, kamen sie durch Rhododendronwälder, die weiß, rosa, karminrot, gelb, malven- und elfenbeinfarben erblühten, durchquerten einen Gürtel von immergrünen Gewächsen und ließen schließlich die Baumgrenze hinter sich.

Auf der Route, die seit Jahrhunderten von Maultierkarawanen benutzt wurde, die aus Tibet Wolle in den Süden brachten, überschritt die Expedition am 1. April den Jelep La und stieg endlich in das Chumbital und nach Tibet ab. Das Chumbital im Windschatten des Passes war sehr viel kühler und trockener als Sikkim und vermittelte schon eine Ahnung von der Kargheit der tibetischen Hochfläche, die noch vor ihnen lag. Beim Anstieg durch ständig rauher werdendes Gelände nach Phari Dzong (*dzong* bedeutet »Festung«) bot sich

Ponytroß beim Anmarsch zum Everest, 1924
(© *John Noel Photographic Collection*)

ihnen ein Bild, das der Expeditionsleiter General Bruce wie folgt beschrieb: »In den bewaldeten Regionen des Himalaja stößt man häufig auf schöne, ja, prächtige Landschaften, die noch in ihrem wilden Urzustand sind, doch die oberen Regionen in der Enge des Gautsa ... vermitteln einen Eindruck von völlig ungezähmter Ursprünglichkeit.«[9] Während der Erkundungsexpedition von 1921 hat auch Mallory den Weg nach Phari Dzong beschrieben: »... nach einem Marsch von fünfzehn Kilometern auf der staubigen, in der Sonne gleißenden Ebene ... schien Phari sinnfällig zu machen, daß wir eine neue Welt betreten hatten, viel roher als das [Chumbi-]Tal ... Es ist einer der schmutzigsten Erdflecken, die man sich vorstellen kann.«[10]

Am 6. April trafen sie in Phari Dzong ein und nahmen komplizierte, sich über Tage hinziehende Verhandlungen mit dem Dzong Pen (*pen* bedeutet »Vorsteher«) auf, bei denen es um frische Ponys und Yaks für den Weg zur nächsten Festungsstadt Kampa Dzong im Nordwesten ging. General Bruce berichtete: »Der Dzong Pen selbst, ein geiziger, begehrlicher Mann, war ein schwacher Charakter, wenn auch von vornehmer Umgangsform, und ganz seinen Untergebenen ausgeliefert: den Gyembus, einer rohen, aber höchst entschiedenen Horde von fröhlichen Halunken, die ihren Pflichten bestimmt nicht umsonst nachzukommen gedachten.«[11] Bruce hatte schon früher mit diesen liebenswerten Schurken verhandelt, aber diesmal hatte er einen Trumpf in der Hand: Er wußte, daß die Regierungsbeamten in Lhasa den berüchtigten Dzong Pen angewiesen hatten, der Expedition behilflich zu sein und faire Preise zu verlangen. Bei einer öffentlichen Versammlung, in Anwesenheit aller Vorsteher von Phari Dzong, schickte sich Bruce feierlich an, ein Telegramm aufzusetzen, das dem Premierminister seine Klagen übermitteln sollte. »Der Bluff erzielte die beabsichtigte Wirkung«, notiert Bruce, »und innerhalb kürzester Zeit wurde eine Vereinbarung formuliert und unterzeichnet. Anschließend wurde auf allgemeines Verlangen und unter vielen Verbeugungen und Kotaus das Telegramm vor aller Augen zerrissen.«[12] Zwei Tage später setzte die Expedition ihren langen Marsch mit dreihundert frischen Packtieren fort.

Auf dem 4630 Meter hohen Tang La teilte sich die Expedition. Wie die Londoner Ärzte prophezeit hatten, fühlte sich General Bruce unwohl. Daher schlugen er, der Expeditionsarzt Hingston und ein örtlicher Handelsvertreter einen leichteren Weg nach Norden ins Innere von Tibet ein, während sich das Gros der Expedition nach Nordwesten wandte und einer Route folgte, die sie über zwei weitere Pässe nach Kampa Dzong bringen sollte. Es war ein besonders unangenehmer Abschnitt ihrer Reise, von dem Norton später schrieb: »Von allen Gegenden, die wir auf der tibetischen Hochfläche kennengelernt haben, ist diese die unwirtlichste. Ich habe sie nun viermal durchquert, im Frühjahr wie im Sommer, aber nie, ohne einen Blizzard oder ständige Schnee- und Hagelschauer zu erleben ... Unsere Route führte über eine riesige geröllbedeckte Ebene von unbeschreiblicher Verlassenheit ... Soweit ich mich erinnere, hatten wir bereits zwei Tage lang keinen anderen Menschen gesehen.«[13] Mallory hingegen bedachte auch diese Gegend mit ein paar freundlichen Worten: »... im Abendlicht kann das Land sehr schön aussehen, mit schneebedeckten Bergen etc. Die Schroffheit verschwindet; weich legen sich Schatten auf die Hänge, Formen und Konturen verschmelzen, so daß man die absolute Kargheit schätzen lernt und spürt, daß hier eine reine Schönheit der Form, eine Art höchster Harmonie herrscht.«[14]

Nach vier Tagen eisiger Kälte in den Nächten und unablässigen Gegenwinds tagsüber erreichten sie Kampa Dzong, eine eindrucksvolle Festung hoch oben auf einem Felsen, weißgetüncht, mit viereckigen und runden Türmchen versehen. Sie liegt geschützt vor dem unablässigen Wind und wurde von Norton als »regelrechte Sonnenfalle« beschrieben. Hier beabsichtigte die Expedition, die nächsten vier Tage auszuruhen, wegen frischer Packtiere zu verhandeln und einen vorläufigen Plan zur Besteigung des Everest zu entwerfen.

In Kampa Dzong erfuhren die Expeditionsmitglieder auch, daß General Bruce nicht wieder zu ihnen stoßen würde: Schuld war nicht sein schwaches Herz, sondern eine Malaria, die er sich einige Wochen zuvor bei einer Tigerjagd in Indien zugezogen hatte. Damit hatte die Expedition einen neuen Leiter, Edward Norton, der bei den anderen Mitgliedern gleichermaßen geachtet und beliebt war. Bruces Optimismus allerdings, darin waren sie sich einig, würde ihnen fehlen. »Bruce ist eine Art wohltätiger Vulkan, der ständig gute Laune versprüht«, schrieb Younghusband später. »So unerschütterlich ist seine positive Einstellung, daß ihn kein Mißgeschick jemals kleinmütig werden läßt.«[15]

Bruce war nicht der einzige, dessen Gesundheitszustand zu wünschen übrigließ. Fast alle hatten Verdauungsstörungen, aber Beetham litt unter einer besonders heftigen Ruhr, die ihn so schwächte (später kamen noch Ischiasprobleme hinzu), daß er für die eigentliche Bergbesteigung praktisch ausfiel. Auch Mallory war erkrankt und hatte starke Leibschmerzen; der Chirurg Somervell tippte auf Blinddarmentzündung und erwog eine Operation. Doch die Schmerzen verschwanden, und Mallory erholte sich vollkommen.

Am 15. April verließ die Expedition Kampa Dzong und wandte sich westwärts auf einer Route, die parallel zu der im Süden liegenden Hauptkette des Himalaja verlief. Noch gut hundertfünfzig Kilometer trennten sie von ihrem Bestimmungsort. An diesem Punkt hatte Mallory auf der Erkundungsexpedition drei Jahre zuvor an seinen Freund Geoffrey Winthrop Young geschrieben: »Wir sind im Begriff, die Karte zu verlassen ... Es wird spannend.«[16] Obwohl die Briten die Gegend inzwischen kartografisch erfaßt hatten, war sie noch immer völlig gesichtslos: eine riesige dunkelgraue Ebene aus Sand und Geröll, hier und da ein paar dunkle Flecken Treibsand, einige wirbelnde Windhosen und in der Ferne die schneebedeckten Berge. Nach einem weiteren Marsch von zwei Tagen erreichten sie Tinki Dzong, absolvierten mit dem Dzong Pen das schon gewohnte Ritual des Feilschens um frische Packtiere – diesmal Esel – und waren nach kurzer Ruhepause wieder unterwegs.

Auf ihrem Marsch nach Westen kam in der Ferne, wenn auch noch in Dunst gehüllt, der Everest in Sicht. Während der Erkundungsexpedition hatte Mallory einen anderen Weg gewählt: westlich von Tinki Dzong das Yarutal hinauf. Dort hatte er ihn zum erstenmal in seiner ganzen Majestät erblickt – den Berg, der erst von seiner Phantasie Besitz ergreifen und ihn dann das Leben kosten sollte: »Wir konnten ziemlich genau sagen, wo der Everest sein mußte, doch der Blick in diese Richtung war durch dunkle Wolken versperrt. Unablässig betrachteten wir sie durch unsere Feldstecher, als könnten wir den Schleier mittels irgendeiner wundersamen Wirkung durchdringen. Und dann trat das Wunder tatsächlich ein. Hinter dem grauen Dunst sahen wir Schnee schimmern. In riesenhaften Bruchstücken tauchte eine ganze Gruppe von Bergen auf. Durch Nebelschleier betrachtet, haben Berge oft phantastische Formen. Diese waren wie wilde Ausgeburten unserer Träume. Aus der Tiefe schälte sich eine aberwitzige dreieckige Masse heraus. Ihre Ränder stiegen in einem Winkel von siebzig Grad an und endeten im Nirgendwo. Links hing ein schwarzer, wild gezackter Grat im Himmel, unfaßbar. Allmählich, ganz allmählich tauchten in den fließenden Wolkenlücken die großen Flanken des Bergs auf, die Gletscher und die Grate. So fügte sich Bruchstück um Bruchstück zusammen, bis hoch oben im Himmel, weit höher, als ich es mir in den kühnsten Träumen ausgemalt hatte, der weiße Gipfel des Everest erschien.«[17]

Die Expedition zog westwärts und folgte auf ihrem Weg nach Shekar Dzong einem Nebenarm des Arun. Der Arun ist einer jener wenigen Flüsse, die den Himalaja vollkommen durchqueren – ein Kunststück, das sie einfach dem Umstand verdanken, daß sie älter als das Gebirge sind. Im Laufe unendlicher Zeiten hat der Fluß unerbittlich seinen Weg nach Süden beibehalten und sich in dem gleichen Maße in die Landschaft eingeschnitten, wie die Gebirgskette des Himalaja um ihn herum gehoben wurde – ein greifbares und zeitloses Zeugnis von der Fähigkeit des Wassers, Berge zu versetzen.

Shekar Dzong, die »weiße Glasfeste«, war die eindrucksvollste Festung, die den Weg der Expedition säumte. Der massive Bau umfaßt ein Kloster, das etwa vierhundert Mönche beherbergt, und ist im Laufe von Jahrhunderten erbaut worden. Die dicken Mauern der mehrstöckigen Gebäude klettern in Reihen viele hundert Meter die steile Flanke eines kegelförmigen Bergs empor und finden ihren krönenden Abschluß in einem hohen Turm auf dem Gipfel. Hier konnte die Expedition dank eines kooperativen Dzong Pen ihre Vorräte rasch ergänzen. Nur wenige Tage später setzte sie ihren Weg nach Süden fort und erreichte nach Durchquerung einer besonders trostlosen Hochfläche das entlegene Ronbukkloster am Fuße der Göttinmutter der Erde.

In den Wochen zuvor hatte sich die Expedition bei dem Marsch über die tibetische Hochfläche ständig auf einer Höhe zwischen 4000 und 4600 Metern bewegt. Am Pang La führte ihr Weg sie nun auf fast 5200 Meter. Auf der Paßhöhe erklomm die Gruppe einen kleinen Hügel, um die Aussicht nach Süden zu bewundern. Ihre Eindrücke schilderte Norton: »Vom Pang La aus präsentiert sich dem überwältigten Betrachter die zentrale Bergkette des Himalaja mit dem Mount Everest im Mittelpunkt, in der Luftlinie etwa fünfundfünfzig Kilometer entfernt ... Von links nach rechts [*sic*][18] erheben sich: Gosainthan [heute Shisha Pangma], Cho Uyo, Gyachung Kang, Mount Everest, Makalu und Kanchenjunga. Und damit auch wirklich nichts der Großartigkeit des Anblicks abträglich ist, hält jeder dieser Riesen so viel Abstand von seinem Nachbarn, daß keiner von dem anderen in den Schatten gestellt werden kann. Jeder beherrscht eine Reihe kleinerer Gipfel, die sich in einer einzigen zerklüfteten Mauer von Horizont zu Horizont erstrecken.«[19]

An diesem Tag, dem 26. April 1924, offenbarte der Blick auf den Everest Norton noch einen weiteren erfreulichen Umstand: »Durch ihre Neigung und Lage im Verhältnis zu den ständigen Nordwestwinden war die Nordflanke der gesamten Gipfelpyramide des Mount Everest – zweitausend Meter im ganzen – zu dieser Jahreszeit fast schneefrei.«[20] Mit wachsender Zuversicht strebte die Expedition ihrem Ziel entgegen.

Dave Hahn ist ein gutmütiger Riese und hat ein Gesicht, das von einem sehr energischen Kinn beherrscht wird. Typisch für ihn ist das offene, freundliche Lächeln mit einem Anflug von Verschmitztheit, das den Eindruck erweckt, er nehme die Dinge eher etwas lockerer. In Wahrheit sei er, so sagt sein langjähriger Freund und Kletterpartner Eric Simonson, »unglaublich zuverlässig, fast übergewissenhaft«. Deshalb ließ Simonson beim Aufbruch der Expedition aus Katmandu am 23. März auch Hahn zurück, damit er die Zollabfertigung der Sauerstoffflaschen und der Ausrüstung überwachte und den BBC-Leuten bei den Einreiseformalitäten half, die das übrige Team schon Tage zuvor hinter sich gebracht hatte.

Mit charakteristischer Bescheidenheit meint Hahn: »Meine Rolle dabei war wirklich unbedeutend. Ich sollte nur das ein Meter achtundachtzig große Ausrufungszeichen abgeben und ungeduldig wirken. Die Sache mit dem Ausrufungszeichen war einfach. In Asien bleibe ich nicht so leicht unbemerkt. Mit der Ungeduld war es da schon schwieriger. All den bürokratischen Pannen begegne ich mit so unendlicher Geduld, daß ich fast eine Reanimation brauchte, als wir endlich die Papiere in den Händen hielten.«[21] Allerdings stand ihm für die endlosen Palaver und Schmiergelder auch Pemba Tshiri zur Seite, Simonsons langjähriger Koch und Zollexperte. »Ein erstaunlicher Bursche«, sagt Simonson. »Er hat jahrelang in einem Kloster studiert. Heute spricht, liest und schreibt er Tibetisch, Nepali und Englisch, erledigt alle Zollangelegenheiten virtuos und hat, was höchst kennzeichnend ist, schon vor vielen Jahren erkannt: Wer als Sherpa bei Expeditionen Geld verdienen und am Leben bleiben will, muß Koch werden und nicht Bergsteiger.«

Trotz Pembas Schmeicheleien und der finsteren Blicke Hahns dauerten die Formalitäten den größten Teil des Tages an. Erst gegen drei Uhr nachmittags konnten die beiden zusammen mit Sherpaführer Danuru »Dawa« Sherpa und den BBC-Produzenten Hoyland und Firstbrook den riesigen Containerwagen der Expedition auf seinen Weg Richtung China bringen.

Die Straße windet sich von Katmandu in östlicher Richtung hinauf nach Dhulikel, einem kleinen Ort am Rande des Talkessels, der noch einen Tag zuvor der Schauplatz eines blutigen Feuergefechts zwischen der nepalesischen Polizei und einer Gruppe extremistischer Maoisten gewesen war. Von Dhulikel aus führt die kurvenreiche Straße durch Terrassenfelder von fast dschungelhafter Üppigkeit hinab zum Sun Kosi (*kosi* bedeutet »Fluß«), den sie überquert. Kurz darauf wendet sie sich nach Norden und folgt dem Bhote Kosi in Richtung chinesische Grenze. In Lamusangu gabelt sie sich: Die rechte Abzweigung führt nach Osten über den Fluß zur Südseite des Everest und zum Beginn der Route, auf der die meisten Besteigungen des Everest vorgenommen wurden, seitdem Hillary sie ausgekundschaftet hat. Die linke Abzweigung verläuft weiter Richtung Norden zur nepalesischen Grenzstadt Kodari. Der Weg dorthin ist gesäumt von Felsen voller Bienenstöcke, die teilweise so groß wie Kleinwagen sind und von Nepals berühmten »Honigjägern« abgeerntet werden.

Etwa zu dem Zeitpunkt, als Hahn Katmandu verließ, befand sich Simonson bereits in Kodari, einer Ansammlung von baufälligen Gebäuden, tief in jene grüne Schlucht eingezwängt, die der mächtige Bhote Kosi in die Berglandschaft gegraben hat. Nachdem Simonson die Expeditionsmitglieder durch den nepalesischen Zoll geschleust und dafür gesorgt hatte, daß sie ihre Ausreisevisa bekamen, führte er sie über die »Brücke der Freundschaft« ans andere Flußufer nach China. Dort gibt es kein Schild mit der Aufschrift »Willkommen in der Volksrepublik China«, keine Touristeninformation, nur ein paar chinesische Soldaten mit weißen Handschuhen und unnahbaren Mienen an einem Kontrollposten und dahinter ein trostloses Niemandsland, durch das eine kümmerliche Serpentinenstraße führt, ein primitiver, einspuriger Weg, unglaublich steil und ständig von Erdrutschen bedroht. Es dürfte nur wenige Orte auf der Erde geben, wo man den Übergang von einer freundlichen, lebendigen Kultur in eine lieblose, staatlich reglementierte Gesellschaft mit zwanzig Schritten vollzieht – die »Brücke der Freundschaft« gehört zu ihnen.

»Wir haben eine Art Behelfsbus gemietet«, erzählt Simonson. »Du stehst hinten auf der Pritsche, hast deinen Rucksack zu Füßen und hältst dich an den Eisengittern fest, während das Fahrzeug diese grauenhafte Straße hochkriecht.« Das erste Anzeichen menschlicher Zivilisation und der Sitz der chinesischen Zollbehörde ist Zhangmu, eine Stadt, die im Zickzack einen kahlen Hang hinaufgebaut ist. Seine mehrstöckigen Gebäude sehen aus, als sei eines auf dem Dach des anderen errichtet. Als Ortschaft besitzt Zhangmu den architektonischen Charme einer Besserungsanstalt aus den fünfziger Jahren und das urbane Flair einer gesetzlosen Wildweststadt. »In Zhangmu kannst du buchstäblich alles kriegen, was du willst«, sagt Simonson mit amüsiertem Staunen, »Whisky, Frauen, Devisen, einfach alles.«

Nicht zu bekommen sind offenbar anständige Hotelzimmer. Während die Expeditionsmitglieder auf den Containerwagen warteten, quartierten sie sich im Zhangmu Hotel ein, einem rohen Betongebäude im klassischen chinesischen Stil der postrevolutionären Ära, mit sterilen Zimmern, abgenutzten Möbeln und gut ausgestatteten Badezimmern, in denen nichts funktionierte. Wie alle anderen Gebäude der Stadt war auch das Hotel in den Hang gebaut. »Du betrittst es im obersten Stockwerk, und von da an geht alles bergab«, erläutert Hemmleb mit beabsichtigter Zweideutigkeit. Das Hotelfrühstück bestand aus gerösteten Erdnüssen, Dampfnudeln, hartgekochten Eiern und einem dünnen Reisschleim. »Es war ziemlich grausig«, meint Simonson.

In Zhangmu gilt Pekinger Zeit, die der nepalesischen Zeit um zwei Stunden und fünfzehn Minuten voraus ist. So konnte sich Simonson ausrechnen, daß Hahn und der Containerwagen es am Nachmittag zuvor nicht bis zur Grenze geschafft haben konnten, bevor diese um vier Uhr chinesischer Zeit geschlossen worden war. Doch am Mittag des 24. waren sie noch immer nicht eingetroffen, und Simonson begann sich Sorgen zu machen.

Zhangmu (*Foto Jochen Hemmleb*)

Der unerschütterliche Hahn befand sich nach wie vor in Kodari. Er hatte fünf Stunden gebraucht, um den Zoll zu passieren, und beobachtete nun geduldig, wie sein Fahrer das hintere Differentialgetriebe des Lkw auseinandernahm. Schließlich sahen sie sich gezwungen, einen anderen Lastwagen zu mieten und die gut siebentausend Kilogramm Vorräte und Ausrüstung in diesen umzuladen, um endlich die Grenze überqueren und sich über die Serpentinenstraße auf den Weg nach Zhangmu machen zu können. Als sie nachmittags ankamen, luden sie mit dem Rest des Teams alles nochmals aus und verstauten es auf drei chinesische Trucks, die Simonson für den Transport ihrer Ausrüstung zum Fuße des Everest gemietet hatte. »Auf den knapp fünf Meter langen Pritschen, die mit ihrem runden Verdeck wie Planwagen aussahen, konnten wir Lasten von je zweieinhalbtausend Kilo unterbringen«, erläutert Simonson. »Wir vertäuten die Ladungen, bedeckten sie wegen des allgegenwärtigen Staubs mit einer Plane und setzten in jeden Truck zwei unserer Sherpas als Nachtwachen.«

Ursprünglich hatte Simonson vorgehabt, Zhangmu noch am selben Nachmittag zu verlassen, an dem Hahn angekommen war, aber die Straße nach Nyalam, der Nachbarstadt, gilt als äußerst tückisch. Am späten Nachmittag hatte sich der Himmel verdunkelt, und Simonson war klar, daß sich ein Sturm über ihnen zusammenbraute. Statt sich auf den Weg zu machen, erklärt Hahn, hätten sie es vorgezogen, »in Zhangmu zu bleiben, gewaltige Portionen von chinesischem Essen und Bier zu verputzen und uns großartige Geschichten von früheren Abenteuern zu erzählen, von denen einige sogar stimmten«.

Wie Simonson vermutet hatte, tobte in dieser Nacht ein schreckliches Unwetter über Zhangmu, mit sintflutartigen Regenfällen, Donner und Blitz. Am nächsten Morgen – es war der 25. Mai – lag Schnee auf den Hügeln, und Simonson machte sich Sorgen über den Zustand der Straßen, die vor ihnen lagen. Trotzdem verteilte sich das Team, zu dem jetzt noch der Verbindungsoffizier des Chinesischen Bergsteigerverbandes Liu Feng und der Dolmetscher Xu Chuan gestoßen waren, auf den Fahrzeugkonvoi, der aus drei Trucks, einem Minibus und einem Geländewagen bestand. Hintereinander zwängten sie sich an einer Schlammlawine vorbei, die in der Nacht zuvor abgegangen war, und machten sich auf den Weg nach Nyalam, als die ersten Sonnenstrahlen die Schlucht des Bhote Kosi erwärmten.

Zhangmu liegt auf ungefähr 2300, Nyalam auf etwa 3750 Metern. Die Schotterstraße, die die einzige Verbindung zwischen ihnen darstellt, ist der nackte Wahnsinn: Schwindelerregend hängt sie an der Ostseite der engen Schlucht und ist vielerorts direkt in den Stein gehauen, eingezwängt zwischen riesigen Überhängen und einer steilen Wand, die mehr als dreihundert Meter zum Fluß hinabstürzt. Im Laufe des Anstiegs wechseln die Klimazonen, von der feuchtwarmen Schlucht durch immergrüne Wälder bis hinauf zu den ausgetrockneten, staubigen Flanken der tibetischen Hochfläche, einer braunen, nur spärlich bewachsenen Landschaft.

Nachdem der Fahrzeugtroß einige Stunden langsam aber stetig vorangekommen war, überquerte er den Fluß und setzte seinen Weg auf der Westseite der Schlucht fort, einer Gegend, die berüchtigt ist für Lawinen und Erdrutsche.

Hier lag Neuschnee, und die Straße wies teilweise tiefe Spurrinnen auf. »Ich habe es schon mehrmals erlebt«, erzählt Simonson, »daß die Straße durch die Überreste von Lawinen führte, die sich links und rechts des Weges sechs bis zehn Meter hoch auftürmten. Doch in diesem Jahr war der Winter so trocken, daß es nur wenige Lawinen gab und die Straße weitgehend frei war.« Zur Mittagszeit war das Team sicher nach Nyalam gelangt und bezog Unterkunft im Snow Land Hotel, das ein alter Freund von Simonson führt – Tashi, der heimliche »Bürgermeister von Nyalam«. Die von Simonson geführte Expedition war die erste in diesem Jahr, und Tashi freute sich, ihn zu sehen.

In Nyalam löst den postrevolutionären chinesischen Baustil wieder die zeitlose tibetische Architektur aus Stein und Lehm ab. Die niedrigen Gebäude haben flache Dächer und dicke Steinmauern, die sich nach oben hin verjüngen und mit sandfarbenem Lehmmörtel verputzt sind. Sie würden in einem Pueblo in New Mexico kaum auffallen – nur daß hier keine Koyoten, sondern Yaks um die Mülltonnen streunen. An den vier Ecken jedes Daches befindet sich eine kurze schornsteinartige Konstruktion, die dazu dient, das Feuerholz zu stützen, dessen Stapel das Dach säumen und fast einen Meter hoch überragen. Schwer zu entscheiden, ob die Tibeter diese Praxis entwickelt haben, um das Holz rasch zu trocknen oder es vor Dieben zu schützen. Feuerholz ist ein wertvoller Rohstoff in diesem kargen Hügelland.

Das Team verbrachte den Nachmittag faul in der Sonne und unternahm nur kurze Wanderungen, die dazu dienten, den mühsamen Prozeß der Akklimatisierung an die dünne, kalte Luft voranzutreiben. Auf den Straßen von Nyalam begegneten den Männern Scharen von dunkelhäutigen Menschen, teils chinesische Lastwagenfahrer, teils tibetische Yaktreiber; die meisten drängten sich vor einem völlig deplaciert wirkenden Etablissement, einer Mischung aus Karaoke-Bar und Bordell. An diesem Abend servierte Tashi ein üppiges Mahl: »Wir hatten ein prächtiges Abendessen – Tee, Reis, Kartoffeln, grüne Bohnen, gebratene Zwiebeln, einige großartige, geheimnisvolle Fleischplatten, ein bißchen Blumenkohl, nicht zu vergessen die Eierstichsuppe und die Rühreier mit Tomaten«, berichtete Hahn später.[22]

Am folgenden Tag, dem 26. März, schickte Simonson die Trucks nach Tingri voraus, während er mit den Bergsteigern in Nyalam blieb und sie auf Wanderungen in die Hügel über der Stadt schickte – wiederum im Interesse der Höhenanpassung. Zu zweit und zu dritt durchstreiften sie die schneebedeckten Hänge und Felsen. Es war kalt und windig. Hin und wieder schneite es – ein Vorgeschmack auf das, was sie erwartete. Hoyland und Firstbrook, die gegenüber den anderen Teammitgliedern einen Akklimatisierungsrückstand von einem Tag hatten, bekamen höhenbedingte Kopfschmerzen und konnten nur kurze Spaziergänge unternehmen.

Hier in Nyalam legte der BBC-Redakteur Firstbrook Simonson einen endgültigen Vertrag vor, der in vielen Punkten von der Vereinbarung abwich, die sie im Januar getroffen hatten. »Wenn wir davon ausgehen, daß es sich nicht um galoppierende Inkompetenz handelte, dann war es ein äußerst geschickter Schachzug«, meint Simonson. »Ihre Anwälte hatten sechs Wochen daran gearbeitet, die ganze Sache umzuschreiben, und Firstbrook wußte genau, daß ich mitten in Tibet kaum die Möglichkeit hatte, einen Rechtsberater zu finden, und daß mir auch wenig Verhandlungsspielraum blieb, da wir schon auf halbem Weg zum Everest waren. Von da an hatte ich nur noch wenig Vertrauen in die BBC-Leute. Jedenfalls habe ich mich geweigert, den Vertrag zu unterschreiben.«

Früh am Morgen des 27. März saß das Expeditionsteam schon wieder im Bus und fuhr Richtung Norden auf den Tsong La am Rand der tibetischen Hochfläche hinauf, fast 5200 Meter über dem Meeresspiegel. »Auf der Paßhöhe hielten wir, um den atemberaubenden Blick zu genießen«, erzählt Simonson. »Man hat eine unglaublich klare Sicht zum Shisha Pangma, Gaurisankar und einen großen Teil der Himalajakette. Es gibt dort große Steinmänner, religiöse Monumente, und die Luft vibriert von dem Geräusch der im Wind flatternden Gebetsfahnen.«

Auf der Paßhöhe des Tsong La unterwegs zum Everest, 1999; im Hintergrund der Shisha Pangma (*Foto Jake Norton*)

Jenseits des Tang La fällt die Straße steil zur tibetischen Hochfläche ab. »Die Fahrt war wirklich nicht langweilig«, meint Hahn lakonisch. »Unser Fahrer Tsering ließ wie viele Fahrer in der Region auf den abschüssigen Strecken gern das Fahrzeug driften. Aber er konnte das, und deshalb waren wir nicht allzu besorgt, wenn unser Bus an ein Hindernis stieß und dabei mit ein paar Rädern in die Luft ragte.«[23]

Wenn das Gefälle überwunden ist, führt die Straße – die »Autobahn der Freundschaft« – durch ein breites, trockenes Tal und wendet sich nach Osten. Ganz plötzlich, fern im Südosten, erscheint der Everest, rechts flankiert vom Gyachung Kang und Cho Oyu. »Es ist ein prächtiger Anblick«, schwärmt Simonson. »Wir hielten an und stiegen alle hinaus in die Stille der Hochfläche. Der Himmel war von jenem strahlenden Blau, das du nur in Tibet findest, und eine lange Schneefahne wehte vom Gipfel nach Osten. Einige von uns waren schon einmal hier gewesen, aber es packt dich immer wieder. Jochen, der es zum erstenmal sah, war völlig außer sich.«

In sein Tagebuch notierte Hemmleb später: »Ich sonderte mich von dem Rest der Gruppe ab, um den Augenblick allein zu genießen. Nachdem ich zahllose Fotografien dieses Bergs betrachtet hatte, dachte ich, ich wäre auf seinen Anblick vorbereitet. Ich war es nicht. Nach ein paar Minuten überkam mich ein Gefühl der Wärme und Zufriedenheit, und ich staunte, daß etwas so Lebloses wie ein Berg einen so tief bewegen kann.«

Der Weg führte über weite Strecken eines staubigen Plateaus, das von Zeit zu Zeit von kleinen Dörfern und Ruinen unterbrochen wurde – Überreste von Festungen aus dem neunzehnten Jahrhundert, die die Nepalesen zerstört hatten, als sie in Tibet eingefallen waren. Beim Anblick der alten Ruinen und der zahlreichen neueren staatlichen Baumaßnahmen schrieb Andy Politz in sein Tagebuch: »Die Chinesen versuchen, die tibetische Kultur durch Wohltaten zu vernichten, das heißt, durch den Aufbau von Infrastruktur – Wasser und Strom, Wohnraum, neue Straßen, Fernsprechverbindungen. Allgemein wird man darin Maßnahmen sehen, die den Lebensstandard der Tibeter verbessern, doch ich glaube, daß damit ein verderblicher Einfluß auf diese so außerordentlich spirituelle Kultur ausgeübt wird. Wenn Menschen nur noch einen Hahn aufzudrehen brauchen, damit Wasser herausfließt, beraubt man sie der Erfahrung, zu einem klaren, sprudelnden Bach zu gehen und vom Geist der Erde zu trinken.«

Nun hatte die Expedition die Ebene von Tingri erreicht, ein riesiges Gebiet, das seit Jahrhunderten von Nomadenstämmen bewohnt wird. Stellenweise ist der Boden hier so fruchtbar, daß es sich für die Bauern lohnt, das trockene Land zu bewässern und während der kurzen Vegetationsperiode Gerste und Kartoffeln anzubauen. Größtenteils aber handelt es sich um eine öde, graubraune Hochfläche, durch die sich hier und da Wasserläufe ziehen, um sich schon bald in ausgetrockneten Salzseen zu verlieren. Zuweilen wird die Ebene von dunkelbraunen Hügeln unterbrochen, die im Laufe der Zeit zu flachen Anhöhen abgetragen worden sind. Die Vegetation ist spärlich und zu dieser Jahreszeit vom trockenen Wind ausgedörrt und leblos.

Schließlich überwand der Konvoi eine kleine Anhöhe, und vor ihm erhob sich Tingri aus dem gleißenden Dunst des Plateaus, eine wahllose Ansammlung von niedrigen tibetischen Gebäuden am Fuß eines einsam aufragenden Hügels. Der Bus hielt vor einem Hotel mit dem großartigen Namen Everest View (auf dem Schild draußen »Veo« geschrieben). »Es ist ein typisch tibetischer Gasthof: die Mauern aus Stein und Lehm, schmutzige Fußböden, primitive Betten und eine Gemeinschaftstoilette auf dem Dach«, sagt Simonson. »Aber das Essen ist toll: Die Köche kommen aus Sechuan.« Später konnten sich die Teammitglieder davon überzeugen, daß er nicht übertrieben hatte. Zum Abendessen setzten sie sich an einen großen Tisch, in dessen Mitte sich eine riesige Drehscheibe mit Gerichten befand, die, wie Hemmleb später bewundernd zugab, »delikat waren«.

Tingri, das auf 4390 Meter liegt und vielleicht fünfhundert Einwohner zählt, ist der nördliche Endpunkt der alten Yakroute über den Himalaja. Von Tigri aus überschreitet der Weg den Nangpa La, umrundet die westlichen Ausläufer des Cho Oyu und führt schließlich hinunter nach Namche Bazaar im Kerngebiet der nepalesischen Region Khumbu, der ursprünglichen Heimat der Sherpas. Jahrhundertelang beförderten Yakkarawanen auf diesem Weg das Salz aus den ausgetrockneten Becken der tibetischen Hochfläche und getrocknetes Schaffleisch nach Nepal, um Wochen später mit Büffelfellen für Schuhe und anderen Handelsgütern zurückzukehren.

Wie in Katmandu hatte Simonson auch in Tingri ein Ausrüstungslager angelegt. Die Sherpamannschaft, die schon früher in Nyalam aufgebrochen war, hatte diese Ausrüstungsgegenstände bereits auf einen vierten Truck verladen, dazu vier Zweihundert-Liter-Fässer Kerosin und ein Zweihundert-Liter-Faß Benzin (die später in Kanister umgefüllt wurden). Am 28. März fuhren die Sherpas drei der vier Trucks nach Süden in das rauhe Ronbuktal zum Basislager.

An diesem Abend fand Hemmleb in dem BBC-Produzenten Graham Hoyland eine verwandte Seele. Auch dieser war tief beeindruckt von der Aussicht auf den Everest, die sich ihnen auf der Ebene vor Tigri dargeboten hatte. Der zweiundvierzigjährige Hoyland, der den Everest 1993 von der Südseite aus

Yaktroß (*Foto Schelleen Scott*)

bezwungen hatte, stammt aus einer Bergsteigerfamilie. Der Vater hatte ihn schon im Alter von fünf Jahren zum Klettern auf die Insel Arran in Schottland mitgenommen. Bevor Grahams Onkel John Hoyland Mitte der dreißiger Jahre am Mont Blanc ums Leben kam, galt er als der »hoffnungsvollste Bergsteiger seiner Generation«. Er sei, heißt es, ein Kletterer vom Schlage Mallorys gewesen, »von dem man sicher viel erwarten konnte«.[24] Und dann gab es natürlich noch »Onkel Hunch«, den legendären Howard Somervell selbst, der 1922 und 1924 mit Mallory am Everest gewesen war. Auf einer anderen Filmexpedition der BBC im Jahr 1990 ist Hoyland selbst einen großen Teil jener Route geklettert, der sein Großonkel an der Nordflanke gefolgt war.

Hemmleb rechnete es Hoyland hoch an, daß er sich so intensiv bemüht hatte, die BBC für eine Suchexpedition zu interessieren. Mit Bedauern dachte er an die schwierige Geschäftspolitik der BBC, die die Entstehung eines engeren, persönlicheren Verhältnisses erschwerte. Auf dieser gemeinsamen Expedition verfolgte Hoyland ein klares Ziel: Er wollte die Kamera finden, die Howard Somervell Mallory für jenen letzten Gipfelaufstieg im Jahr 1924 geliehen hatte. Als die Expedition den Punkt auf der Hochfläche von Tingri erreichte, wo sich der Everest endlich ihren Blicken darbot, empfand Hoyland wie Hemmleb ein tiefes Gefühl der Befriedigung, in das sich die anderen Expeditionsmitglieder vielleicht nicht hineinversetzen konnten. An diesem Abend vertraute Hoyland Hemmleb aber auch an, er habe eine Vorahnung, daß ihm auf dieser Expedition etwas zustoßen würde. Und er sollte recht behalten.

Am folgenden Tag blieb das Expeditionsteam in Tingri, um sich weiter zu akklimatisieren. Die Teammitglieder unternahmen Ausflüge in die umliegenden Hügel, wobei sie nicht nur an ihrer physischen Kondition, sondern auch an ihrer psychischen Verfassung arbeiteten. In seinem Tagebuch hielt Politz fest: »Ein massiver Höhenkopfschmerz kündigt sich an. Um ihn nicht zum Ausbruch kommen zu lassen, trinke ich den ganzen Tag Wasser und Tee. Schon sammelt sich Milchsäure in den Beinen, sie sind müde. Ich lasse es langsam angehen und setze Beine und Rumpf in den ersten beiden Wochen noch nicht zu großen Belastungen aus. Es steht zuviel auf dem Spiel. Da wäre es sinnlos, meine Aussichten zu vermasseln, indem ich den Berg hoch- und runterrenne ... es wird viel Willenskraft nötig sein, um das hier zu schaffen.«

Am Abend, nach einem weiteren scharf gewürzten Sechuan-Essen, lud das Team den Rest der Ausrüstung auf den vierten Truck und ging schlafen. Früh am nächsten Morgen – es war der 29. März – traten die Expeditionsmitglieder schlaftrunken in die kalte Dunkelheit hinaus, stiegen in vier Geländewagen und fuhren, gefolgt vom vierten Truck, aus der Stadt hinaus. Zunächst ging es nach Osten, der aufgehenden Sonne entgegen, dann nach Süden, endlich auf den Everest zu. Hemmleb blieb zurück, weil er mit einer Bronchitis zu kämpfen hatte und Simonson der Meinung war, er werde sich in Tingri rascher erholen als in der Höhe des Basislagers. Das führte zwar dazu, daß Hemmleb seine Fähigkeiten am Berg insgeheim in Frage stellte, doch sollte Simonson recht behalten. Zwei Tage später stieß Hemmleb wieder zur Expedition, vollkommen wiederhergestellt.

Mallory, Irvine und der Rest der Everest-Expedition von 1924 würden keine Schwierigkeiten haben, den 5120 Meter hohen Pang La wiederzuerkennen. Er ist praktisch unverändert. Es sind vielleicht ein paar Steinmauern mit vom Wind zerfetzten Gebetsfahnen hinzugekommen, und aus dem primitiven Yakweg ist jetzt eine primitive Piste für Allradfahrzeuge geworden, ungeteert und von tiefen Spurrillen durchzogen. Doch der Paß selbst ist kahl und öde wie eh und je. Der rauhe Wind treibt den Menschen noch immer die Tränen in die Augen, die Luft ist noch immer von schneidender Kälte, die Aussicht noch immer atemberaubend: Hundertfünfzig Kilometer des zentralen Himalaja bieten sich dem Blick dar. An diesem 29. März 1999 präsentierte sich die Bergkette in fast unwirklicher Klarheit. In fünfzig, sechzig Kilometer Entfernung ragte die ungeheure Masse des Everest in das strahlende Blau des Himmels empor. Wie 1924 lag auf der Nordflanke nur wenig Schnee. Keine Wolkenfahne wehte vom Gipfel. Es wäre ein idealer Gipfeltag gewesen.

Nachdem die Expeditionsmitglieder das Panorama bestaunt hatten, kehrten sie still in ihre Fahrzeuge zurück und fuhren eine Reihe sehr abschüssiger Serpentinen hinunter, bis sie das breite, öde Tal des Dzakar Chu (*chu* bedeutet »Fluß«) erreicht hatten. Später, nachdem der Konvoi die Ortschaft Chosang passiert hatte, bog er nach Süden in das lange Rongbuktal ab, das Tor zur tibetischen Seite des Everest.

1924 hatte Expeditionsleiter Norton die Landschaft beschrieben, durch die die Expedition von 1999 heute fuhr: »Den Abschnitt von Chödzong nach Rongbuk erlebt der Reisende, der die weiten Ebenen hinter sich und die großen Gletscher vor sich hat, etwa so wie der Soldat die verwahrlosten Gegenden empfand, durch die er dem Großen Krieg entgegenmarschierte, hinter sich die fruchtbaren Felder Frankreichs und vor sich das verwüstete Schlachtfeld. Denn es ist ein trostloses, verlassenes Tal, das bei jeder Wendung die noch größere Trostlosigkeit ahnen läßt, in die es führt ... Die Hügel zu beiden Seiten sind häßliche braune Höcker aus Kalkstein, bar jeder Schönheit der Farbe oder Form ... Der deutliche Temperaturrückgang und der schneidende Wind, der direkt von den Schneefeldern der höheren Lagen herabfällt, unterstreichen, daß das Land aus Schnee und Eis ganz nahe ist.«[25]

In Jochen Hemmlebs Tagebuch wird diese Ödnis nicht erwähnt. Dort steht unter dem Datum des 31. März 1999: »Dann, nach einer weiteren Biegung, tauchte der Everest selbst in seiner ganzen majestätischen Größe auf. Die gewaltige Nordflanke mit all ihren vertrauten Passagen, der hochaufragende Nordostgrat, die eisbedeckte Westschulter mit dem Nuptse dahinter. Ich hätte nie gedacht, daß der Berg, immerhin noch zwanzig Kilometer entfernt, so unvorstellbar groß ist. Vorbei am Rongbukkloster, dem höchsten der Welt. Vorbei an der Stelle, an dem die Expedition von 1924 ihr Basislager aufgeschlagen hatte. Schließlich eine Art Bucht in der riesigen Endmoräne des Rongbukgletschers und eine Ansammlung gelber Zelte: das Basislager der 1999 Mallory & Irvine Research Expedition.

Ich bin endlich da.«

SAVOURY MEAT LOZENGES
Forming a PORTABLE
NOURISHMENT at all TIMES
particularly recommended to Officers,
Travellers, Members of Parliament, &c., or
abstinence from regular meals is unavoidable
PREPARED BY
BRAND & CO. LIMITED
HIS MAJESTY THE KING.
LONDON, S.W.

KAPITEL 4

Der ganze *Bandobast*[1]

Den Transport zu den Hochlagern zu organisieren ist ein sehr kompliziertes Geschäft...

George Mallory

Everest-Bergsteiger nennen das Rongbuk-Basislager die »Kiesgrube«, und das mit kaum einem Anflug von Sympathie in ihrer Stimme. Es ist ein unglaublich öder Fleck, eine riesige graue Schotterfläche, rund fünfhundert Meter breit und eingefaßt von den ebenso grauen Hängen der Vorberge des Everest, die völlig ausgelaugt wirken von den fast ununterbrochenen Winden, eisigen Temperaturen, plötzlichen Schneestürmen, dem Eis und dem unerbittlichen Wirken der Zeit. Wären da nicht das atemberaubende, so unverkennbare Massiv des Everest unmittelbar im Süden und das strahlende Blau des Himmels darüber, könnte es sich ebenso gut um die Oberfläche des Mondes handeln. Dieser idyllische Ort wird von Expeditionen monatelang zum Zuhause erkoren – ein konkreter Beweis für die Relativitätstheorie des Bergsteigens: Relativ zu den voraussehbaren grausigen Verhältnissen der Hochlager – Kälte, Wind, Schnee, Sauerstoffmangel – ist das Rongbuk-Basislager mit seinen 5200 Metern regelrecht gemütlich. Im Frühjahr 1999 traf die Mallory & Irvine Research Expedition als erste im Tal ein, und die Landschaft, die sie vorfand, war so ursprünglich wie bei der Ankunft der ersten englischen Expedition von 1921. Später notierte Andy Politz in seinem Tagebuch: »Nach buddhistischem Glauben gibt es fünf Grundelemente: Erde, Wasser, Feuer, Luft und Raum. Blickst du dich hier um, ist das leicht zu verstehen: Es ist eine Landschaft der Strenge, der Einfachheit.«

Route der 1999 Mallory & Irvine Research Expedition
(Karte Swissphoto; Abdruck mit freundlicher Genehmigung des Boston Museum of Science)

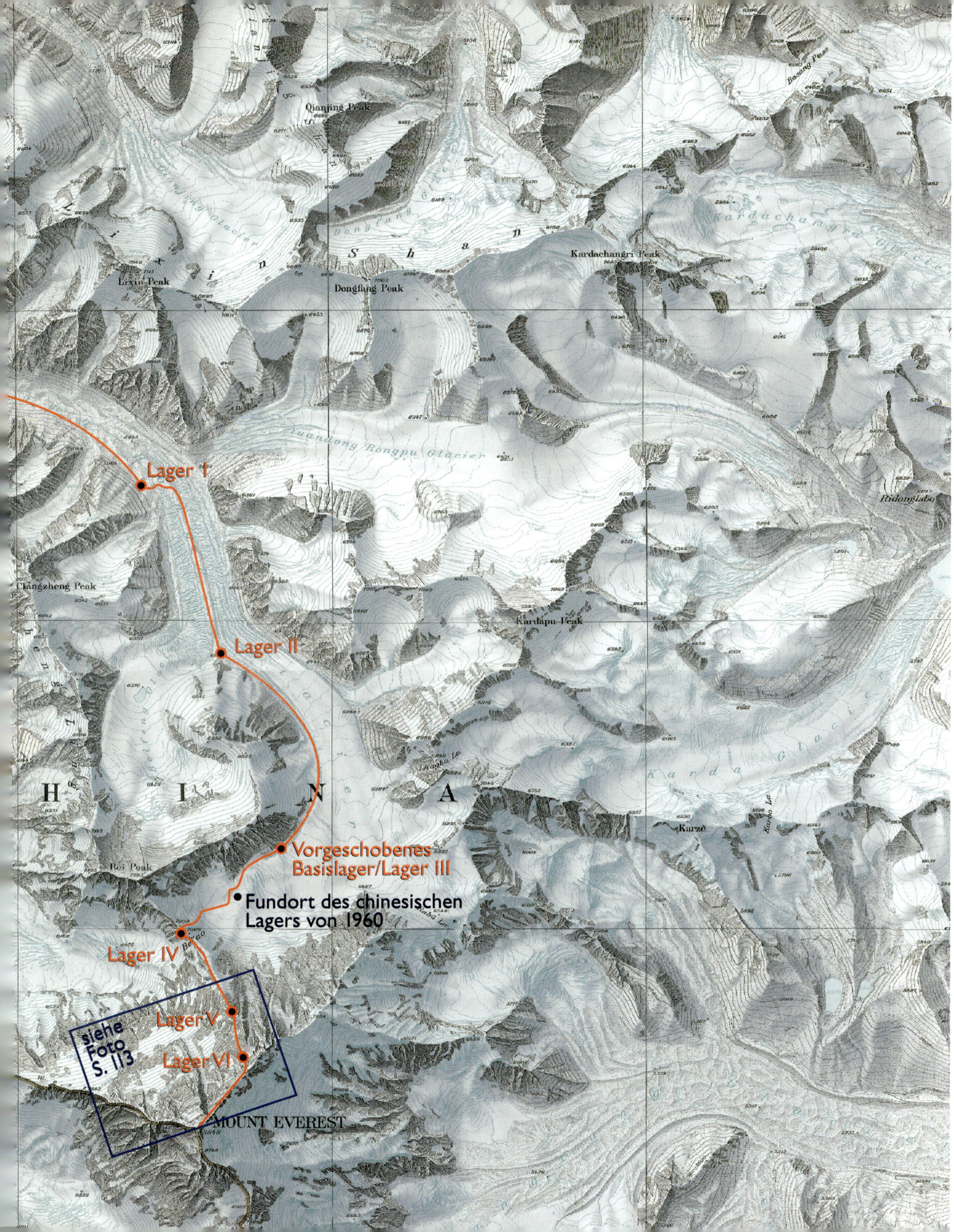

Qianjing Peak
Lixin Peak
Dongfang Peak
Kardachangri Peak
Basang Pass
Kardachangri Glacier
Dongfang Glacier
Yuandong Rongpu Glacier
Ridonglabo
Changzheng Peak
Kardapu Peak
Karda Glacier
Karzê
Rei Peak
C H I N A
Lager I
Lager II
Vorgeschobenes Basislager/Lager III
Fundort des chinesischen Lagers von 1960
Lager IV
Lager V
Lager VI
siehe Foto S. 113
MOUNT EVEREST

Rongbuk-Basislager, 1999
(Foto Schelleen Scott)

Eric Simonsons Sherpas waren einen Tag vor dem Kletterteam eingetroffen und hatten ein Lager aufgeschlagen, das alle unter solchen Bedingungen mögliche Bequemlichkeit bot. Auf der Ostseite des Tals ragten leuchtend gelbe Eureka-Zelte wie riesige Krokusse aus dem unfruchtbaren Geröll. Große chinesische Armeezelte, die trotz ihrer gedeckten Einheitsfarbe einen erfrischend grünen Farbklecks in diese eintönige Umgebung tupften, dienten als Küchen-

und Vorratszelte. Zwei sechs Meter durchmessende »Space Dome«-Zelte von Mountain Hardwear sahen aus wie aus Stoff gefertigte psychedelische Versionen von Buckminster Fullers geodätischen Kuppeln: Das orangefarbene war die Kommunikationszentrale, das andere, in Violett und Hellblau, das Eßzelt. Eine Rohrleitung aus Kunststoff versorgte die Expedition ständig mit Frischwasser aus einem Fluß, der in einem Seitental entspringt.

Den Strom erzeugten zehn zusammengeschlossene Sonnenbatterien, die zum Schutz gegen streunende Yaks von einer kleinen Steinmauer umgeben waren. Die Sonnenbatterien wurden mit einem Laderegler, Akkus und einem Transformator verbunden, und so waren die Nachrichten- und Informationssysteme schnell einsatzbereit – Sprechfunkgeräte, Computer, Satellitentelefon. Außerdem verfügte die Expedition über ein benzingespeistes Notstromaggregat. Doch solange das Wetter einigermaßen klar blieb, war man nicht auf den Generator angewiesen.

Am 30. März 1999, als alle Mitglieder bis auf Jochen Hemmleb eingetroffen waren, zeigte sich der Himmel nicht nur »einigermaßen klar«. Tap Richards erinnert sich: »Es war unglaublich warm. Die Sonne schien kräftig, es war windstill, so daß einige von uns in T-Shirts herumliefen.« Noch wichtiger, der Berg war schwarz und nicht weiß. Der Winter war ungewöhnlich trocken gewesen – ganz ähnlich wie 1924 –, daher herrschten ideale Bedingungen für die Suche.

Als das Team – die meisten litten unter quälendem Höhenkopfschmerz – mit dem Aufschlagen des Lagers und dem Aussortieren der Vorräte und Ausrüstungsgegenstände fertig war, kümmerte sich Simonson um die spirituelle Seite. Er schickte eine Abordnung ins Tal hinab zum Rongbukkloster, um den Abt zu bitten, die zweite und wichtigste *puja* der Expedition abzuhalten. »Die *puja* ist von unglaublicher Bedeutung für die Sherpas«, erläutert Simonson. »Wenn auf einer Expedition etwas schiefgeht, liegt es daran, daß mit der *puja* etwas nicht gestimmt hat, und wenn alles glatt läuft, dann deshalb, weil die *puja* ordentlich war. Man muß kein Buddhist sein, um sich zu wünschen, daß bei der *puja* alles klappt.«

In stundenlanger, mühevoller Arbeit errichteten die Sherpas einen Steinaltar, der anschließend mit Opfergaben überhäuft wurde – Reis, Whisky, Bier, Geld. Zuvor hatten sie Wacholderzweige gesammelt, um sie als Weihrauch zu verbrennen. Als alles gerichtet war, erschien der Lama mit einem Meßdiener, und die Zeremonie begann. Etwa eine Stunde lang sangen die Mönche Gebete, läuteten einfache Glocken und schlugen Handtrommeln, bis die Sherpas schließlich auf den Altar kletterten und einen Mast errichteten, der mit bunten Gebetsfahnen geschmückt war. Unter reichlichem Whisky- und Bierkonsum warfen die Sherpas und die westlichen Kletterer gemeinsam Reis und *tsampa* (Gerstenmehl) in die Luft, um sich das Glück gewogen zu machen. Dave Hahn: »Ich benutzte die Gelegenheit und das fröhliche Durcheinander, um ein bißchen süß duftenden Beifuß aus Taos in New Mexico ins Feuer zu werfen. Einige Burschen schmuggelten ihre Eisäxte oder Steigeisen unter die Dinge, die gesegnet wurden ... Vielleicht waren wir nicht alle gute Buddhisten, aber wir begrüßten die Gelegenheit, als Team zusammenzukommen und uns daran zu erinnern, daß das Leben ein kostbares und zerbrechliches Gut ist.«[2]

Puja-Zeremonie im Basislager
(Foto Jake Norton)

Dann war es an der Zeit, in das komplizierte Ritual der Verhandlungen mit den Yaktreibern einzutreten. Wer die Rongbukroute zum Everest wählt, hat den großen Vorteil, daß er seine Lasten von Yaks bis zum Lager III auf dem Östlichen Rongbukgletscher transportieren lassen kann. Unser Verbindungsoffizier Liu Feng hatte mit dem »Häuptling« des örtlichen Bezirks vereinbart, daß uns zweiundvierzig Yaks und vierzehn Yaktreiber aus der Gegend zur Verfügung gestellt wurden. Am 2. April trafen die Yaks und Treiber ein, und das Spiel begann. »Die Yaktreiber werden pro Weg bezahlt«, erklärt Simonson. »Deshalb liegt es in ihrem Interesse, möglichst wenig zu laden, damit sie den Weg mehrmals machen können.« Es gab noch ein anderes Problem. Nach dem harten tibetischen Winter waren die Yaks schwach und konnten nur Lasten von fünfundzwanzig Kilogramm auf jeder Seite tragen. Die Yaktreiber brachten ihre eigenen tibetischen Waagen mit. Stundenlang wurde darüber gefeilscht, was als akzeptable Last anzusehen sei – hitzig, aber mit einer guten Portion Humor.

Von Norden aus nähert man sich dem Everest in Etappen. Der Weg führt vom Basislager nach Süden das Rongbuktal entlang und geht dann in einen schmalen Trog zwischen der linken Seitenmoräne des Hauptrongbukgletschers und der erdig-felsigen östlichen Talflanke über. Diese Wand setzt sich aus Hunderten von instabilen Erdpyramiden zusammen, von denen einige bis zu dreißig Meter hoch sind. Immer wieder lösen sich Steine aus ihnen und regnen herab auf den unter ihnen entlangführenden Pfad. In dem Trog selbst wechseln sich schroffe Blockfelder mit sandigen Abschnitten ab, die so flach wie Strände sind. Nach vielleicht vier Kilometern quert die Route ansteigend einen steilen Hang aus losem Geröll und biegt nach links in ein Seitental ein.

Bei der ersten Erkundung des Gebiets verkannte die Expedition von 1921 die Bedeutung dieses Tals vollkommen. Der vergleichsweise unscheinbare Fluß, der in ihm entspringt, gibt kaum einen Hinweis auf das, was hinter einer Talbiegung nach Süden verborgen liegt: der dreizehn Kilometer lange Östliche Rongbukgletscher – die »Hauptverkehrsstraße« zum Nordsattel und der beste Anmarsch zur Nordflanke des Everest.

Die lange Wanderung das östliche Rongbuktal hinauf ist eindrucksvoll, aber beschwerlich. Nach dem Aufstieg vom Hauptrongbukgletscher geht man auf den Platz zu, wo die englischen Expeditionen von 1922 und 1924 am linken Ufer des Ostrongbukflusses ihr Lager I aufgeschlagen hatten. Jenseits des Lagers folgt die Route dem Fluß, überquert einen kurzen Moränenrücken und führt durch ein hügeliges Geröllfeld mit zahlreichen kleinen Seen. Tatsächlich handelt es sich dabei um die vom Geröll überdeckte Zunge des Östlichen Rongbukgletschers. Hier wechselt der Pfad hinüber zur rechten Seitenmoräne und verläuft dann durch eine Reihe unebener Blockfelder, die durch das ständige Auf und Ab sehr anstrengend sind. Nach weiteren drei Kilometern erreicht der Pfad auf 5890 Metern eine flache Stelle im Moränenkamm, die der Expedition von 1999 als Lager 1 oder »Zwischenlager« diente.

Von hier fällt der Weg steil ab, überquert den mäandrierenden vielarmigen Fluß, steigt dann erneut etwa achtzig Meter zur Mittelmoräne des Gletschers empor und erreicht dort den wohl außergewöhnlichsten Abschnitt der

gesamten Route. Zu beiden Seiten der Moräne ragen gezackte Eistürme Reihe um Reihe wie riesige Haifischzähne empor. Hier beginnt, was in der Vergangenheit der Trog des Östlichen Rongbukgletschers genannt wurde. Doch die Gletscheroberfläche ist allein in den letzten zehn Jahren um mehr als dreißig Höhenmeter abgeschmolzen, so daß der Trog heute mehr einer Hochstraße als einer Spalte gleicht. Wie zu Eis erstarrte Wächter scheinen die bizarren Zinnen den Zugang zum oberen Tal zu verwehren. Es ist eine Märchenlandschaft – ein Eindruck, der sich noch verstärkt, wenn die Zinnen von der niedrigstehenden Nachmittagssonne magisch angestrahlt werden. Auf einer Strecke von weiteren drei Kilometern steigt der Weg zwischen den Zinnen leicht aber stetig an und erreicht fast den Fuß des Changtse, des nördlichen Nachbarn des Everest. Dort, wo der Changtsegletscher von rechts kommend mit dem Östlichen Rongbukgletscher zusammenfließt, verläßt der Weg die Mittelmoräne, schlängelt sich am Fuße der Eistürme entlang und erreicht schließlich eine relativ flache Ebene, auf der Lager II der Mallory & Irvine Research Expedition aufgeschlagen wurde, 6100 Meter über dem Meeresspiegel. Nach weiteren zweieinhalb Kilometern talaufwärts erhebt sich der Weg schließlich über die Gletscheroberfläche, und es eröffnet sich ein riesiges Gletscherbecken aus glattem, poliertem Eis, eine glitzernde Welt aus Blau und Weiß, mehr als anderthalb Kilometer breit und eingefaßt von einer Kette steilansteigender Grate.

Der »Trog« am Östlichen Rongbukgletscher oberhalb von Lager II (*Foto Andy Politz*)

So eindrucksvoll dieser Anblick auch ist, er verblaßt zur Bedeutungslosigkeit, wenn die Moräne eine allmähliche Biegung nach rechts beschreibt und den Blick freigibt auf den hohen, alle benachbarten Gipfel und Grate weit überragenden Nordostgrat des Everest, messerscharf und gekrönt von den bedrohlichen schwarzen Zähnen der sogenannten Pinnacles (»Zinnen«). Nichts kann den Bergsteiger auf diesen Eindruck vorbereiten. In der tiefen Stille des oberen Ostrongbukbeckens sieht er sich plötzlich dem Mount Everest gegenüber, massiv, überwältigend und unglaublich hoch.

Ein winziger Fleck mitten im glänzenden Weiß des Beckens, duckt sich Lager III, das vorgeschobene Basislager, in einer Höhe von 6460 Metern auf der Moräne im Schatten der Ostflanke des Changtse. Simonsons Plan für das weitere Vorgehen von Lager III aus war schnörkellos: »Mir ging es ausschließlich darum, daß wir so rasch wie möglich am oberen Berg Fuß faßten, also die Lager aufschlugen und ausrüsteten, die Bergsteiger nach oben bekamen und uns in Position für eine Besteigung und die Suche brachten. Unser Ziel war es, Anfang Mai, wenn das Wetter am Everest in der Regel am besten ist, für den Aufstieg bereit zu sein. Dazu mußte Lager V bis Ende April auf dem Nordgrat errichtet und ausgerüstet werden.«

Um dieses Ziel zu erreichen, wollte er die Bergsteiger und Sherpas so rasch wie möglich in das vorgeschobene Basislager bringen, um noch während der Einrichtung des Lagers die Route zu Lager IV auf dem Nordsattel in 7070 Meter Höhe voranzutreiben. (Ein *Sattel* ist die tiefste Stelle im Kamm zwischen zwei Gipfeln, in diesem Fall zwischen dem Everest und seinem niedrigeren Nachbarn Changtse.)

»Um die Ausrüstung für alle Hochlager in das vorgeschobene Basislager zu schaffen, waren zweieinhalb Yakkarawanen erforderlich; jede brauchte für den Hin- und Rückweg vier Tage und einen Rasttag dazwischen«, erklärt Simonson. »Als wir endlich die ganze Ausrüstung oben hatten, war die Monatsmitte längst überschritten.« In der Zwischenzeit stiegen Gruppen von Bergsteigern auf und ab: Sie brachten die Ausrüstung in das vorgeschobene Basislager und übernachteten auf ihrem Weg nach oben oder nach unten in Lager I und II (später benutzten sie nur noch Lager II oder legten den ganzen Weg ohne Übernachtung zurück). Damit befolgten sie eine Regel, die zu lernen viel Zeit und nicht wenige Leben gekostet hat: »Klettere hoch, und schlafe niedrig.« Auf diese Weise lernen Körper und Gehirn am besten, sich auf die unzureichende Sauerstoffversorgung einzustellen. Man schiebt die Grenze bei jedem Vorstoß ein wenig weiter nach oben und zieht sich dann auf sichere Höhen zurück – so akklimatisiert sich der Mensch allmählich in der dünnen Luft der Himalaja-Höhenlagen. Die Sherpas haben natürlich weniger Schwierigkeiten als Tieflandbewohner; sie sind an die Höhe gewöhnt.

Vorgeschobenes Basislager
(*Foto Jochen Hemmleb*)

Es erforderte einige Tage harter Arbeit, um die mehr als hundert Yakladungen an Vorräten und Ausrüstung, die ins Lager III geschafft worden waren, in eine

Miniaturversion des Basislagers zu verwandeln. »Mein Vater war Bauunternehmer, und ich habe jahrelang als Aushilfskraft auf Baustellen gearbeitet«, erzählt Tap Richards. »Mein Dad hat mir erklärt, es gebe immer was auf Baustellen zu tun. Wenn du dastehst und die Hände in den Taschen hast, dann kann es dafür nur eine Erklärung geben: Das Haus ist fertig. Genauso ist das auf Expeditionen. Jake arbeitet auch auf dem Bau. Ich glaube, das ist einer der Gründe, warum wir so gut zusammen klettern.«

Am 5. April, als das Team mit dieser Arbeit beschäftigt war, begannen Conrad Anker, Dave Hahn und zwei Sherpas, die Route zur Höhe des Nordsattels einzurichten. Vom vorgeschobenen Basislager aus folgten sie der steinigen Seitenmoräne am Rand des Gletscherbeckens auf ihrer Biegung nach Westen, unter der brüchigen Flanke des Changtse hindurch bis in die Sackgasse, die durch die Paßwand selbst gebildet wird. Hier machten sie halt, um die Routenmöglichkeiten in Augenschein zu nehmen.

Der Sattel ist eine vierhundert Meter hohe gefrorene Kaskade aus aufeinandergetürmten Eisbarrieren, die von einem Gewirr gähnender Spalten durchkreuzt werden. Die dem Östlichen Rongbukgletscher zugewandte Seite des Sattels liegt im Schatten der vorherrschenden Westwinde, was dazu führt, daß sich in ihren oberen Bereichen viel Schnee ansammelt. Doch ein Großteil der unteren Hälfte ist festes Eis. »In diesem Jahr war es reines Wassereis, glatt, durchsichtig und in einer Farbigkeit von Saphirblau bis fast Schwarz«, berichtet Simonson. Um auf den Sattel zu gelangen, muß man eine Reihe kurzer, fast senkrechter Stufen überwinden, zwischen denen steile Schneehänge und durch komplizierte Aktionen zu überwindende Spalten liegen. Alles in allem gehört die Wand zu den schwierigeren Abschnitten des Aufstiegs von dieser Seite des Bergs.

Ganz rechts liegt ein einladender Schneehang, der sich als Route auf den Sattel anzubieten scheint. Leider ist er häufig eine tödliche Wahl. Unfälle und Lawinen sind hier an der Tagesordnung. An dieser Stelle hatte 1922 eine Lawine sieben Sherpas getötet und um Haaresbreite auch Mallory und Somervell in die Tiefe gerissen. Anker zog es vor, statt dessen die Eiswand auf direktem Wege zu erklettern.

Conrad Anker ist ein brillanter Kletterer, der seine Fähigkeiten an den großen Felswänden in Yosemite und der Antarktis entwickelt hat. Er war in dieser Hinsicht das erfahrenste Expeditionsmitglied, daher überließen die anderen ihm automatisch die Führung, wenn es schwierige Passagen zu überwinden galt. Politz versucht, seine Hochachtung für Ankers Fähigkeiten in Worte zu fassen: »Die Tibeter glauben, daß man das ganze Universum in einem Sandkorn erklären kann. Conrad hat seine Erklärung des Universums gefunden, indem er an Seilen hängt, große Risiken eingeht und dabei aber eine so stabile Psyche hat, daß er, selbst wenn Gefahr und Panik drohen, die Übersicht behält. Es ist unheimlich.« Doch Anker hat neben seinem Können auch eine ganz andere Seite, wie Simonson erklärt: »Er verfügt über eine fast kindliche Begeisterungsfähigkeit. Daher wirkt er oft wie ein kaum zu bändigendes Energiebündel. Du kannst es sehen, wenn er geht: Er hüpft bei jedem Schritt, als hätte er zuviel Energie, um am Boden haften zu bleiben.«

Der Nordsattel (*Foto Eric Simonson*)

Während die beiden Sherpas Seil ausgaben, beobachtete Hahn, wie Anker rasch die Wand hochkletterte und Eisschrauben setzte, um das Seil zu verankern. Abschnitt um Abschnitt legten er und die Sherpas auf diese Weise zurück. Schließlich hatten sie ungefähr ein Drittel der Strecke bis zum Sattel geschafft und dabei eine sichere Route durch das besonders steile und von Spalten durchzogene Mittelstück der Route gefunden. Dann beendeten sie ihre Tagesarbeit und stiegen ab. Der Rest des Bergsteigerteams – Jake Norton, Dave Hahn, Tap Richards und andere Sherpas – verbrachte die nächsten beiden Tage damit, die Route höher voranzutreiben, bis Anker, Norton und Thom Pollard schließlich am 8. April das erste Zelt von Lager IV auf einem geschützten Eisband direkt unter der Paßhöhe aufschlugen – ein bedeutendes Ereignis!

Der folgende Tag brachte die erste Krise der Expedition: Graham Hoyland, der sich fast zwei Jahre lang bemüht hatte, der schwerfälligen BBC-Bürokratie die Zustimmung zu dieser Expedition abzuringen, spürte plötzlich, wie seine gesamte linke Körperseite taub wurde. Simonson, der rasch eine TIA, eine transitorische ischämische Attacke diagnostizierte (eine Unterbrechung der Blut- und damit Sauerstoffversorgung der rechten Hirnhälfte), gab Hoyland sofort eine erhöhte Sauerstoffdosis und schickte ihn in Begleitung des Expeditionsarztes Lee Meyers und vier weiterer Bergsteiger aus dem vorgeschobenen Basislager in das Basislager hinunter. Wie sich herausstellte, war ihre Hilfe nicht erforderlich, und am 11. April war Hoyland wieder wohlauf, wenn auch noch etwas unsicher auf den Beinen. Obwohl die Krise also offenkundig überwunden war und sich Hoyland auch im Basislager hätte nützlich machen können, schickte ihn sein Vorgesetzter, der verantwortliche Produzent Peter Firstbrook, augenblicklich nach Katmandu zurück. Das war eine Handlungsweise, die den anderen Expeditionsmitgliedern völlig unbegreiflich und wenig anständig gegenüber einem Mann vorkam, der schon frühzeitig so entscheidend an der Idee dieser Expedition mitgewirkt hatte. »Graham war auf dem Rückweg sehr aufgewühlt«, sagt Meyers, der ihn begleitete. »Er war sicher, daß es seine letzte Reise zum Himalaja gewesen war.«

Während sich die meisten Expeditionsmitglieder fast eine Woche lang im Basislager ausruhten, hielt sich Andy Politz noch immer im vorgeschobenen Basislager auf und lebte dort mit den Sherpas. »Die Sherpas nahmen mich sofort in ihre Runde auf«, sagt er. »Wir tranken Tee und kochten zusammen, und sie zeigten mir, wie man *corsani* zubereitet, eine feurige Paste, die man gewinnt, indem man Chili, Knoblauch und Salz zwischen zwei Steinen zerreibt.«

Insgesamt nahmen zwölf Sherpas an der Expedition teil, die überwiegend aus den nepalesischen Städten Pangboche und Phortse kamen. Der Koch Pemba hatte einen Gehilfen, alle anderen waren Bergsteiger, die ihrem Sirdar

Danuru »Dawa« Sherpa unterstanden. »Ich kenne viele unserer Sherpas seit Jahren«, sagt Simonson. »Sie sind unglaublich stark und arbeiten hart, und wir sind sehr bemüht, gut für sie zu sorgen. Alles zusammengerechnet – Grundlohn, Sondervergütung für Lastentransporte, Aufwandentschädigung für die Ausrüstung und Trinkgelder – kommt ein Sherpa auf ungefähr dreitausend Dollar pro Expedition. Das entspricht etwa dem Zwanzigfachen eines durchschnittlichen nepalesischen Jahresverdienstes, und das für ein paar Wochen harter Arbeit.«

Politz bei den Sherpas zu lassen war für Simonson eine leichte Entscheidung: »Ich wußte, Andy würde gut zu ihnen passen. Er ist nachdenklich, tiefsinnig, manchmal ein richtiger Zen-Philosoph, und stark wie ein Ochse.« Politz ist kleiner als die anderen Bergsteiger, muskelbepackt, mit einem mächti-

Das Sherpa-Team (*Foto Tap Richards*)

gen Brustkorb, einer von denen, die aussehen, als würden sie ständig mit Gewichten arbeiten, in Wirklichkeit aber nie welche anrühren. »Alles genetisch bedingt; absolut unfair!« meint Simonson mit gespieltem Ärger. Trotz seiner Körperkraft hat Andy Politz eine sehr friedliche, ausgeglichene Ausstrahlung. Als einziges Mitglied des Bergsteigerteams ist er verheiratet und hat Kinder. Er scheint auch der einzige von ihnen zu sein, für den das Bergsteigen nur ein schmaler Ausschnitt einer umfassenderen und komplexeren Weltanschauung ist. »Zu Hause«, erklärt Politz, »verbringe ich einen Teil meiner Zeit damit, Kindern an einer alternativen Schule beizubringen, daß ihre Träume Initiationsriten sind, daß die Dinge, die sie träumen, bestimmen können, was sie werden, und daß diese Träume sich verwirklichen lassen.« Politz' eigene Träume waren im Wandel begriffen. Dies war wahrscheinlich seine letzte Reise zum Everest.

Im Laufe der Woche stiegen Politz und die Sherpas mehrfach mit Vorräten für die Hochlager zu Lager IV auf dem Nordsattel empor. Ohne die Möglichkeit, in die sauerstoffreichere Luft des Basislagers abzusteigen und so seine

Andy Politz (*Foto Schelleen Scott*)

Akklimatisierung zu beschleunigen, fielen Politz die Aufstiege schwer, und er suchte Trost in der Philosophie. Über seinen ersten Aufstieg zum Sattel schrieb er: »Die gesamte untere Hälfte des Sattels war eine Übung in ›Wie überlebe ich Folter?‹ Ich bin einfach noch nicht akklimatisiert und fit genug. Der Sattel ist so weit entfernt, der Weg bergauf so schwer, der Abstieg so leicht. Ich kann einfach nicht das Tempo einschlagen, das ich gehen möchte, und ich fühle mich elend. Dann erinnere ich mich daran, daß die Buddhisten das Verlangen für die Wurzel allen Leidens halten. So sind mein Verlangen – mit einem bestimmten Tempo zu klettern, bestimmte Ziele zu erreichen – und meine Unfähigkeit, dieses Verlangen zum gegenwärtigen Zeitpunkt des Unternehmens zu befriedigen, verantwortlich für die Qualen. Ich lasse alles etwas langsamer angehen und finde ein Tempo, bei dem Klettern, Atmen und Balancieren zu einer Art Meditation werden. Ich lasse das Verlangen hinter mir, und das Leben ist nicht mehr Last, sondern Lust. Eh ich mich versehe, bin ich auf dem Sattel und hingerissen von dem kristallklaren, wolkenlosen Anblick des Nordostgrats und der Nordflanke des Everest.«

Beim Abstieg vom Sattel sieht der erschöpfte Politz einen Schwarm Goraks (Himalaja-Raben) von einem gelbbraun gefärbten Bündel auffliegen, das sich von der glattpolierten blauen Eisfläche des oberen Gletschers abhebt. Unfähig, seiner Neugier zu widerstehen, zwingt er seinen entkräfteten Körper, den Weg zurück zum Lager III zu verlassen, um den Fund genauer zu untersuchen. An diesem Abend schreibt er in sein Tagebuch: »Ich bin schockiert. Offenbar habe ich heute ein Lager der britischen Expedition von 1922 gefunden. Da waren englische Zeltstangen aus Bronze[3], altmodische, unbenutzte Eishaken, einige viersträngige Baumwollseile verschiedenen Durchmessers, Konservendosen von altmodischer Machart, mit Kappnähten und gelötet, und ein Zelt, anscheinend aus dreiviertel Zoll starker ägyptischer Baumwolle. Die Doppelnaht war mit einer Maschine genäht, allerdings mit jeweils zwei Stichen einer einzigen Nadel. Das Zelt war natürlich in das Eis eingefroren, und ich hätte für mein Leben gern gewußt, was darin von so großem Interesse für die Goraks war. Aber wir sind hier auf einer archäologischen Expedition, und ich wußte, daß ich bei der Untersuchung der Fundstelle sehr vorsichtig zu Werke gehen mußte. Dieser außergewöhnlich trockene Winter und der früh einsetzende, warme Frühling haben das alte Lager zum Vorschein kommen lassen. Ich könnte wetten, daß es in den ganzen siebenundsiebzig Jahren, seit es zurückgelassen wurde, nicht ein einziges Mal aus dem Eis ausgeschmolzen ist.«

Als Hemmleb, der Expeditionshistoriker, die Stelle einige Tage später aufsuchte, war sein erster Gedanke, sie umfasse die Überreste dreier verschiedener Lager – einer englischen Expedition von 1933, nicht 1922, einer chinesisch-russischen Erkundungsexpedition von 1958 und entweder einer chinesischen Expedition von 1975 oder einer französischen von 1981 –, die im

Eric Simonson, Jochen Hemmleb und Andy Politz bei der Untersuchung der Überreste des chinesischen Lagers von 1960 (*Foto Dave Hahn*)

Laufe der Zeit alle durch die Gletscherbewegung zusammengeschoben worden waren. Tatsächlich handelte es sich aber um keine dieser Expeditionen. Nach seiner Rückkehr aus Tibet fand Hemmleb eindeutige Beweise dafür, daß die an dieser Stelle gefundenen Artefakte alle von der umstrittenen chinesischen Expedition aus dem Jahr 1960 stammten.[4] Bis weit in die siebziger Jahre hinein hatten die Chinesen Zelte englischer Machart benutzt, und Bilder von der Expedition 1960 zeigten eindeutig die gleichen Haken und Zeltheringe, die an der Fundstelle entdeckt worden waren. Das entscheidende Indiz war jedoch ein einfacher Kletterhammer mit hölzernem Stiel, der im zusammengefallenen Baumwollzelt gefunden worden war. In einem chinesischen Film über die Expedition von 1960 ist ein identischer Hammer zu sehen, den sich einer der chinesischen Bergsteiger mit einer Schnur um die Schulter gehängt hat. Tatsächlich sollte Jake Norton einige Wochen später hoch oben am Berg einen weiteren solchen Hammer finden, an dem noch eine ähnliche Schnur befestigt war.[5]

Inzwischen war unten im Basislager eine Gruppe von Trekkern eingetroffen, deren Reise von Simonsons Firma organisiert worden war. Sie kam aus Katmandu und hatte Zwischenstation in Lhasa gemacht. Zu ihr gehörte auch Larry Johnson – der Mann, der den entscheidenden Kontakt zwischen Hemmleb und Expeditionsleiter Eric Simonson hergestellt hatte. Es war Johnsons erste Reise zum Everest. Nach einem Tag Akklimatisierung in Tingri und einem nur kurzen Blick auf den fernen Mount Everest, der sich im Dunst des Spätnachmittags weitgehend versteckte, erreichte Johnsons Gruppe den Pang La, wo sie feststellen mußte, daß die gesamte Himalajakette in Wolken gehüllt war. Wie die Expedition vor ihnen fuhren die Trekker von der Paßhöhe hinab zum trostlosen Talgrund, wo sie sich nach Süden wandten, Rongbuk entgegen. »Als wir durch das letzte tibetische Dorf kamen, klarte der Himmel auf. Wir suchten uns unseren Weg auf einer Straße, die kaum mehr war als zwei Spurrillen in einem Geröllfeld, als plötzlich ein großer Schneegrat sichtbar wurde und ich auf einmal begriff, daß es sich um den gewaltigen Westgrat des Everest handelte. Dann kam die ganze Nordflanke in den Blick, und ihr Neuschnee glitzerte in der Nachmittagssonne. Kurz darauf stand ich neben dem Rongbukkloster, dessen großer *stupa* sich als Silhouette vor dem gewaltigen Everest abhob. Seit fünfunddreißig Jahren träumte ich davon, an diesem Ort zu stehen. Ich hatte nie gedacht, daß es wirklich geschehen würde.«

Larry Johnson ist zweiundfünfzig Jahre alt, ein ruhiger Mann mit freundlichen Augen. Er ist zurückhaltend und scheut das Rampenlicht. »Als ich vor dem Kloster stand, kamen zwei meiner Trekkinggefährten zu mir herüber. ›Was empfindest du bei diesem Anblick?‹ fragte einer. Am folgenden Tag sollte ich zum erstenmal den jungen Mann treffen, dem ich versprochen hatte, ich würde ihm helfen, zum Everest zu kommen und seinen Traum zu erfüllen. Ich hatte mein Versprechen gehalten, und Jochen Hemmleb war hier. Und ich war es nun auch. Tränen zogen schmutzige Spuren durch den Straßenstaub in meinem Gesicht.«

Oben am Berg bemühten sich die Bergsteiger, Lager V aufzuschlagen. Der Berg machte es ihnen nicht leicht. Die Route von Lager IV führt zunächst auf die eigentliche Paßhöhe des Nordsattels und erklimmt dann ein langes, gewölbtes und steil ansteigendes Schneefeld, das zur Linken und zur Rechten unvermittelt in die Tiefe abfällt. Jenseits des Schneefelds wird das Gelände dann wirklich anstrengend: ein stetiger, mühsamer Anstieg über einen dreißig bis fünfunddreißig Grad geneigten Hang aus abwärtsgeschichteten Felsplatten und Schneeflecken. Das ist der Nordgrat, ein stumpfer Rücken, der sich vom Nordsattel bis hinauf zur Nordostschulter des Everest zieht, die ihrerseits durch den langen, gezackten und steil ansteigenden Nordostgrat mit dem Gipfel verbunden ist. Doch das Gelände ist nur eine der Herausforderungen: Die größte Gefahr bringt der unablässige Wind, der während dieses Unternehmens Orkanstärken bis zu hundertsechzig Kilometer pro Stunde erreichte. Er läßt ungeschützte Haut augenblicklich erfrieren, macht aufrechtes Stehen mit einem Rucksack nahezu unmöglich und raubt dem Bergsteiger in kurzer Zeit jegliche Kraft. Am 15. April hatte der Wind den Versuch mehrerer Sherpas, Lager V aufzuschlagen, zunichte gemacht. Nicht besser erging es Jake Norton zwei Tage später. Am 19. April gelang es schließlich Conrad Anker und acht Sherpas, Seile bis auf 7800 Meter zu fixieren, und Lager V war errichtet. Inzwischen schafften andere Kletterer Vorräte, die für Lager V und das noch geplante Lager VI bestimmt waren, ins Lager IV hinauf.

Zu diesen Bergsteigern gehörte auch Jochen Hemmleb, der mit dem Nordsattel sein persönliches Kletterziel auf der Expedition erreicht hatte. »Ich war schon lange vorher zu dem Schluß gekommen, daß der Nordsattel gegenwärtig wohl die Grenze meiner bergsteigerischen Fähigkeiten darstellt, obwohl Simonson der Meinung war, ich könnte es noch höher schaffen. Doch ich hatte jetzt sowohl mein Ziel erreicht als auch meinen Traum verwirklicht. Konnte es da überhaupt noch etwas Höheres für mich geben?«

In den folgenden Tagen schafften die Bergsteiger und Sherpas weitere Vorräte in die Lager IV und V und begaben sich schließlich wieder hinunter ins Basislager, um sich erneut auszuruhen. Erstaunlicherweise waren fast alle noch gesund – ein sehr glücklicher Umstand, der ebenso Simonsons Fähigkeiten als Expeditionsleiter und seinen Hygienemaßnahmen zu verdanken war wie der hervorragenden körperlichen Verfassung der Bergsteiger und dem guten Wetter. Trotzdem hatte der Expeditionsarzt Lee Meyers alle Hände voll zu tun, denn er behandelte Beschwerden aller Art: Einem Sherpa zog er im Messezelt sogar einen abgesplitterten Zahn.

Das Team arbeitete reibungslos zusammen und war guter Dinge. Hin und wieder gab es Konflikte zwischen den Bergsteigern und den Filmteams wie auch zwischen den Filmteams selbst. Zumindest im ersten Fall ließen sich gewisse Spannungen wohl nicht vermeiden. Simonsons Prioritäten waren die Suche und die Sicherheit seiner Bergsteiger, während es den Filmteams in erster Linie darum ging, einen Film zu machen, wenn sie sich auch untereinander offenbar nicht einigen konnten, wie dabei am besten zu verfahren sei.

Simonson, als strenger, kompromißloser Bergführer bekannt, nahm sich bei dieser Expedition in seiner Führungsrolle bewußt zurück, weil er große Achtung vor der Erfahrung und den Fähigkeiten der Expeditionsmitglieder hatte. »Sonst bin ich auf Expeditionen ziemlich stur und pflichtbewußt«, erläutert er, »aber hier hatte ich es mit Spitzenbergsteigern zu tun, und deshalb versuchte ich mein Eingreifen auf Situationen zu beschränken, wo es wirklich entscheidend war. Ich versuchte, meinem Instinkt zu vertrauen und mir einfach viele Optionen offenzuhalten. Auf einem Berg verändert sich die Situation von einem Augenblick zum anderen; das Wetter verändert sich, die Route, der Kräfteverschleiß der Leute. Du mußt flexibel bleiben, neue Informationen aufnehmen, dann triffst du eine Entscheidung und handelst danach.«

Politz, der auf dieser Expedition immer mehr zu Simonsons rechter Hand avanciert war und den Lastentransport und den Zustand der Hochlager überwachte, meint dazu: »Ich kenne Eric seit zwanzig Jahren, und ich bin immer wieder beeindruckt von seiner Fähigkeit, Situationen umsichtig einzuschätzen und gute Entscheidungen zu treffen. Er hat ungeheuer viel Erfahrung und eine erstaunliche Fähigkeit, sich die richtigen Leute auszusuchen. Wann immer er die Verantwortung hat, weiß ich, daß alles glatt geht. Und ist das mal nicht der Fall, dann beweist er ein erstaunliches Improvisationstalent. Er kann sehr schroff sein und duldet niemanden, der aus der Reihe tanzt oder das Wohl der Gruppe nicht in den Vordergrund stellt. Aber alles in allem ist er schwer in Ordnung.«

Nach und nach hatten die Bergsteiger die Rollen untereinander verteilt. Wenn Hahn nicht gerade Lasten schleppte

Lee Meyers (*Foto Schelleen Scott*)

Eric Simonson (*Foto Andy Politz*)

Dave Hahn (*Foto Tap Richards*)

Conrad Anker (*Foto Andy Politz*)

oder im Kommunikationszelt außergewöhnlich literarische Internet-Berichte schrieb, spielte er den Lagerclown – ein lässiger, urkomischer Riese. Doch die Clownerie ist nur Schein. »In Wirklichkeit«, sagt Simonson, »hat Dave einen sehr feinen Spürsinn. Er kriegt in jeder Situation schnell spitz, was unterschwellig passiert. Außerdem kommt er ungewöhnlich gut allein zurecht. Er kann sich bei Sturm in einem Loch verkriechen und dreht nicht durch. Er ruht in sich.«

Conrad Anker sorgte mit seiner rastlosen Energie dafür, daß die Stimmung im Lager unternehmungslustig und zuversichtlich blieb, ebenso wie Richards und Norton, die beiden »Jungspunde«. Mit ihrem Eifer und Fleiß verdienten sie sich ihre Sporen. »Ich hab mir angewöhnt, sie Tap'n Jake zu nennen, als wären sie eine Einheit – was unfair ist, denn sie sind natürlich eigenständige Personen«, meint Simonson. Und Politz ergänzt: »Tap ist im allgemeinen der ruhigere, er hat eine tiefe, rauhe Stimme, mit der er nur zu sprechen pflegt, wenn er etwas Wichtiges mitzuteilen hat, während Jake, der unglaublich gebildet ist, zu allem und jedem eine Meinung hat. Beide sind sie hervorragende Kletterer mit einem guten Gefühl für Schnee und großen technischen Fertigkeiten. Aber sie haben noch nicht begriffen, daß die Zeit ein wichtiges Werkzeug sein kann, daß du, wenn du Zeit und Geduld in eine Situation einfließen läßt, unter Umständen ein ganz anderes Ergebnis erzielst. Auf jeden Fall haben sie die Bereitschaft, sich richtig in eine Sache hineinzuknien und unglaubliche Energien zu verpulvern, bis die Arbeit getan ist. Das ist eine große Hilfe für uns Ältere.«

Die beiden Mitglieder des WGBH/*NOVA*-Teams, die Produzentin Liesl Clark und der höhenerfahrene Kameramann Thom Pollard, wie auch der von der BBC engagierte Kameramann Ned Johnston beeindruckten das Bergsteigerteam mit ihrer Ausdauer und einem ausgeprägten Pflichtbewußtsein gegenüber dem Projekt. Clark, hochgradig professionell und unermüdlich in der Ausübung ihrer Aufgabe, stieg mehrfach bis ins vorgeschobene Basislager. Johnston, ein ruhender Pol inmitten der hektischen Filmproduzenten, besaß zwar wenig Klettererfahrung, schaffte es aber trotzdem bis in Lager IV. Pollard, der sehr gesellig und engagiert war, beteiligte sich am Vorantreiben der Route und am Lastentransport, stieg insgesamt zehnmal zum Lager IV auf, verbrachte mehrere Nächte in Lager V und schaffte es bis ins Lager VI auf 8200 Meter Höhe.

Hemmleb galt – vielleicht unvermeidlicherweise – anfangs als der Intellektuelle. Aber seine Entschlossenheit, sein historisches Wissen und seine Kletterfähigkeiten trugen ihm

Jack Norton und Tap Richards
(Foto Eric Simonson)

rasch die Hochachtung der älteren Bergsteiger ein. Außerdem sollten sie schon sehr bald seine Sachkenntnisse brauchen, um ihr Ziel zu erreichen.

Zu diesem Zeitpunkt galt Simonsons Hauptsorge dem Gesundheitszustand von Peter Firstbrook. Er war Diabetiker und – zum Teil aus diesem Grund – in schlechterer körperlicher Verfassung als die anderen Expeditionsmitglieder. Nur einmal war er über das Basislager hinaus bis ins Lager I aufgestiegen, von wo aus er mit Verdacht auf Lungenödem (eine lebensbedrohliche Flüssigkeitsansammlung in den Lungen) evakuiert werden mußte. Jetzt litt er fast ständig unter Kopfschmerzen. Simonson: »Sein Gesundheitszustand hatte sich im Verlauf der Expedition kontinuierlich verschlechtert. Mittlerweile war er so krank, daß unser Expeditionsarzt Lee Meyers und ich ständig Angst hatten, er werde sterben.«

Meyers, ein massiger, grimmig dreinblickender Bär von einem Mann, dessen Körperkraft zur allgemeinen Überraschung seinen Körperumfang noch übertraf, ist Facharzt für Unfallmedizin mit umfassenden Kenntnissen auf dem Gebiet der Höhenkrankheiten. Er hatte schon viele Leute auf Expeditionen behandelt, doch Firstbrook machte ihm ungewöhnlich große Sorge. »In den folgenden Tagen war sein Gesicht aufgedunsen, und die Kopfschmerzen verschlimmerten sich – ein mögliches Anzeichen für ein Gehirnödem, eine Sache, die einen innerhalb weniger Stunden umbringen kann«, sagt Meyers. In großer Sorge um Firstbrook und frustriert, weil dieser alle seine Warnungen in den Wind schlug, schickte er vom Basislager eine nur bedingt als Scherz gemeinte Nachricht an Simonson im vorgeschobenen Basislager, in der es lakonisch hieß: »Ich kündige.«

Liesl Clark (*Foto Jochen Hemmleb*)

Thom Pollard und Graham Hoyland (*Foto Jochen Hemmleb*)

Ned Johnston (*Foto Schelleen Scott*)

Peter Firstbrook (*Foto Schelleen Scott*)

Jochen Hemmleb (*Foto Schelleen Scott*)

»Ich fand es schon sehr interessant«, merkt Simonson dazu an, »daß Firstbrook, als Graham Hoyland krank wurde, diesen unter Berufung auf BBC-Bestimmungen sofort zum Verlassen der Expedition zwang. Doch als Firstbrook selbst krank wurde – viel kranker als Hoyland –, weigerte er sich zu gehen, trotz ärztlicher Anordnung.« Für die übrigen Expeditionsmitglieder ergab sich daraus der Schluß, daß Firstbrook, aus welchen Gründen auch immer, Hoyland einfach hatte loswerden wollen.

Zur gleichen Zeit verließ das Bergsteigerteam das Basislager und begann den Aufstieg in die Hochlager. Die Suche nach Mallory und Irvine sollte nun ernsthaft beginnen. Die Vorbereitungen waren abgeschlossen und die Wetterbedingungen ideal. Vor Erwartung und Aufregung stand das gesamte Team buchstäblich unter Strom.

Ein paar Wochen zuvor hatten die Trekker ihren Gefährten Larry Johnson, den Expeditionskoordinator, gefragt, wie er die Aussichten der Suchexpedition einschätze. Johnson, der mit den meisten anderen Trekkern inzwischen wieder nach Katmandu zurückgekehrt war, erinnert sich: »Ich ließ mir Zeit mit der Antwort, weil ich plötzlich Angst hatte, sie könnte, egal wie sie ausfiele, das Unternehmen gefährden. Doch alles schien zu stimmen. Wir hatten ein hervorragendes höhenerfahrenes Team für die Suche. Der Expeditionsleiter war äußerst kompetent und dem Projekt verschrieben. Da war Jochen, unser Experte, der die Suchmannschaft an jene Stelle dirigieren würde, wo die Chance am größten war, Spuren von Mallory und Irvine zu entdecken. Nicht zu vergessen das Wetter: klar und trocken, dazu eine fast schneefreie Nordflanke. Ich glaubte an unseren Erfolg. Ich war fest davon überzeugt.«

KAPITEL 5

Ein teuflischer Berg

Ich kann Dir nicht sagen, wie hoffnungsfroh ich dieses Jahr bin …
George Mallory

Die Ankunft der englischen Expedition im oberen Rongbuktal am 28. April 1924 stand unter einem ungünstigen Stern. Das Wetter war grauenhaft. Über die Bemühungen der Expeditionsmitglieder, das Basislager aufzuschlagen, schrieb Norton in sein Tagebuch: » … heute war einer der kältesten Tage, die ich je erlebt habe … wir waren bei der Arbeit alle bis zu den Augen vermummt, eingehüllt in sämtliche wollene und windabweisende Kleidungsstücke, die wir mitgebracht haben, dazu Mützen mit Ohrenklappen und Halbhandschuhe … und dann fiel der Schnee.«[1] Andrew Irvine wird in seinem Tagebuch weit deutlicher: »Saumäßiger Morgen, leichtes Schneetreiben, sehr kalt, fühlte mich beschissen.«[2]

Die Expedition von 1924 verfügte über einfache Zweimannzelte und große Messezelte aus Leinwand. Beide Zelttypen wurden durch Zeltstangen (aus Holz, später aus Metall) an den Enden oder in der Mitte aufrecht gehalten und durch Halteleinen gesichert. Irvine beschreibt, wie er den ersten Tag im Basislager erlebte: »Als wir alle Zelte aufgebaut hatten, begann ich damit, sechs Sauerstoffgeräte neuer Bauart und vier alter Bauart einsatzbereit zu machen. Ein Primus[kocher] zum Löten war im Messezelt sehr willkommen, denn der Wind war weit unter dem Gefrierpunkt. Den ganzen Abend versucht, Beethams ziemlich altmodische Spiegelreflexkamera zu reparieren.«[3]

Tatsächlich hätte dies Irvines Tagebucheintragung an fast jedem Tag des monatelangen Anmarsches zum Berg sein können, denn er hatte praktisch

Das Basislager der Vorkriegsexpeditionen im Rongbuktal (*Foto John Noel; © Royal Geographical Society, London*)

die ganze Zeit damit verbracht, sich mit den anfälligen und technisch unzulänglichen Sauerstoffgeräten der Expedition abzumühen. Es schien nichts zu geben, was er nicht instand setzen oder verbessern konnte – eine Fertigkeit, die er bereits in der Kindheit entwickelt hatte. Schon frühzeitig hatte er die Modellschiffe beiseite gelegt und sich lieber der Aufgabe gewidmet, das Familienauto zu reparieren und schließlich vollkommen umzubauen. Später schrieb Odell über seinen Schützling: »Obwohl es ihm an bergsteigerischer Erfahrung mangelte, war man allgemein der Auffassung, daß er sich durch die natürliche Begabung, die er bereits unter Beweis gestellt hatte, und seine unbestreitbaren technischen und praktischen Fertigkeiten, nicht zu reden von seiner unkomplizierten Wesensart, besser für die Expedition eignete als manch älterer Mann mit größerer Erfahrung in den Bergen.«[4] Irvine sollte das Vertrauen, das Odell in ihn gesetzt hatte, immer und immer wieder rechtfertigen.

Noch vor dem Aufbruch der Expedition aus England hatte Irvine dem Hersteller der Sauerstoffgeräte Pläne für Änderungen zugeschickt, die die

Modelle von 1922 zugleich leichter und zuverlässiger gemacht hätten. Seine Ratschläge waren nicht beachtet worden. Ein paar Tage nach dem Aufbruch von Darjeeling schrieb er frustriert an einen Freund: »Das Sauerstoffgerät ist schon jetzt Schrott. Sie haben nicht nur meine Konstruktionsvorschläge verworfen, sondern außerdem noch Pfusch geschickt. Es geht kaputt, wenn du es nur anfaßt, es leckt, ist lächerlich unhandlich und schwer. Von neunzig Flaschen waren fünfzehn leer und vierundzwanzig undicht, als die Ladung in Kalkutta eintraf. Mein Gott!«[5] Einige Tage später entdeckte er, daß bis auf eines alle Tragegestelle der Sauerstoffflaschen unterwegs beschädigt worden waren, woraufhin er augenblicklich mit ihrer Reparatur begann und dazu jedes Material nahm, das ihm in die Finger kam. In den nächsten drei Wochen war er jeden Abend oft bis spät in die Nacht damit beschäftigt, die Geräte mit primitivsten Werkzeugen instand zu setzen, zuverlässiger und leichter zu machen. Hinzu kam die Reparatur von Laternen, Taschenlampen, Zelten, Kameras, Stativen und Steigeisen. Der Kampf mit den Sauerstoffflaschen und den Regulierventilen hörte nie auf. Mitte April schrieb Irvine: »... wir haben die Sauerstoffgeräte vorgeführt – ›Wie man sie auf Lecks überprüft.‹ Haben sofort Lecks festgestellt, konnten sie aber nicht beheben.«[6] Obwohl man die Flaschen in Kalkutta hatte nachfüllen lassen, waren dreißig Prozent von ihnen bei der Ankunft in Shekar Dzong schon wieder leer.

Sandy Irvine vor seinem Werkstattzelt im Everest-Basislager, 1924 (*Foto Bentley Beetham; © Royal Geographical Society, London*)

Die Ironie der Geschichte war: Nur wenige Expeditionsmitglieder hatten überhaupt vor, zusätzlichen Sauerstoff zu verwenden. Obwohl die Expedition von 1922 unter Beweis gestellt hatte, daß Sauerstoff in großen Höhen einen gewaltigen Unterschied machen konnte, gab es das typisch britische Vorurteil, seine Verwendung sei irgendwie »unsportlich«. Als Irvine erfuhr, Norton habe ihn und Mallory für den ersten Gipfelaufstieg der Expedition mit Sauerstoff ausersehen, war er daher zugleich erfreut und enttäuscht: »Ich bin ungeheuer froh, daß ich den ersten Versuch mit Mallory unternehmen soll, aber ich hätte mir sehr gewünscht, daß wir ihn ohne Sauerstoff angingen.«[7]

Wenn ihm diese Enttäuschungen zu schaffen machten, so ließ er es sich nicht anmerken; er beklagte sich nie. Trotz seiner Jugend und Unerfahrenheit hatte sich Irvine, als die Expedition das Basislager erreichte, die Achtung und Bewunderung seiner Gefährten erworben – nicht nur wegen seiner bemerkenswerten technischen Fähigkeiten und seiner Rolle als »Mädchen für alles«, sondern auch wegen seines unerschütterlichen Gleichmuts.

Edward Felix Norton
(© *John Noel Photographic Collection*)

Nachdem klar war, daß General Bruce der Expedition nicht mehr zur Verfügung stand, war Edward Norton mit erstaunlicher Leichtigkeit in seine Rolle hineingewachsen, wobei er die Leitung des Bergsteigerteams Mallory übertragen hatte. Obwohl dieser für den außer Gefecht gesetzten Bruce große Sympathien hegte, hätte er nicht glücklicher sein können. In einem Brief an seine Frau schrieb er: »Ich muß zugeben, daß ich durchaus Gefallen an dieser Position finde ... Mit Norton werde ich natürlich wunderbar zusammenarbeiten; er ist wirklich einer der Besten.« Am 19. April schrieb er in einem Brief an ein Mitglied des Everest Committee: »Ich muß Ihnen mitteilen, was Norton in seinen Berichten natürlich nicht erwähnen kann: daß wir mit ihm einen hervorragenden Leiter haben. Er kennt den ganzen *bandobast* [Angriffsplan] aus dem Effeff, hat seine Augen überall, wird von allen akzeptiert, verbreitet eine freundliche Atmosphäre, hat ein offenes Ohr für jedermann, ist ungezwungen und doch voller Autorität – oder vielmehr, er verliert sie nie – und ist von ungeheurem Wagemut.«[8]

Dieser letzte Brief verrät über Mallorys Charakter genauso viel wie über Nortons. Schließlich hatte nur Mallory an allen drei englischen Expeditionen teilgenommen. So hätte er durchaus erwarten können, von Anfang an zum Leiter der Expedition von 1924 ernannt zu werden. Statt dessen hatte Norton den Posten bekommen, und diese Entscheidung beruhte auf guten Gründen. So brillant Mallory als Kletterer auch war, organisatorisch hatte er sich als eine wandelnde Katastrophe erwiesen. Er konzentrierte sich so intensiv auf die vor ihm liegende Bergbesteigung, daß er regelmäßig Ausrüstungsgegenstände vergaß, die nicht gerade unwichtig waren – seine Stiefel oder, in einem seiner letzten Anfälle von Vergeßlichkeit, seinen Kompaß und seine Laterne. Insofern war sein überschwengliches Lob für Norton durchaus ehrlich gemeint: Er erkannte in ihm den besseren Organisator.

Die beiden Männer – Mallory und Norton – hatten Wochen damit verbracht, einen Plan für den Gipfelaufstieg zu entwerfen, wobei sie die verschiedenen Optionen immer wieder diskutiert und verändert hatten. (Norton hatte schon während der vorangegangenen Weihnachtszeit seine ursprüngliche Version an alle Bergsteiger verschickt.) Zu dem Zeitpunkt, als die Expedition den Fuß des Rongbukgletschers erreichte, stand der Plan fest. Norton:

> Die Lager I, II und III mußten aufgeschlagen und ausgerüstet werden; die Route von Lager III zum Nordsattel mußte von einer Seilschaft erkundet werden, denn sie folgt einem steil ansteigenden Gletscher und hatte sich mit Sicherheit seit 1922 verändert. Lager IV mußte aufgeschlagen und mit Vorräten und Sauerstoff sowohl für den Eigenbedarf als auch den Bedarf der Hochlager ausgerüstet werden. Dann waren [Geoffrey] Bruce und [Noel] Odell an der Reihe, eine Gruppe von fünfzehn Trägern zu einem Platz für Lager V auf ungefähr 7770 Metern zu begleiten, das Lager dort vorzubereiten und die für höhere Lager bestimmten Zelte und Vorräte zu deponieren. Somervell und ich sollten von Lager IV aufbrechen, eine Nacht in Lager V und eine weitere in Lager VII (auf ungefähr 8380 Metern) schlafen. Während wir zu diesem Lager aufstiegen, sollten sich Mallory und Irvine von Lager IV zu Lager VI auf rund 8080 Metern begeben, um dort zu schlafen. Angesichts dieses Programms, das unserem gemeinsamen Gipfelangriff am 17. Mai vorangehen sollte, wird jeder verstehen, daß die Zeit drängte.[9]

Es war ein brillanter Plan, aller Mühen wert, die Norton und Mallory wochenlang in ihn investiert hatten. Seine einzige Schwäche bestand darin, daß er weder die Schwierigkeiten des damals unerforschten Nordostgrats noch die Unwägbarkeiten des Wetters berücksichtigte. Kurzum, er war von Anfang an zum Scheitern verurteilt. Wenig hilfreich war auch der Umstand, daß sich der Abt des Rongbukklosters in eine Einsiedlerzelle zurückgezogen hatte, um zu meditieren, und sich daher nicht die Ehre gab, das Unternehmen zu segnen. An seiner Stelle verkündeten die anderen Lamas der Expedition eine nicht gerade erheiternde Botschaft: »Chomolungma, die ehrfurchtgebietende und mächtige Göttinmutter der Erde, wird keinem weißen Mann je erlauben, ihre heiligen Höhen zu erklimmen. Die Dämonen des Schnees werden euch eine fürchterliche Niederlage bereiten.«[10]

Ungeachtet dieser Warnung brachen sie ohne jede weitere Verzögerung auf, wobei sie der Route folgten, die die abgebrochene Expedition von 1922 eingeschlagen hatte – wie im übrigen alle späteren Expeditionen zum Nordsattel, auch die von 1999.

Um die Kräfte der Bergsteiger zu schonen, hatte die Expedition durch Vermittlung des Dzong Pen in Shekar Dzong hundertfünfzig einheimische Träger angeworben, die die Lasten zur Errichtung von Lager I hinaufschaffen sollten, unmittelbar über der Stelle, an der sich das östliche Rongbuktal mit dem Hauptrongbukgletscher vereinigt. Auch die Vorräte für Lager II, weiter oben auf dem Östlichen Rongbukgletscher in etwa 6030 Meter Höhe, sollten von diesen Trägern transportiert werden. Unterstellt waren sie drei Unteroffizieren aus Geoffrey Bruces Gurkha-Regiment, von denen zwei schon an der Expedition von 1922 teilgenommen hatten. Praktisch ohne Probleme wurde diese Arbeit innerhalb weniger Tage abgeschlossen.

MOUNT EVEREST UND DI
Basislager
Lager I
GYACHUNG KANG
Nup La
West Rongbuk Glacier
Far West Rongbuk Glacier
LING TREN NUP
PUMO RI
NEPAL
Route 1924
Alternativroute
Ungewiß (Mallory und Irvine)
SCALE OF MILES
One Inch to One Mile, or 1:63360
Contours are figured in Metres at 100-metre interval
Contours on Glaciers in blue
Glaciers are tinted pale blue.

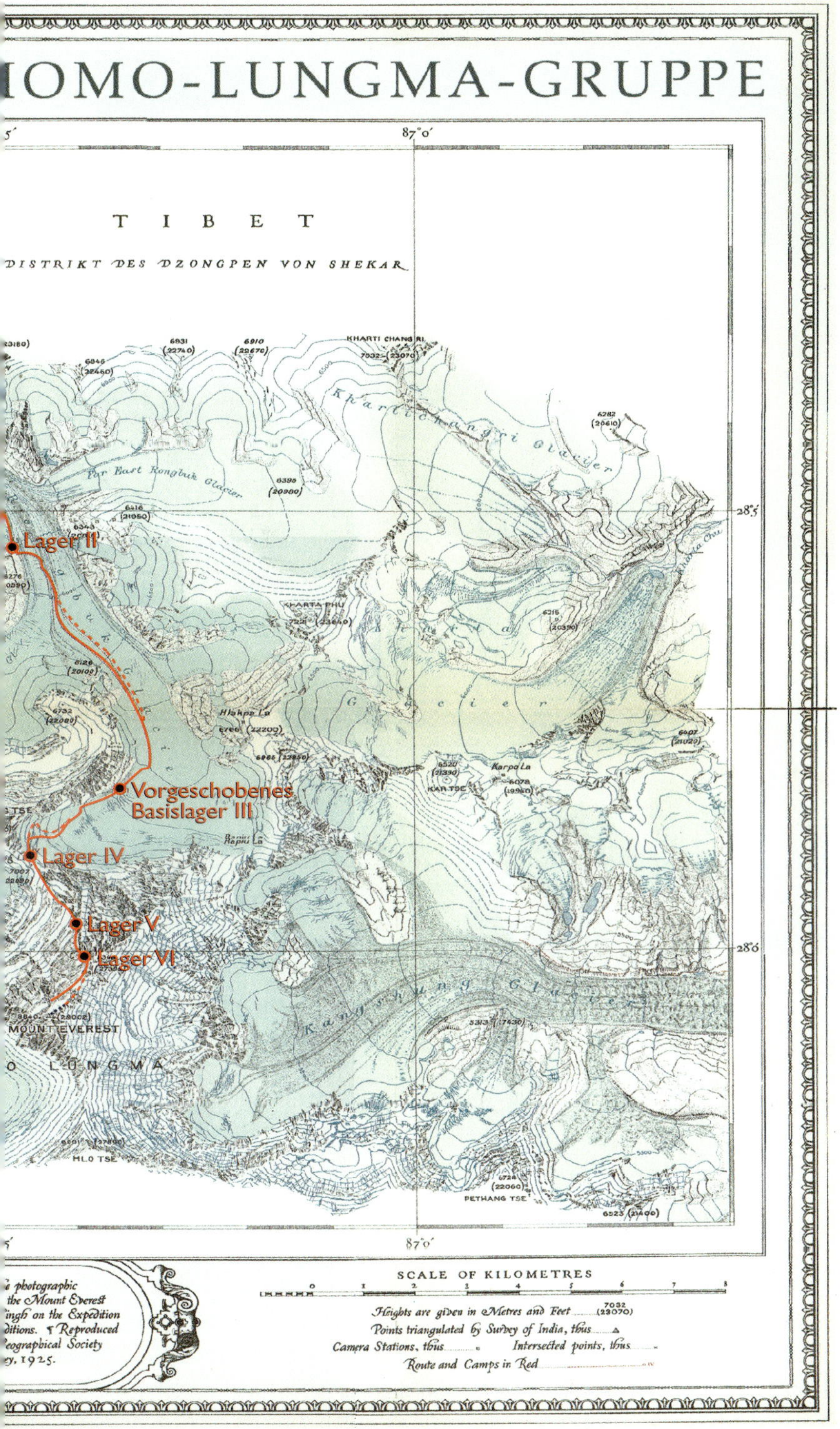

Route der britischen Expedition von 1921: »Gezeichnet von Charles Jacot-Guillarmod nach der photogrammetrischen Vermessung von Major Wheeler, R. E. (indische Landesaufnahme) auf der Mount-Everest-Expedition von 1921 mit Ergänzungen durch den Feldmesser Hari Singh auf der Expedition von 1924 und nach Lichtbildern von allen drei Fahrten. Hergestellt für den Mount-Everest-Ausschuß der Königlich-Geographischen Gesellschaft und des Alpine Club durch das Englische Kartenamt, 1925.«

Lager II auf dem Östlichen Rongbukgletscher, 1924 (*Foto Bentley Beetham; © Royal Geographical Society, London*)

Die nächste Aufgabe fiel den nepalesischen Trägern der Expedition (überwiegend Sherpas) zu: Sie sollten diese Vorräte von Lager II in ein neues Lager III hoch oben auf dem Östlichen Rongbukgletscher schleppen, auf 6400 Meter, unmittelbar über dem »Trog« des Gletschers – eine Aufgabe, die sich als schwierig und gefährlich erweisen sollte. Zwei Gruppen von je zwanzig Trägern waren dafür vorgesehen: Die erste hatte die Aufgabe, die Vorräte in Lager III zu schaffen, und wurde von Mallory und Irvine geführt, die zur Akklimatisierung in

Lager III bleiben und die Sauerstoffgeräte testen sollten. Odell und Hazard begleiteten sie, um eine Route zu Lager IV voranzutreiben. In dieser ersten Gruppe befand sich auch Captain John Noel, der Fotograf. Die zweite Gruppe sollte unter der Führung eines der Gurkha-Unteroffiziere Lager II erklimmen, um von dort aus Vorräte ins Lager III zu transportieren. Eine Reservegruppe von zwölf Trägern blieb im Basislager, »um Ausfälle zu ersetzen«. Die ersten Schwierigkeiten ließen nicht lange auf sich warten.

Die erste Gruppe brach am 3. Mai auf und traf am 5. Mai in Lager III ein. Die zweite verließ das Basislager am 4. Mai, geriet aber oberhalb von Lager II in einen Schneesturm. Mallory stieg von Lager III ab, um sie heraufzuführen, doch die Träger konnten nicht mehr weitergehen. Sie setzten ihre Lasten anderthalb Kilometer unterhalb von Lager III ab und zogen sich ins Lager II zurück. Dadurch blieben die Träger in Lager III zwei Nächte lang ohne ausreichende Verpflegung und Decken, während die Temperatur auf minus dreißig Grad Celsius fiel. Nach und nach schlugen sich diese Träger zum Lager II durch, wo sie unterkühlt und erschöpft eintrafen. Ohne etwas von der sich anbahnenden Krise zu wissen, stiegen Norton, Somervell und Beetham am 6. Mai vom Basislager auf und erreichten Lager II, das bei ihrer Ankunft vollständig mit mutlosen Trägern belegt war, am folgenden Tag.

»Die Träger waren kurz vor dem Umfallen«, berichtete Geoffrey Bruce, der am 8. Mai mit den Reserveträgern eintraf, »und sie hätten zweifellos schlappgemacht, wäre nicht Norton im entscheidenden Moment dagewesen, um sie auf den Beinen zu halten und ihnen neuen Mut einzuflößen.« Um die geschwächten Träger wieder zu kräftigen, blieb Norton nichts anderes übrig, als die Lebensmittel, Zelte und anderen Vorräte für die höheren Lager anzubrechen. »Zum Glück für uns alle«, fügte Bruce hinzu, »war er einer jener wirklich großen Führer, die durch das Vorbild der eigenen Entschlußkraft und Beherztheit ihre Gefährten und Schutzbefohlenen dazu anregen, ihrem Beispiel nachzueifern.«[11] Norton gönnte der Gruppe die dringend erforderliche Ruhe und sammelte die stärksten Träger um sich, um die zurückgelassenen Vorräte die letzten anderthalb Kilometer bis zu Lager III schaffen zu lassen.

Doch auf dem Weg dorthin gerieten sie in einen weiteren Schneesturm, der viel schlimmer war als der erste und die ganze Gruppe zwei entsetzlich kalte Tage lang in Lager III festhielt. Als der dritte Morgen des zweiten Sturms graute, stieg Mallory ins Lager II ab, um Norton Bericht zu erstatten. »Er hatte schreckliche Dinge [von Lager III] zu berichten. Alle Aktivitäten waren dort zum Erliegen gekommen. Die Männer waren völlig erschöpft – unfähig, noch irgendwelche Arbeit zu verrichten. Wenn die Wolken einmal einen Blick auf den Berg darüber freigaben, dann bliesen von ihm wütend fauchende Schwaden von Nebel und Schnee herab. Der Sturm fegte mit wahnsinnigen hundertfünfzig Stundenkilometern über die Grate und wirbelte den Schnee Hunderte von Metern in die Luft. Odell und Hazard hatten sich an der Eiswand des Nordsattels versucht, waren aber nicht weitergekommen und hatten Seile und Haken in der Wand gelassen, bevor sie umgekehrt waren.«[12]

Norton ordnete einen allgemeinen Rückzug ins Basislager an. Ihm blieb keine andere Wahl; zwei Träger und einer der Gurkha-Soldaten waren verletzt oder krank (zwei starben später). Damit war das System zur Einrichtung und Versorgung der Hochlager, das er und Mallory sich ausgedacht hatten, zusammengebrochen, und selbst wenn dies nicht der Fall gewesen wäre, so waren weder die Träger noch die Expeditionsmitglieder gerüstet, um ein so entsetzliches Wetter zu überleben. Die Träger hatten kaum mehr als die Kleidung, die sie auf dem Leib trugen, und Decken, die von der Expedition gestellt wurden. Die Expeditionsmitglieder, die lediglich fünfzig Pfund für ihre persönliche »Ausstattung« erhalten hatten, waren kaum besser dran. Sie hatten sich in eine der lebensfeindlichsten Umwelten der Erde mit einer Bekleidung vorgewagt, die nur als beklagenswert unzulänglich bezeichnet werden kann.

»Ich persönlich«, schrieb Norton, »trug Unterhemd und Unterhose aus dicker Wolle, ein Flanellhemd und zwei Pullover unter einem leichten Knickerbockeranzug aus winddichtem Gabardine [eine Art Segeltuch], wobei die Hose mit leichtem Flanell gefüttert war, ein Paar weiche elastische Putties [Gamaschen, die wie eine Bandage vom Knöchel bis zum Knie ums Bein gewickelt wurden] aus Kaschmirwolle, ein Paar Stiefel mit Filzfutter und Ledersohlen, die mit den für Bergschuhe üblichen Nägeln beschlagen waren. Über allem trug ich einen sehr leichten ›Pyjama‹ aus winddichtem ›Shackleton‹-Gabardine von Messrs Burberry's. An den Händen trug ich lange, fingerlose Handschuhe aus Wolle, darüber ein ähnliches Paar aus Gabardine ... Auf dem Kopf trug ich einen fellgefütterten Motorradhelm aus Leder, während Augen und Nase von einer Schneebrille aus Crooker's-Glas geschützt wurden, eingenäht in eine Ledermaske, welche bis weit über die Nase hinabreichte und somit jeden Teil meines Gesichts bedeckte, der nicht von meinem Bart geschützt wurde. Vervollständigt wurde meine Kleidung durch einen riesigen Wollschal.«[13] In den Lagern liefen die Bergsteiger in einem abenteuerlichen Aufzug aus alten Tweedhosen, Norfolkjacken, Hemden, Pullovern, sogar Shorts und dicken Kniestrümpfen aus Wolle umher. Die Historikerin Audrey Salkeld berichtet: »Als George Bernard Shaw Bilder von einer der ersten Everest-Expeditionen sah, war er verblüfft: Sie habe, so sagte er, wie eine Picknickgesellschaft in Connemara ausgesehen, die von einem Schneesturm überrascht worden sei.«[14]

Der Rückzug ins Basislager war kein Picknick und das Warten auf besseres Wetter die reine Qual für Mallory. Noel erinnerte sich später: »Er wirkte sehr unruhig und war unablässig am Planen und Rechnen. Offenkundig litt er unter diesem Rückschlag mehr als wir anderen. Er war sehr reizbar.«[15] Typischerweise schwankte seine Stimmung auch ständig zwischen größter Zuversicht und tiefsten Zweifeln. Während der Expedition von 1922 hatte er einem Freund einen Brief geschrieben, in dem Verzweiflung und Hoffnung gleichermaßen zum Ausdruck kommen: »... das ist ein teuflischer Berg, kalt und heimtückisch. Ehrlich gesagt, die Chancen stehen nicht allzu gut: Das Risiko, daß es einen erwischt, ist zu groß; die Kraftreserven von Männern, die sich in solcher Höhe aufhalten, sind zu klein ... Und dann, bei geeignetem Wetter, sind die Aussichten gut, den Gipfel zu erreichen ...«[16] Die gleichen extrem gegensätzlichen Empfindungen fanden sich jetzt in einem Brief an seine Frau: »Mein liebes Mädchen, das war alles in allem keine gute Zeit. Hinter mir liegen unsägliche Mühe und Erschöpfung und Niedergeschlagenheit, und wenn ich zum Zelt hinaussehe, blicke ich in eine Welt aus Schnee und schwindenden Hoffnungen. Und doch, und doch, und doch ... «[17] Die Zeit lief ihm davon, aber die Hoffnung hatte ihn offenbar noch nicht verlassen.

Auch Norton machte sich Sorgen um die Zeit. Ihn ließ die Angst vor dem bevorstehenden Monsun nicht los. Während der Expedition von 1922 hatte er am 1. Juni eingesetzt; er hatte den Berg unter seinen Schneemassen begraben und letztlich auch jene Lawine verursacht, der sieben Träger zum Opfer gefallen waren und die beinahe auch Mallory und Somervell in die Tiefe gerissen hätte. Nortons neue Strategie war denkbar einfach: »Wir müssen unter allen Umständen das Lager auf dem Nordsattel aufschlagen. Eine kurze Schönwetterperiode vor dem Eintreffen des Monsuns könnte uns dann gerade genug Zeit für einen ernsthaften Gipfelversuch geben.«[18]

Am 17. Mai, nachdem die Expedition doch noch den Segen des heiligen Lamas von Rongbuk empfangen hatte, klarte das Wetter auf. Die Expeditionsmitglieder und Träger waren zu neuen Taten bereit. Als Datum für den Gipfelversuch hatte man jetzt den 29. bestimmt – passenderweise der Himmelfahrtstag. Am 19. erreichten sie Lager III und schickten sich an, endlich auf den Nordsattel zu gelangen.

Am 20. Mai führte Mallory Norton, Odell und einen der Sherpas auf einer direkten Linie die Eiswand des Sattels empor, wobei sie den Lawinenhang von 1922 vermieden. Er hatte auf diesem neuen Anstieg einen engen »Eiskamin« gefunden, der einen beträchtlichen Höhengewinn brachte. Norton hat später Mallorys Leistung beschrieben: »Wenn Mallory sich einem schwierigen Kletterhindernis gegenübersah, verhielt er sich stets auf die gleiche charakteristische Weise: Man konnte förmlich sehen, daß sich seine Nerven wie Violinsaiten anspannten ... Er übernahm die Führung, als es die Wand und den Kamin hinaufging, wobei er umsichtig, geschickt und auf jene wunderbare Weise kletterte, die seinen unverwechselbaren Stil ausmachte.«[19]

Sie traten Stufen in den Schnee oder schlugen sie mit den Pickeln ins Eis, sie umgingen Spalten und bemühten sich, eine Route zu finden, auf der ihnen später die mit Lasten beladenen Träger sicher folgen konnten. Als sie fast oben waren, gelangten sie an ein lawinengefährdetes Steilstück und hielten inne, um einen Quergang zu erwägen. Mallory beschloß, den Hang soweit wie möglich direkt anzugehen und erst dann zur anderen Seite zu queren, was ihm gelang, während ihn Norton und Odell sicherten. Um halb drei nachmittags erreichten sie direkt unterhalb des Sattels ein Band, das wie schon 1922 als Lagerplatz dienen sollte. Mallory und Odell stiegen weiter hinauf, um nach einer Route zur Paßhöhe zu suchen, während Norton Seile auf einem Teil der Route fixierte, die sie gerade zurückgelegt hatten.

Alle Mitglieder der Seilschaft kehrten um halb sieben ins Lager III zurück. Allerdings wäre es, von den anderen unbe-

Der Eiskamin am Nordsattel, 1924, mit der von Sandy Irvine konstruierten Strickleiter (© *John Noel Photographic Collection*)

merkt, auf dem Weg nach unten für den nicht angeseilten Mallory fast zu einem tödlichen Sturz in eine Gletscherspalte gekommen: »Der Schnee gab nach, und ich fiel in einer Wolke von Schnee, glücklicherweise nur etwa drei Meter tief. Halb blind und außer Atem fand ich mich in einer höchst heiklen Lage wieder, nur an meinem Eispickel hängend, der sich in der Spalte irgendwie quergestellt hatte und den ich noch immer mit der rechten Hand umklammert hielt – und unter mir dieses höchst unerfreuliche schwarze Loch.« Als niemand auf seine Hilferufe antwortete, verspreizte er seinen Körper in der Spalte und grub sich dann auf ihrer schräg nach oben führenden Wand einen Weg nach oben. »Soviel zu diesem Tag«, notierte er später nüchtern.[20]

Am folgenden Tag erklommen Somervell, Irvine, Hazard und zwölf Träger die Wand des Sattels mit Zelten und Vorräten für Lager IV. Fast in dem Augenblick, als sie den Fuß des Sattels erreichten, begann es zu schneien. Trotzdem nahmen sie den Anstieg in Angriff. Irvine, der Jüngste und Kräftigste des Teams, hievte die Lasten einzeln durch den Kamin. Er und Somervell ließen Hazard und die Träger das letzte Stück bis Lager IV auf dem Band unterhalb des Nordsattels allein klettern und stiegen durch den immer schlimmer wütenden Sturm ab. Es schneite die ganze Nacht hindurch bis um drei Uhr nachmittags. Unfähig, sich von der Stelle zu rühren, blieben Hazard und die Träger noch eine zweite Nacht auf dem Sattel, in der das Thermometer einen Kälterekord von einunddreißig Grad Celsius unter Null anzeigte.

Am Morgen des 23. klarte das Wetter auf, woraufhin Odell und Bruce aufbrachen, um zu Hazard aufzusteigen und die Route oberhalb von Lager IV voranzutreiben. Doch der Schnee war zu tief für einen Versuch, den Sattel zu erreichen. Später traf zu ihrem Erstaunen Hazard in Lager III ein, allerdings hatte er nur acht seiner zwölf Träger bei sich. Sie hatten sich gezwungen gesehen, Lager IV zu verlassen, doch auf der Paßhöhe hatte vier der Träger der Mut verlassen – sie hatten den Abstieg nicht gewagt.

Im stillen verärgert über Hazards mangelnde Führungsqualität, hatte Norton nun eine Rettungsaktion anstelle eines Gipfelversuchs vor sich: »Es bestand kein Zweifel daran, daß sie gerettet werden mußten ... Ebenso klar war, daß sich uns jeglicher Versuch, den Berg zu besteigen, im Augenblick verbot ... Wir waren im Begriff, drei der vier Bergsteiger, die für den ersten [Gipfel-] Versuch eingeteilt waren, einer voraussichtlich harten Belastungsprobe zu unterziehen, was unsere Erfolgsaussichten weiter verringern würde ... Aber im Augenblick waren diese Überlegungen nur nebensächlich; alles, was jetzt zählte, war, die Männer lebend herunterzubringen.«[21] Und das gelang, obwohl es einer heroischen Anstrengung von Somervell bedurfte, die letzten beiden zu retten, nachdem diese einen steilen Hang bis an den äußersten Rand des Verderbens hinabgerutscht waren. Alle überstanden den Abstieg unversehrt. »Dankbar kehrten wir alle am folgenden Morgen Lager III den Rücken, geleiteten einen erbärmlichen Konvoi der Lahmen und Blinden hinab und erreichten Lager II in beißendem Nordwestwind und erneut einsetzendem Schneefall.«[22]

Ein weiterer Rückzug, ein weiterer Plan. Nach einer längeren Debatte in Lager I kam das Team überein, zwei schnelle, improvisierte Gipfelversuche zu starten, sobald das Wetter sich besserte. An jedem sollten zwei Bergsteiger beteiligt sein – zunächst Mallory und Bruce, dann Norton und Somervell. Da sich die Zahl der Träger stark vermindert hatte, standen nicht mehr genügend zur Verfügung, um Sauerstoffflaschen zu tragen. Daher beschlossen die Bergsteiger, auf Sauerstoffgeräte zu verzichten. Falls Irvine über diese Entscheidung entsetzt war – immerhin bastelte er seit Wochen an den Geräten herum –, so ließ er sich jedenfalls nichts anmerken. Mallory hingegen war enttäuscht. Wenn er sich auch erst spät zum zusätzlichen Sauerstoff hatte bekehren lassen, so wußte er jetzt doch instinktiv, daß dieser Versuch – zweifellos sein letzter – nur mit Sauerstoff gelingen konnte. Trotzdem stimmte er dem Plan zu.

Geoffrey Bruce (© *John Noel Photographic Collection*)

Das Wetter wurde tatsächlich besser, und nach einer Ruhepause von einigen Tagen trafen die Seilschaften, die fünfzehn zähesten Träger (die jetzt den Spitznamen »Tiger« erhalten hatten) sowie Odell und Irvine, die die anderen unterstützen sollten, erneut in Lager III ein. Irvine hatte während seiner »Ruhepause« eine Strickleiter geknüpft, deren Sprossen aus hölzernen Zeltpflöcken bestanden. Mit ihrer Hilfe sollten die Träger den Kamin des Nordsattels schneller bewältigen. Am 31. Mai um neun Uhr morgens, endlich bei idealem Wetter, brachen Mallory und Bruce mit neun Trägern von Lager III auf.[23] Odell und Irvine stießen später in Lager IV zu ihnen; Norton und Somervell sollten am folgenden Tag eintreffen. Am 1. Juni stiegen Mallory und Bruce mit acht Trägern schließlich den langen Nordgrat in Richtung Nordostschulter des Everest empor – die Route zum Gipfel.

Das Wetter war klar, doch sobald sie die schützenden Eistürme über dem Lager hinter sich gelassen, den Gipfel des Sattels erreicht und mit dem Aufstieg begonnen hatten, wurde die kleine Gruppe von dem wütenden und fast ununterbrochenen Sturm gepeitscht, der von Westen über den Nordgrat heult. »Ein Vorwärtskommen am Nordgrat des Everest spottet jeder Beschreibung«, schrieb Norton später. »Es ist ein Kampf gegen den Wind und die Höhe, meist auf Fels, gelegentlich auf Schnee, bei einer durchschnittlichen Neigung von fünfundvierzig Grad [*sic*].«[24] Trotzdem kämpften sie sich weiter nach oben, bis schließlich auf etwa 7600 Metern die Hälfte der Träger aufgab. Mallory, Bruce und vier der Tiger schafften es bis zum vorgesehenen Platz für Lager V auf 7710 Metern. Bruce und einer der Träger verbrachten den Rest des späten Nachmittags damit, die zurückgelassenen Lasten nach oben zu schleppen, während Mallory die Plattformen für die Zelte herrichtete. Sie waren bereit.

Doch als Norton, Somervell und ihre Träger am folgenden Morgen den Aufstieg zu Lager V begannen, begegnete ihnen ein absteigender Träger mit einer ärgerlichen Nachricht von Mallory: »Das Spiel ist aus – der Wind hat unseren Trägern gestern den Schneid abgekauft, und heute will keiner mehr höher steigen.«[25] Zwei der Träger waren krank, und zudem hatte Bruce beim Hochschleppen der Lasten sein Herz überanstrengt. Es blieb ihnen nichts anderes übrig, als wieder abzusteigen. In dem schneidenden Wind wechselten die beiden Gruppen kaum ein paar Worte, als sie sich etwas später begegneten. Somervell schreibt: »Es war eine bittere Enttäuschung, und für sie war es sicherlich schlimmer als für uns. Damit war wieder ein Angriff auf den Everest gescheitert, und es war gut möglich, daß Norton und ich nun die einzige Chance der Expedition für eine Gipfelbesteigung bekamen.«[26]

Zwei Tage später hätten sie es um Haaresbreite geschafft. Nach einer »ruhigen Nacht« in Lager V stiegen Norton, Somervell und drei ihrer Träger den Nordgrat weiter hinauf und querten vom Ostrand des Grats zum »Gelben Band«, der zweihundert Meter mächtigen Schicht aus gestreiftem, goldfarbenem Kalkstein unterhalb des Nordostgrats. Doch am späten Nachmittag konnten die Träger (von denen einer verletzt war) abermals nicht mehr weiter. Daher wurde Lager VI auf 8230 Metern aufgeschlagen – nicht so hoch wie beabsichtigt, aber doch das höchste in der Geschichte der Everest-Besteigung.[27]

Am Gipfeltag kletterten Norton und Somervell zum Gelben Band empor und begannen eine lange, schräg ansteigende Traverse an seiner Front entlang nach rechts, etwa hundertfünfzig bis hundertachtzig Meter unter dem Kamm des Nordostgrats.[28] »Das war eine Linie, die Somervell und ich seit jeher favorisierten«, schrieb Norton, »wir zogen sie dem eigentlichen Grat vor, für den Mallory plädierte.«[29] Mochte Somervell sie auch bevorzugt haben, leicht war sie nicht. Die Nordflanke des Everest besteht hier aus einer endlosen Reihe von unebenen Felsplatten, die jäh in einem Winkel von ungefähr fünfundvierzig Grad abfallen. Es gibt relativ wenig Schnee, da er größtenteils von dem ständigen Wind fortgeweht wird, aber die Platten sind vielfach mit Geröll bedeckt, das jeden Schritt unsicher erscheinen läßt. Außerdem bleibt nur noch wenig Luft zum Atmen. »Der phantasievolle Leser«, schrieb Somervell, »darf sich nicht zwei rüstige Burschen vorstellen, die mutig den Anstrengungen trotzen, sondern muß an zwei hinfällige Gestalten denken, die sich langsam und nach Atem ringend emporquälen, häufig Pausen einlegen und dabei ständig keuchen, pusten und husten.«[30]

Vor allem Somervell quälte sich. Die kalte, trockene Luft des Everest hatte die Schleimhaut seiner Kehle buchstäblich zerstört, so daß er jetzt fast ununterbrochen hustete. Inzwischen fiel ihm das Atmen unbeschreiblich schwer. Auf 8530 Metern mußte Somervell aufgeben.

Was dann geschah, hat Norton beschrieben:

> Ich ließ ihn unter einem Felsen direkt unter dem obersten Rand des Sandsteinbandes zurück und ging weiter. Dabei folgte ich genau der Oberkante des Bandes, die in einem leichten Anstieg in und über die große Rinne [Großer Couloir, ein riesiger senkrechter Einschnitt in der Nordflanke] führte; doch um letztere zu erreichen, mußte ich zwei ausgeprägte Felsrippen umgehen, die die Bergflanke hinabliefen ... Etwa von der Stelle, wo ich auf diese Felsrippen traf, wurde das Vorwärtskommen erheblich schwieriger. Unter mir fiel der Hang sehr steil ab. Das Band, auf dem ich entlangquerte, verschmälerte sich bis auf wenige Zentimeter, und als ich mich dem Windschatten der großen Rinne näherte, lag dort eine Menge Pulverschnee, der die abschüssigen Tritte verdeckte. Die ganze Flanke des Bergs bestand aus Felsplatten, die wie Dachziegel übereinandergeschichtet waren und auch etwa die gleiche Neigung hatten. Zweimal mußte ich umkehren und einem anderen Schichtband folgen. Die Rinne selbst war mit Pulverschnee gefüllt, in dem ich bis zum Knie oder sogar bis zu den Hüften versank, der aber andererseits nicht fest ge-

nug war, um mich zu tragen, falls ich abrutschen sollte. Jenseits der Rinne wurde das Vorwärtskommen immer schwieriger. Ich balancierte von einem Dachziegel zum nächsten, jeder davon glatt und abschüssig. So fühlte ich mich zusehends, als würde mein Leben nur noch von der Reibung eines einzigen Schuhnagels auf den Platten abhängen. Es war nicht direkt schwieriges Gelände, aber doch ein gefährlicher Ort für einen

Norton auf 8530 Metern bei der Querung zum Großen Couloir; Zweite Stufe oben links, Gipfel im Hintergrund
(Foto T. H. Somervell; © Royal Geographical Society, London/Abdruck mit freundlicher Genehmigung des Mountain Camera Archive)

nicht angeseilten Alleingänger, denn ein Fehltritt hätte für mich wahrscheinlich den Sturz bis zum Fuß des Berges bedeutet. Die Anstrengung solch vorsichtigen Kletterns wurde spürbar, und meine Kräfte ließen nach. Zudem verschlimmerten sich meine Augenprobleme und wurden nun zu einer schweren Beeinträchtigung ... Inzwischen war es ein Uhr mittags, und eine kurze Rechnung machte mir klar, daß ich keine Chance hatte, die noch verbleibenden 240 bis 270 Höhenmeter zu überwinden, wollte ich lebend zurückkehren ... In einer Stunde hatte ich nur ein kleines Stück geschafft – wahrscheinlich keine dreißig Höhenmeter und vielleicht 270 Meter Wegstrecke.[31]

Selbst ohne die Sehbehinderung hätte ihn bei einem Höhengewinn von dreißig Metern pro Stunde die Dunkelheit noch vor Erreichen des Gipfels überrascht, und er war weder auf einen Abstieg bei Nacht noch auf ein Biwak vorbereitet. Dazu schrieb Somervell: »Wir waren stets bereit gewesen, unser Leben zu riskieren, hielten aber nichts davon, es wegzuwerfen. Deshalb beschlossen wir, abzusteigen und uns einzugestehen, daß wir in einem fairen Kampf geschlagen worden waren ... Irgendwie waren wir ziemlich zufrieden, es dabei zu belassen, und machten uns fast mit einem Gefühl der Erleichterung auf den Weg nach unten – unsere schlimmsten Prüfungen hatten wir hinter uns.«[32] Und so tasteten sich die beiden vorsichtig den Weg zurück, den sie gekommen waren. Unterwegs entglitt Somervells Eispickel seinen gefühllosen Fingern und schlitterte die ganze Nordflanke hinunter, bis er aus dem Gesichtsfeld verschwand – ein Beweis dafür, wie abschüssig der Hang wirklich war. In Lager VI machten die beiden kurz Halt und nahmen ein Zeltstangensegment mit, das Somervell als Ersatz für den verlorenen Eispickel benutzte.

An diesem Punkt ihres Abstiegs zum Nordsattel – Norton ging vorneweg – wäre Somervell beinahe ums Leben gekommen. Von einem neuerlichen Hustenanfall geschüttelt, blockierte plötzlich etwas seine Atemwege. Er bekam keine Luft mehr. Er konnte nicht rufen. Er setzte sich nieder, um zu sterben. In einem letzten verzweifelten Versuch »preßte ich meine Brust mit beiden Händen, nahm noch einmal meine ganze Kraft zusammen – und die Verstopfung löste sich ... trotz heftiger Schmerzen war ich ein neuer Mensch.«[33] Er hatte die vertrocknete Schleimhaut seiner Luftröhre ausgehustet.

Beide Gipfelversuche waren gescheitert, und für Norton war die Everest-Expedition 1924 vorbei. Doch unten auf dem Nordsattel hatte Mallory andere Pläne. Während Norton und Somervell mit dem Berg gekämpft hatten, war Mallory mit Bruce, Irvine und einigen Trägern aus Lager IV zum Lager III abgestiegen, hatte die Sauerstoffgeräte und -flaschen geholt und sie auf den Nordsattel geschafft. Als Norton und Somervell abends zurückkamen, eröffnete er ihnen seinen Plan: Er und Irvine würden zu Lager V

Theodore Howard Somervell
(© *John Noel Photographic Collection*)

aufsteigen, und Odell sollte ihnen einen Tag später zu ihrer Unterstützung folgen. Die Nacht wollten sie dann in Lager VI verbringen, darauf bedacht, auf dem Weg dorthin möglichst wenig Sauerstoff zu verbrauchen. Anschließend würden sie den Gipfel angehen – und zwar mit Sauerstoff.

»Ich war vollkommen einverstanden mit seiner Entscheidung«, berichtet Norton, »und voller Bewunderung für den unbeugsamen Willen dieses Mannes, der trotz der vorherigen ungeheuren Strapazen entschlossen war, sich nicht geschlagen zu geben, solange noch die geringste Aussicht auf Erfolg bestand. Und ich muß zugeben, angesichts seiner Kraft und Nervenstärke schien er der Aufgabe weiterhin völlig gewachsen zu sein.«[34]

Allerdings hielt er Mallorys Entschluß, Irvine mitzunehmen, für weniger klug. Odell war in guter Verfassung, hervorragend akklimatisiert, ein erfahrener Bergsteiger und das Expeditionsmitglied, das für die Sauerstoffgeräte verantwortlich war. Norton glaubte, Odell wäre ein geeigneterer Begleiter für Mallory. Irvine litt wie die meisten Teammitglieder unter hartnäckigen Halsbeschwerden, seine helle Haut war von der Sonne so verbrannt, daß sein Gesicht ihm Höllenqualen bereitete. Und er besaß natürlich weit weniger Erfahrung als Odell. Um seine Entscheidung für Irvine zu rechtfertigen, erklärte Mallory, es sei Irvine und nicht Odell gewesen, der mit seinem technischen Geschick die Sauerstoffgeräte verbessert und für ihre Funktionsfähigkeit gesorgt hätte. Aber es war klar, daß Mallory eine enge Freundschaft mit dem jungen Mann geknüpft hatte; ihr Verhältnis war wohl wie das zwischen Mentor und Schüler, und Mallory wollte ausdrücklich bei seinem letzten Versuch Irvine als Kletterpartner bei sich haben. Davon war er nicht abzubringen, und Norton versuchte es gar nicht erst. Außerdem hatte er wenige Stunden später ganz andere Sorgen: Er war vollkommen erblindet. Zwar wußte er, daß die Schneeblindheit vorübergehen würde, aber die Schmerzen waren unerträglich.

Am folgenden Tag, als das Expeditionsteam versuchte, Norton Erleichterung zu verschaffen, indem es sein Zelt verdunkelte, bemerkte Odell, daß Mallory, während er sich auf den letzten Gipfelversuch der Expedition am folgenden Tag vorbereitete, unter ungeheurer innerer Anspannung stand: »Welcher Mann, der den Kampfesmut von Mallory besaß oder sich mit einer solchen Besessenheit der Verwirklichung seines höchsten Ziels verschrieben hatte, hätte anders als mit höchster Ungeduld der größten Herausforderung seines Lebens – nein, einer ganzen Generation von Bergsteigern – entgegenfiebern können?«[35] Am 6. Juni um halb acht in der Frühe brachen sie auf, mit kaum mehr bewaffnet als ihren Sauerstoffgeräten.

»Das war der historische Höhepunkt unseres Abenteuers«, schrieb der offizielle Expeditionsberichterstatter, der Fotograf und Abenteurer John Noel. »Denn Mallory und Irvine entschwanden auf immer unseren Blicken. Immer höher hinauf gingen sie, dem blauen Himmel entgegen, höher und höher – höher, als je ein Mensch gekommen war. Odell erhaschte noch einen flüchtigen Blick von ihnen, hundertachtzig Meter [*sic*] unterhalb des Gipfels, und immer noch auf dem Weg nach oben. Dann sah er nichts mehr. Was weiter geschah, weiß niemand. Sie kamen nicht zurück.«[36] (Vgl. »Zwei winzige Punkte – Was zeigt Captain Noels Film tatsächlich?«, Anhang 1.)

W.F.PAINE
72 HIGH STREET
GODALMING.
G. Mallory
G.LEIGH-MA

KAPITEL 6

Der »englische Tote«

*Ein letztes Mal gehen wir den Rongbukgletscher hinauf,
und diesmal heißt es Sieg oder endgültige Niederlage.*
George Mallory

Am 1. Mai 1999 um 11 Uhr 45 meldete sich knisternd das Funkgerät in Dave Hahns Jackentasche: »Als ich mich zum letztenmal mit Nagelschuhen an einem Felsblock versucht habe, bin ich runtergefallen«, tönte es durch das Rauschen. Schon den ganzen Morgen, während er sich auf knapp 8200 Metern befand, hatte er unsinnige Handy-Nachrichten empfangen, die wer weiß wo von der Ionosphäre reflektiert wurden. Das Funkgerät quasselte in einer Tour, daher achtete er längst nicht mehr darauf und stieg weiter. Es brauchte eh seine ganze Konzentration, um sicheren Halt zu finden. Einen Augenblick später schon wieder eine verstümmelte Nachricht: »Warum kommt ... nicht runter ... Tee und Snickers?« Diesmal horchte er auf. War das nicht Conrads Stimme? Er blickte über die abschüssige Steinwüste, durch die er sich seinen Weg gebahnt hatte, und sah, daß Tap Richards ihm zuwinkte und auf Conrad Anker deutete, weit unten auf dem Fels- und Schneehang der Everest-Nordflanke. Dann folgte eine weitere Nachricht, diesmal unmißverständlich: »Obligatorisches Gruppentreffen!«

Gut dreitausend Höhenmeter tiefer und fast zwanzig Kilometer entfernt verfolgte Jochen Hemmleb im Basislager die gleichen merkwürdigen Nachrichten, allerdings mit weit größerem Interesse. In seinem stark vergrößernden Teleskop konnte er sehen, wie fünf Bergsteiger aus verschiedenen Ecken einer weitläufigen Verflachung der Nordflanke – der sogenannten »Schneeterrasse« – aufeinander zustrebten, bis sie sich an einem Punkt nahe dem unteren Rand trafen. Dann verstummte das Funkgerät. Es war der 1. Mai, in vielen Ländern der Tag der Arbeit. Für die Arbeiter auf dem Everest war es ein ganz normaler Arbeitstag – allerdings einer, der Grund zum Feiern geben sollte.

Das Problem war immer der Eispickel gewesen. Fast zehn Jahre lang, nachdem Noel Odell Mallory und Irvine beobachtet hatte, wie sie im Nebel verschwunden waren, gab es nicht den geringsten Anhaltspunkt, was mit ihnen geschehen sein konnte. Am 30. Mai 1933 fand dann der Bergsteiger Percy Wyn-Harris während der nächsten britischen Everest-Expedition hoch oben am Nordostgrat auf 8460 Meter Höhe einen Eispickel. Er lag etwa zweihundertdreißig Meter östlich jener ausgeprägten Felsformation, die als Erste Stufe bezeichnet wird, und zwanzig Meter unterhalb der Gratschneide.

Somervell hatte 1924 seinen Eispickel beim Abstieg auf dem Gelben Band verloren. Doch das Gelbe Band liegt unterhalb der Stelle, an der der Eispickel gefunden wurde, so daß es sich nicht um Somervells handeln konnte. Da zwischen 1924 und 1933 keine weitere Expedition am Berg gewesen war, mußte der Eispickel also von Mallory oder Irvine stammen. Sofort nahm alle Welt an, einer von ihnen oder beide seien von dieser Stelle zu Tode gestürzt.

Auf seinem Schaft entdeckte man zwei Markierungen: ein kleines Kreuz, das Wyn-Harris' Diener Kusang Pugla eingeritzt hatte (um den Pickel von anderen der Expedition von 1933 zu unterscheiden), und drei mit Tinte nachgezogene Kerben, die Odell auffielen, als er das Fundstück 1934 untersuchte. Doch erst 1962 fand ein Bruder Irvines einen alten Offiziersstock von Andrew, der eine identische Markierung aufwies. Folglich handelte es sich um Irvines Eispickel. Wenn man also Irvines sterbliche Überreste finden wollte, so die allgemeine Überzeugung, dann mußte man auf der Schneeterrasse suchen, die einige hundert Meter unter dem Fundort des Eispickels liegt.[1]

Doch Jochen Hemmleb war anderer Auffassung. Die Annahme, Irvine – und möglicherweise auch Mallory – sei an der Stelle abgestürzt, wo der Eispickel entdeckt worden war, erschien ihm nicht plausibel: »Russell Brice hat mir erzählt, der Grat sei an dieser Stelle ziemlich breit. Das ist einfach kein Ort, an dem man abstürzt. Hinzu kommt, daß sich unterhalb des Grats mehrere Bänder befinden, die den Sturz in dem unwahrscheinlichen Fall, daß er sich doch ereignete, sicher aufhalten würden.« Und es gab noch einen Aspekt, der ihn störte: Der Eispickel hatte flach auf einer leicht geneigten Felsplatte gelegen. Er war durch nichts gehalten worden oder irgendwie verkeilt gewesen. Auch war er völlig unbeschädigt. »Es spricht viel mehr dafür, daß er absichtlich niedergelegt wurde, als daß er bei einem Unfall dorthin gerutscht ist«, betont Hemmleb. Fünfundsechzig Jahre zuvor war Odell einer ganz ähnlichen Meinung gewesen: »Ich halte es für sehr gut möglich, daß einer von ihnen – vermutlich Irvine, der es weniger als Mallory gewöhnt war, bei Felskletterei einen Eispickel zu tragen – während des Aufstiegs beschlossen hat, seinen Pickel auf dem Grat zurückzulassen, um ihn beim Abstieg wieder mitzunehmen, besonders wenn man bedenkt, daß unter den damals herrschenden Bedingungen die Route nahezu ausschließlich über Fels führte.«[2]

Der 1933 entdeckte Eispickel und Irvines Offiziersstock. Das Bild zeigt auch die Kennzeichnung durch drei Kerben. (© *The Sandy Irvine Trust*)

Blick nach Norden vom Fuß der Ersten Stufe, 1933. Der Eispickel wurde am Rand des Geröllfeldes rechts vorn gefunden.
(Foto Lawrence Wager; © Royal Geographical Society, London)

Als sich Hemmleb in die Geschichte jener Expeditionen vertiefte, die den Aufstieg über die Nordseite versucht hatten, wurde ihm bewußt, daß es einen einzigen eindeutigen Hinweis auf den Verbleib von Mallory und Irvine selbst gab: die Aussage des chinesischen Bergsteigers Wang Hongbao, er habe während der chinesischen Expedition von 1975 bei einem, wie er erklärte, kurzen Spaziergang in der Umgebung von Camp VI einen Leichnam gefunden, den er nachdrücklich als »englisch, englisch!« beschrieb.

Wang hatte zu einer Gruppe von Bergsteigern gehört, die nach ihrem am 4. Mai 1975 zwischen Lager VI und Lager VII verschollenen Gefährten Wu Zongyueh suchten. Am Tag nach Wus Verschwinden hatte sich Wang mit Zhang Junyan, einem anderen Bergsteiger, in Lager VI aufgehalten, wo sie auf die Ankunft eines weiteren Bergsteigers warteten, und beschlossen, einen kurzen Spaziergang zu unternehmen. Als er zwanzig Minuten später zurückgekehrt war, hatte er Zhang (und später anderen) erzählt, er sei auf den Körper eines ausländischen Bergsteigers gestoßen.[3] Erst 1979, als Wang an einer chinesisch-japanischen Expedition teilnahm, hat er die Geschichte von der Entdeckung des »englischen Toten« einem Nichtchinesen erzählt, dem japanischen Bergsteiger Hasegawa Yoshinori. Von diesem Gespräch berichtete Hasegawa: »Er sagte zu mir: ›8100 Meter Engleese‹ und machte eine Geste des Schlafens ... Dann öffnete Wang den Mund, deutete mit dem Finger auf die Wange [und] drückte sie leicht mit dem Finger ein ... «[4] Die Wange, so wollte Wang mit dieser Geste andeuten, war von Vögeln aufgepickt worden. Mehr sollte Hasegawa nicht erfahren: Am folgenden Tag wurde Wang von einer Lawine in den Tod gerissen. Doch Jahre später spürte der Everest-Experte Tom Holzel Zhang Junyan auf, und der bestätigte Wangs Geschichte.[5] (Vgl. »Eine braune Papiertüte« in Anhang 1.)

Wie zuverlässig auch immer die anderen Hinweise waren, die sich im Laufe der Jahre angesammelt hatten – diesem maß Hemmleb besondere Bedeutung bei. Die Aufgabe, die sich daraus ergab, war eindeutig: Es galt, die Stelle zu lokalisieren, wo sich 1975 das chinesische Lager VI befunden hatte, und dann in einem Umkreis zu suchen, dessen Radius sich in zwanzig Minuten (oder etwas mehr, um sicherzugehen) hin und zurück bewältigen ließ. Den Standort des Lagers zu bestimmen war jedoch keine leichte Aufgabe.

Die Chinesen hatten nur wenige Dokumente zu ihrer Besteigung von 1975 freigegeben. Zu dem Zeitpunkt, als Wang den Leichnam entdeckt hatte, befand sich ihr Lager VI auf 8200 Metern – später wurde es auf eine höhere Position verlegt –, aber es gab keinen Hinweis, ob es auf dem Nordgrat oder in der Nordflanke des Everest aufgeschlagen worden war. »Ich habe ein Bild des chinesischen Lagers VI gefunden, auf dem einige Hintergrundmerkmale zu erkennen waren«[6], erläutert Hemmleb, »und ich fragte mich, ob man nicht anhand dieses Bildes die genaue Position des Lagers bestimmen und damit das Suchgebiet eingrenzen könnte.« Als er das chinesische Bild mit Fotografien vom Lager VI anderer Expeditionen verglich, erkannte er rasch, daß jedes einen anderen Hintergrund hatte und somit aus unterschiedlichen Perspektiven aufgenommen worden war. »Die nächste Frage«, erinnert sich Hemmleb, »lautete also, ob es irgendeine Möglichkeit gab, die Standorte dieser verschiedenen Lager anhand des sichtbaren Hintergrunds exakt zu lokalisieren. Gab es eine universell anwendbare Methode, mit deren Hilfe sich der Aufnahmepunkt *jedes beliebigen* Fotos aus der Nordflanke des Everest ermitteln ließ? Es gab sie.«

Das chinesische Lager VI 1975 (*aus:* »Another Ascent of the World's Highest Peak – Qomolangma«, *Foreign Languages Press, Peking 1975*)

Auf jedem Foto, das vom oberen Nordgrat mit Blick auf den Gipfel aufgenommen worden ist, gibt es einen einheitlichen Bezugspunkt: ein dreieckiges Schneefeld, das den höchsten Punkt markiert, den Geoffrey Bruce und George Finch während der englischen Expedition von 1922 erreicht hatten. Die Position des Fotografen eines jeden Fotos aus diesem Bereich des Bergs läßt sich bestimmen, indem man ein Landschaftsmerkmal der Gratschneide (Felsturm, Schneefeld etc.) sucht, welches senkrecht über diesem Bezugspunkt liegt. Wenn man beide Punkte auf einer Senkrechtaufnahme identifiziert hat, kann man eine Rückpeilung vornehmen und auf diese Weise rekonstruieren, wo der Fotograf gestanden hat. »Auf dem chinesischen Foto«, erläutert Hemmleb, »befindet sich das Schneedreieck senkrecht unter einem Punkt am Gipfelgrat unmittelbar jenseits der sogenannten Dritten Stufe. Wenn man diese selben Punkte auf einer entzerrten Senkrechtaufnahme des Grats verbindet, erhält man eine Linie, auf der das Lager liegt. Für die genaue Lokalisierung braucht man noch eine zweite Rückpeilung, die man durch senkrechte Ausrichtung zweier weiterer Merkmale erhält, im Fall des chinesischen Fotos ein Band an der Ersten Stufe und eine Schneezunge am Fuß des Gelben Bandes.« Auf diese Weise konnte Hemmleb bestimmen, daß das Lager VI der chinesischen Expedition von 1975 auf einer schwach ausgeprägten Felsrippe zu finden sein mußte, welche die Schneeterrasse in zwei Hälften teilt – ein Ort, der zu weit von der heute üblichen Aufstiegsroute entfernt liegt, als daß er von irgend jemandem hätte bemerkt werden können. »Vergeßt den Eispickel«, sagte Hemmleb. »Findet das Lager, und ihr findet Irvine.«

Am 1. Mai 1999 um drei Uhr morgens erwachten sechs Bergsteiger der Expedition in den windgepeitschten Zelten von Lager V und bereiteten sich darauf vor, genau dies zu tun. Eine Woche zuvor hatten sie das Basislager un-

Gipfelanstieg 1999 mit den wichtigsten topografischen Punkten, Lagerplätzen und Fundorten (*Foto © Galen Rowell/Mountain Light Photography*)

terhalb des Rongbukgletschers verlassen und waren anschließend einige Tage von heftigem Wind im vorgeschobenen Basislager festgehalten worden.

Am 29. April ließ der Wind nach, und das Suchteam – Simonson, Hahn, Politz, Anker, Richards, Norton und Pollard – erreichte den Nordsattel. Am folgenden Tag stiegen sie zum Lager V auf. Doch Simonson, der noch keine Gelegenheit gehabt hatte, sich in größeren Höhen zu akklimatisieren, fühlte sich unwohl und beschloß, wieder abzusteigen, um die Suche nicht zu gefährden.

Am 30. hatten die verbleibenden sechs Bergsteiger Lager V erreicht. Jetzt, um fünf Uhr früh, waren sie zum Aufbruch bereit, geleitet von Hemmlebs Suchinstruktionen. »Sobald wir die Ausrüstung angelegt und die Sauerstoffmasken aufgesetzt hatten«, erinnert sich Dave Hahn, »stellte ich fest, daß wir so isoliert voneinander waren wie Tiefseetaucher. Wortlos begannen wir, uns den Grat hinaufzuarbeiten.«[7]

Tastend suchten sich die Mitglieder des Kletterteams ihren Weg im dämmrigen Schatten des Nordgrats und begannen die Querung hinaus in die Nordflanke. »Der Halt auf den Tritten war recht unsicher bei dem spärlichen Schnee«, sagte Hahn. »Der Untergrund war eine Mischung aus losem Geröll, festgefrorenen Steinen und festem Fels – alles sehr abschüssig und nicht gerade vertrauenerweckend, wenn man nur auf den Spitzen seiner Steigeisen

geht. Schließlich folgst du einem Band, das dich um eine Ecke und hinaus in die eigentliche Nordflanke führt. Dort stehst du ziemlich exponiert da: Wenn du von der Kante des Bandes hinunterblickst, siehst du die ganze Strecke bis hinab zum Hauptrongbukgletscher.« Etwa an diesem Punkt klagte Thom Pollard über Probleme mit seinem Sauerstoffgerät und beschloß umzukehren.

Dann machte Jake Norton eine Entdeckung. »Das war der höchste Punkt, den ich auf dieser Route je erreicht hatte, und die Erfahrung, sich so exponiert zu fühlen, war extrem – sie ermutigte einen nicht gerade, hinabzuschauen«, so Norton. »Aber einmal habe ich es doch getan, und da sah ich etwas Ungewöhnliches: ein Stück Holz in einer Landschaft, die nur aus Fels und Schnee besteht. Ich kletterte hinab und fand einen sehr alten Kletterhammer mit Holzstiel.«[8] Norton hob den Hammer auf und verstaute ihn in seinem Rucksack. Später sollte er sich als wichtiger Beleg für die Herkunft des alten Lagers erweisen, das Politz auf dem Östlichen Rongbukgletscher gefunden hatte.

Während vier der Bergsteiger die Traverse fortsetzten, beschloß Politz, dem Nordgrat direkt zu folgen, weil er die angenommene Route von Mallory und Irvine war. Allerdings hatte er noch einen weiteren Grund für seine Entscheidung: »Ich wollte in das Gebiet kommen, von wo aus an jenem frühen Nachmittag 1924 Odell Mallory und Irvine zum letztenmal gesehen hatte. In den letzten fünfundsiebzig Jahren ist so erbittert darüber gestritten worden, was er gesehen oder nicht gesehen hat, daß ich mir den Berg aus seinem Blickwinkel ansehen wollte. Das hatte bisher noch niemand getan. Bedenkt man, wie wichtig Odells Beobachtungen für die Frage sind, wie hoch [Mallory und Irvine] gekommen sind, war es, fand ich, höchste Zeit, daß jemand dies überprüfte.«

Als er das Gebiet erreichte, wo Odell einst gestanden hatte, kam er zu einem frappierenden Ergebnis: »Die Erste, Zweite und Dritte Stufe waren deutlich voneinander getrennt. Man konnte sie mühelos voneinander unterscheiden. An diesem Punkt ist man ihnen wirklich sehr nah. Von dort, wo Odell stand, gibt es nur einen Ort, den man als ›in kurzer Entfernung vom Fuß der Gipfelpyramide‹ beschreiben kann, und das ist die Dritte Stufe. Die Erste Stufe kommt nicht in Frage; auch die Zweite Stufe ist zu weit weg, um auf Odells Beschreibung zu passen. Ich habe Fotos und Videoaufnahmen gemacht, und hinterher war klar zu erkennen, daß man die Stufen beim besten Willen nicht miteinander verwechseln kann, selbst bei schlechtem Wetter nicht.«

Nachdem die vier anderen Bergsteiger etwa fünf Stunden geklettert waren, erreichten sie das Gebiet, in dem heutzutage gewöhnlich Lager VI aufgebaut wird. »Wir hatten für unsere Expedition noch kein Lager VI errichtet«, sagt Norton, »aber wir hatten ein Zelt und ein paar Vorräte bei uns und ließen sie an einem Platz zurück, der uns geeignet erschien. Dann warteten wir auf Andy. Wir konnten seinen roten Parka sehen, wie er sich vom Nordgrat her auf uns zubewegte. Dennoch mußte er fast auf die Höhe des Gelben Bandes klettern, um eine sichere Route hinüber zu finden.«

»Wir waren alle ziemlich aufgeregt«, berichtet Hahn, »und wir waren optimistisch. Die Verhältnisse am Berg waren ausgezeichnet, wir hatten Jochens Leitung vom Basislager aus, und das Wetter war gut. Anderthalb Monate hatten wir gebraucht, um an diesen Punkt zu gelangen, nun konnten

Gegenüberliegende Seite:
Aufbruch von Lager V am Morgen der Suche
(*Foto Andy Politz*)

Der Ausblick von Odells Standort: der Gipfelgrat mit der Ersten, Zweiten und Dritten Stufe (*Foto Andy Politz*)

wir uns endlich an die Arbeit machen. Zu wissen, daß wir die ausgetretenen Pfade verlassen und uns in neue und anspruchsvolle Bereiche des Bergs wagen würden, machte das Unternehmen zusätzlich spannend.«

Um halb elf querten die fünf Bergsteiger über die steil abfallende Nordflanke nach Westen und nahmen Kurs auf jene »schwach ausgeprägte Felsrippe«, die Hemmleb in seinen Suchanweisungen hervorgehoben hatte. Schon nach einer Viertelstunde wurde Jake Norton wieder fündig. Er funkte zum Basislager, er habe eine der auffälligen, hellblauen Sauerstoffflaschen der chinesischen Expedition von 1975 gefunden – ein Beleg dafür, daß sie sich in der Nähe des alten chinesischen Lagers befanden, das sie eigentlich noch weiter oben auf der ansteigenden Felsrippe vermuteten.

Hemmleb hatte vier mögliche Suchrouten festgelegt. Sie begannen mit der ersten und schwärmten senkrecht und waagerecht entlang der Nordflanke aus, wobei sie sich westwärts bewegten. »Der Plan bestand einfach darin, in gegenseitigem Sichtkontakt zu bleiben und die Funkgeräte eingeschaltet zu lassen«, berichtet Politz. »Von nun an würde das Gelände die weitere Vorgehensweise bestimmen.« Hemmleb ist der gleichen Meinung: »Sobald sie die Stelle erreicht hatten, war meine Aufgabe erledigt.«

»Die Vorstellung, es handle sich um eine ›Schneeterrasse‹, entpuppte sich rasch als Witz«, erinnert sich Hahn. »Wir waren wahrhaftig keine Gruppe fröhlicher Jungs, die über ein ebenes Feld ausschwärmten. Jenseits der Rippe war die Nordflanke ein durchgehend mehr als dreißig Grad geneigter Hang aus losem Geröll, unterbrochenen Bändern und Klippen – alles in sehr exponierter Lage über einem gähnenden, bis hinab zum Gletscher fallenden Abgrund. Und das Areal, das wir uns vorgenommen hatten, war riesig, vielleicht so groß wie zwölf aberwitzig geneigte Fußballfelder.«

Politz ergänzt: »Auf Meereshöhe wäre das vielleicht gar kein so großes Gebiet, aber auf achttausend Metern, wenn dein Herz rast, deine Füße sich voranschleppen und du bei jedem Schritt drei Atemzüge brauchst, ist es ein Riesenareal.« Auch Jake Norton, der solche Höhen nicht kannte, verhielt sich sehr vorsichtig: »Herumzulaufen und nach Leichen Ausschau zu halten ist ein grausiger Job, vor allem, wenn du auf einem Hang unterwegs bist, wo der kleinste Fehltritt dich zum nächsten Opfer machen kann.«[9]

Beim Ausschwärmen ließ sich jeder Bergsteiger von der eigenen Vorstellung leiten, was Andrew Irvine zugestoßen sein könnte. »Ich suchte nach einer versteckten Stelle, wo sein Sturz entweder aufgehalten worden war oder wo er Zuflucht gesucht hatte«, sagt Hahn. Politz erzählt: »Ich wollte in meinen Gedanken, daß sich Mallory und Irvine, beim Abstieg von Dunkelheit und Erschopfung eingeholt, niedergesetzt hatten und an Erschöpfung und Kälte gestorben waren. Deshalb blickte ich den Berg hinauf, um zu sehen, was für eine Route ich für den Abstieg gewählt hätte.« Dabei erwies sich, wie Politz rasch feststellte, der Blick nach oben als eher ungünstig: Der Hang war zu steil und

Auf dem Weg von Lager VI in das Suchgebiet (*Foto Andy Politz*)

hatte zu viele Stufen. Man sah aus dieser Perspektive zu wenig und konnte viel mehr erkennen, wenn man bei der Suche den Hang hinabschaute. So kletterte er weit hinauf bis in das Gelbe Band, um den Hang darunter besser überblicken zu können. »Ich versuchte auch, mir die Route vorzustellen, der der chinesische Bergsteiger bei seinem zehn- oder zwanzigminütigen Spaziergang gefolgt sein könnte. Ich meinte gelesen zu haben, er sei Geologe gewesen, und dachte mir, das Gelbe Band sei der geologisch interessanteste Teil weit und breit. Deshalb bin ich dorthin geklettert.«

Anker entschied sich für das genaue Gegenteil und stieg den Hang weit hinunter bis in die Nähe des Punktes, wo die »Terrasse« in einer Wand zum Hauptrongbukgletscher abbrach. »Es war mir ein Rätsel, was Conrad damit bezweckte«, sagte Politz später. »Ich dachte, daß alles, was bis dorthin gefallen war, auch weiter fallen würde.«

Norton ging etwa in der Mitte zwischen den beiden: »Ich hatte mir die Klippen des Gelben Bandes angesehen und nach einer Stelle auf der darunterliegenden Terrasse gesucht, an der ein stürzender Körper, der schon einiges an Geschwindigkeit gewonnen hatte, zum Liegen kommen könnte. Man hat immer angenommen, Irvine sei an der Stelle abgestürzt, wo 1933 der Eispickel gefunden worden war. Von diesem Punkt aus zog ich in Gedanken eine Linie und begann dort, wo sie endete, nach Dingen Ausschau zu halten, die nicht in die Landschaft gehörten – so wie ich es beim Fund des Kletterhammers getan hatte.«

Bereits nach einer halbstündigen Suche stießen Richards, Anker und Norton auf einen regelrechten Friedhof voller zerschmetterter, steifgefrorener Körper. »Wir befanden uns in einer Art Auffangbecken für abgestürzte Bergsteiger«, erzählt Richards. »Über Funk berichteten wir Jochen unten im Basislager, was wir entdeckt hatten, und er konnte uns augenblicklich sagen, um wen es sich jeweils handelte und wann jeder einzelne umgekommen war. Wirklich erstaunlich, wie Jochen all diese Informationen parat hatte. Wahrscheinlich hätte er dir noch sagen können, was für Socken die Leute an jenem Tag getragen hatten. Ich hatte aber kein Bedürfnis, diesen armen Teufeln noch näher zu kommen; im übrigen wußte ich, sobald ich buntes Gore-Tex oder Plastikstiefel sah, daß es sich weder um Mallory noch um Irvine handelte. Der Tod ist wie eine dunkle Wolke, die die Nordseite des Everest überschattet. Es hat mich umgehauen. Der Anblick dieser ersten Leichen war unheimlich, grausig und bedrückend.«

Insgesamt fanden sie die Leichname von einem halben Dutzend Bergsteigern, die alle noch nicht lange dort lagen. Auch Dave Hahn war betroffen: »Ich hatte mir immer eingebildet, zu den meisten Todesfällen am Everest komme es dadurch, daß sich erschöpfte Bergsteiger einfach hinsetzten und nie mehr aufstanden. Meine feste Überzeugung war, daß Stürze selten seien. Es ließ sich nicht leugnen, daß ich mich geirrt hatte.«

Jake Norton war ebenfalls erschüttert: »Der Anblick dieser verdrehten, zerschmetterten Körper wies uns sehr deutlich auf unsere eigene Sterblichkeit hin. Ich wußte, daß wir uns schon in wenigen Tagen am Nordostgrat befinden und auf der gleichen Route bewegen würden, auf der diese Bergsteiger in den Tod geklettert waren. Sie hatten, wie der Zustand der Körper zeigte, lange und grauenhafte Stürze erlitten.«

Da sie damit rechneten, daß andere Expeditionen ihre Funksprüche abhören würden, und ihnen natürlich daran gelegen war, jeglichen Fund vor der öffentlichen Neugier zu schützen, hatten sie für den Fall, daß jemand Überreste der Expedition von 1924 fand, eine Reihe Codewörter vereinbart. »Ein Felsblock bedeutete Mallory oder Irvine«, erläutert Richards, »und ein Gorak auf einem Felsblock hieß eine Kamera. Tatsächlich aber vergaßen die meisten von uns im Eifer des Gefechts alle diese Abmachungen.«

Wie Hahn achtete auch Andy Politz nicht mehr auf sein Funkgerät und hatte es in der Brusttasche seines Daunenanzugs verstaut. »Die Atmosphäre war voller Handy-Anrufe, Voicemail-Nachrichten, Anrufbeantworter und anderem Geschwätz«, erinnert er sich. »Deshalb hatte ich das Funkgerät leise gestellt und setzte meine Suche fort. Mit halbem Ohr hörte ich, daß Conrad etwas von Snickers redete, achtete aber nicht weiter darauf. Dann hörte ich ›Obligatorisches Gruppentreffen!‹ und blickte um mich. Weiter unten in der Flanke sah ich die anderen bereits auf Conrad zulaufen.«

Auch Jochen Hemmleb unten im Basislager, das Auge ständig am Teleskop, konnte sie sehen. »Als ich sah, daß Andy von seinem höchsten Punkt über hundert Meter abstieg«, erinnert er sich, »war mir klar, daß es nicht um Tee und Snickers ging. Kein Bergsteiger in dieser Höhe würde dafür solche Mühe auf sich nehmen. Es ist einfach zu anstrengend. Irgend etwas war dort oben los.« Damit hatte er recht.

Conrad Anker hatte sich auf seine Intuition verlassen, und seine Intuition hatte ihm gesagt, er solle möglichst weit unten suchen. So war er bis zum unteren Rand der Terrasse hinabgeklettert, dorthin, wo sie rund zweitausend Meter tief zum Hauptrongbukgletscher abbrach. Nun begann er, den Hang im Zickzack wieder hinaufzusteigen, als ihm etwas auffiel – »ein Flecken Weiß, weißer als der Fels in seiner Umgebung und weißer als der Schnee«. Als er sich dem hellen Fleck näherte, erkannte er, daß es sich um einen weiteren Leichnam handelte. Doch dieser hier war anders: »... das war kein Leichnam aus jüngerer Zeit; dieser hier lag schon eine geraume Zeit da.«[10]

Norton kam als erster bei Anker an. »Ich fürchte, ich war nicht sehr gesprächig«, sagt er. »Ich setzte mich auf einen Felsen neben Conrad, betrachtete diesen vollkommenen Alabasterkörper und sagte leise: ›Heilige Scheiße!‹ Ich hatte mir nicht die geringste Hoffnung gemacht, daß wir an diesem ersten Tag irgend etwas finden würden. Wir hatten eigentlich nur vorgehabt, das Gelände zu erkunden. Es war einfach unglaublich.«

Dave Hahn erinnert sich daran, was er dachte, als er sich der Stelle näherte und den Leichnam sah: »Für mich gab es nicht den geringsten Zweifel, daß wir einen Mann vor uns hatten, der seit fünfundsiebzig Jahren vom Berg festgehalten wurde. Der Wind hatte ihm den größten Teil seiner Kleidung vom Leib gerissen, und seine Haut war weiß gebleicht. Ich hatte den Eindruck, eine griechische oder römische Marmorstatue vor mir zu sehen.«

Es gab keine Jubelausbrüche, als die Bergsteiger nach und nach an der Fundstelle eintrafen, keine Siegeszeichen angesichts der Tatsache, daß sie bereits nach anderthalbstündiger Suche in einem riesigen Abschnitt der Everest-

Nordflanke ihren Mann gefunden hatten. Statt dessen standen oder knieten die fünf Bergsteiger heutiger Zeit um diesen Zeugen der Vergangenheit herum und schwiegen.

Dafür sprach der Leichnam eine deutliche Sprache. Hier war ein Körper, der so ganz anders als jene wirkte, die anderswo zerschmettert auf den Absätzen der Terrasse ruhten. Dieser hier lag der Länge nach ausgestreckt, das Gesicht nach unten und den Kopf bergwärts, in einer Haltung, als habe er seinen Sturz noch selbst aufhalten wollen und als sei das Ganze erst Augenblicke zuvor geschehen. Kopf und Oberkörper waren in dem Geröll eingefroren, das sich im Laufe der Jahrzehnte um ihn aufgehäuft hatte. Die noch immer kraftvoll und muskulös wirkenden Arme waren über den Kopf erhoben, die Finger der kräftigen Hände tief in das gefrorene Geröll gegraben. Die ausgestreckten Beine wiesen talwärts. Eines war gebrochen, das andere behutsam darübergelegt, so als solle es das verletzte schützen. Auch hier war die Muskulatur noch ausgeprägt und kräftig. Dieser Leib, dieser Mensch war einst ein prachtvolles Exemplar seiner Gattung gewesen.

»Wir betrachteten nicht einfach einen Leichnam«, sagt Hahn, »wir betrachteten eine ganze Epoche, die wir zuvor nur aus unseren Büchern gekannt hatten. Die Kleidung aus Naturfaser, der gefütterte Lederhelm, die Art des Seils, das um ihn geschlungen war – dies alles sprach Bände. Dieser stumme, aber seltsam friedliche Leichnam gab uns Antworten auf Fragen, die sich die Welt seit einem dreiviertel Jahrhundert stellte: die Tatsache, daß ein Seil im Spiel gewesen war, daß die Hände und Vorderarme eine viel dunklere Färbung hatten als der übrige Körper, die Art und das Ausmaß des Beinbruchs und welche Knochen nicht gebrochen waren – und was dies alles über die letzten Augenblicke im Leben dieses Menschen erzählte. Die Tatsache, daß kein Sauerstoffgerät vorhanden war.«

Den endgültigen Beweis lieferte natürlich der Nagelschuh. In den Jahren von 1949 bis 1979 hatte kein westlicher Bergsteiger Zugang zur Nordseite des Everest gehabt. Tibet, das »verbotene Königreich«, war Ausländern verschlossen gewesen. Zwischen 1924 und 1938 hatte auf dem Everest niemand in dieser Höhe den Tod gefunden, und Nagelschuhe waren nach dem Zweiten Weltkrieg von Steigeisen und modernerem Schuhwerk abgelöst worden. Es mußte sich also um Andrew Comyn Irvines Leichnam handeln. Jake Norton ging sogar so weit, damit zu beginnen, auf einem Stein eine Inschrift einzukratzen: »Andrew Irvine: 1902–1924«.

»Das ist er nicht«, sagte Andy Politz zu den übrigen Bergsteigern, als er am Fundort eintraf, wo die anderen warteten.

Sie blickten ihn an, als sei er verrückt geworden.

»Oh, ich denke schon«, sagte Anker.

»Ich weiß nicht, wie ich darauf kam«, meint Politz heute. »Da war dieser uralte Leichnam, vollkommen erhalten, mit der uralten Kleidung und den Nagelschuhen. Ich wußte, es mußte Irvine sein – schließlich suchten wir ja nach ihm; es konnte niemand anders sein.«

Aber er war es nicht.

Gegenüberliegende Seite: Der gestürzte Held – George Mallory und der Gipfel des Everest (*Foto Jake Norton*)

Mallorys Oberkörper (*Foto Tap Richards*)

Tap Richards, der archäologische Kenntnisse besitzt, und Jake Norton begannen vorsichtig, die zerfetzten Schichten der Kleidung voneinander zu trennen, die an den geschützten Seiten des Körpers erhalten geblieben waren, mehrere Schichten von Unterbekleidung aus Baumwolle und Seide, ein Flanellhemd, ein Wollpullover, eine Hose, segeltuchartige Oberbekleidung. Im Nacken drehte Norton ein Stück des Hemdkragens um, und es wurde der Rest eines Wäscheschilds sichtbar: *G. Mallory*.

Einen Moment lang sahen sich die Bergsteiger verdutzt an. Schließlich sprach einer aus, was alle dachten: »Warum trägt Irvine Mallorys Hemd?« Dann fanden sie ein weiteres Namensschild: *G. Leigh Ma*. Dann ein drittes.

»Vielleicht lag es an der Höhe und daran, daß wir unsere Sauerstoffgeräte abgelegt hatten, jedenfalls dauerte es eine Weile, bis es uns dämmerte«, sagt Hahn. »Doch dann traf es uns wie ein Schlag: Wir hatten nicht Andrew Irvine entdeckt. Das war nicht Wang Hongbaos ›englischer Toter‹. Vor uns lag George Mallory ... der Mann, dessen Mut und Willenskraft wir seit frühester Kindheit bewunderten.«[11]

»Nun wurde mir auch klar, warum ich gesagt hatte, es sei nicht Irvine«, erklärte Politz später. »Es war die Lage des Leichnams. Irgendwo im Unterbewußtsein erinnerte ich mich, daß Wang einen Leichnam gefunden hatte, der so lag, daß sein Mund offenstand und seine Wange den Goraks preisgegeben war. Dieser hier aber lag mit dem Gesicht nach unten. Der Kopf war fast vollkommen bedeckt, und er war nicht bewegt worden. Außerdem war er zu weit vom chinesischen Lager VI des Jahres 1975 entfernt, als daß ihn jemand während eines kleinen Spaziergangs gefunden haben könnte. Ich mußte mich hinsetzen. Mir wurden buchstäblich die Knie weich.«

Stets waren sich alle in einer Überzeugung einig gewesen: Wenn jemand abgestürzt war, dann mußte es der unerfahrene Andrew Irvine gewesen sein. »In den fünfundsiebzig Jahren seit ihrem Verschwinden«, erläutert Jake Norton, »hatte es sich immer von selbst verstanden, daß George Mallory unfehlbar war: Er war nicht abgestürzt, er konnte nicht abgestürzt sein. Nun mußten wir schockiert feststellen, daß er doch fehlbar gewesen, daß er tatsächlich abgestürzt war. Es fiel uns schwer, uns mit diesem Gedanken anzufreunden.«

Inzwischen drängte jedoch die Zeit. Die Bergsteiger hatten die Pflicht, ihre Funde so professionell wie möglich zu dokumentieren, nach Artefakten zu suchen, für eine würdige Bestattung Mallorys zu sorgen und eine Totenmesse der Kirche von England zu lesen, deren Text sie vom Anglikanischen Bischof von Bristol erhalten hatten. Anschließend mußten sie noch den zwei- bis dreistündigen Abstieg zum Lager V sicher hinter sich bringen. »Es wäre angenehm gewesen, wenn wir uns die Arbeit für einen anderen Tag hätten aufheben können«, sagt Hahn, »aber am Everest kannst du nie sicher sein, ob du eine zweite Chance hast. Morgen konnte der Monsun kommen.«

Proben von Mallorys Bekleidung
(Foto Jim Fagiolo; © Mallory & Irvine Research Expedition)

Es gab noch ein weiteres Problem. »Wir wußten, daß wir seinen Frieden stören mußten, um unsere Aufgabe zu erfüllen«, erläutert Hahn, »und wir wollten ihn nur einmal stören. Dann sollte er für immer seine Ruhe finden. Wenn wir ihn jetzt nicht gründlich nach der Kamera und anderen Fundstücken durchsuchten, dann würden andere Leute kommen und ihn erneut stören.«

Gleich nach der Entdeckung des Körpers – bevor sie ihn berührten, bevor sie seine Identität feststellten – hatten die Bergsteiger den Fundort und den Leichnam fotografisch dokumentiert. Dann diskutierten sie, was als nächstes zu tun sei. »Letztlich ging es um die Frage, was Mallory selbst gewollt hätte«, erklärt Politz. »Schließlich brachte Dave es auf den Punkt: ›Wenn wir Belege finden können für das, was er geleistet hat, vor allem ob er und Irvine es bis zum Gipfel geschafft haben, dann, denke ich, hätte er gewollt, daß es die Welt erfährt.‹« Als sie so um die sterblichen Überreste dieses Mannes herumstanden, dieser Ikone des Everest, stimmten die anderen zu. Es war Zeit, an die Arbeit zu gehen.

Ihr Hauptziel war es natürlich, die vielbeschworene Kamera zu finden, eine zusammenlegbare Vestpocket-Kamera von Kodak, die Howard Somervell Mallory für den Gipfelversuch geliehen hatte – jenen kleinen Apparat, der, so hoffte man, die Frage ein- für allemal beantworten würde, ob der Mount Everest 1924 bestiegen worden war, mehr als ein Vierteljahrhundert, bevor es Edmund Hillary und Tenzing Norgay auf einer anderen Route geschafft hatten. Bei der trockenen und kalten Bergluft, so versicherten Kodak-Techniker, bestand berechtigte Hoffnung, daß der Film – vorausgesetzt, das Kameragehäuse war intakt geblieben – nach wie vor entwickelt werden könnte.

Da die Kamera nicht neben George Mallorys Leiche aufzufinden war, lag es auf der Hand anzunehmen, daß er sie, wenn er sie denn bei sich hatte, in einer Tasche oder um den Hals trug. Beides ließ sich nicht unmittelbar nachprüfen, da der Berg den Körper in eisiger Umarmung fest umklammert hielt.

Das Team stand vor einer ungeheuer schwierigen Aufgabe. »Es wurde sofort deutlich«, berichtet Hahn, »daß sich das Ganze weder leicht noch schnell über die Bühne bringen ließ.« Politz präzisiert: »Wenn du einen einpfündigen Eispickel nimmst und versuchst, damit Beton aufzuhacken, dann erzielst du ungefähr dasselbe Ergebnis wie wir bei dem Versuch, das gefrorene Geröll und Gestein wegzukratzen, das dort auf dem Hang George Mallorys Leichnam zur Hälfte umschloß. Es war einfach nur brutal harte Arbeit.«

Und eine gefährliche obendrein. Der Boden war uneben und steil. Hahn: »Ein einziger Fehltritt, und du wärst den Hang hinab und über den Rand der

Mallorys Beine. Das gebrochene rechte Bein mit Nagelschuh ist deutlich zu erkennen. *(Foto Tap Richards)*

Terrasse gesegelt. Wenn du dich niedergekniet hast und wieder aufrichten wolltest, mußtest du verdammt aufpassen, wo deine Füße standen. Und damit keine Langeweile aufkam, pfiff von Zeit zu Zeit der eine oder andere Stein an unseren Köpfen vorbei.«

Die Bergsteiger kamen nur langsam voran und waren, da sie ihre Sauerstoffgeräte für die Arbeit abgelegt hatten, rasch erschöpft. Allerdings hatte dieses Arbeitstempo den Vorteil, daß ihnen viel Zeit blieb, Mallory eingehend zu betrachten. Das rechte Schien- und das rechte Wadenbein waren über dem Stiefelschaft gebrochen, und sein rechter Ellenbogen war entweder gebrochen oder ausgerenkt. Außerdem war an seiner rechten Seite noch immer eine Reihe von Rißwunden, Abschürfungen und Prellungen sichtbar. Das Kletterseil, von dem sein Körper umschnürt war, hatte seinen Brustkorb zusammengedrückt und Quetschungen verursacht. Es war zweimal um seine Hüfte geschlungen, und die ausgefransten Enden hatten sich um ein Bein und den Oberkörper gewickelt. Sein Körper war bemerkenswert unversehrt geblieben – nur hier und da hatten Everests Goraks ihn angepickt – an einem Bein, dem Gesäß und der Bauchhöhle.

Während sich die fünf an dem eisigen Untergrund zu schaffen machten, wunderten sie sich immer wieder darüber, mit welch spärlicher Bekleidung Mallory versucht hatte, den höchsten Punkt der Erde zu erklimmen. »Wir standen da in Daunenanzügen, die so dick waren, daß ich noch nicht mal meinen Hüftgurt sehen konnte«, berichtet Hahn. »In unseren Rucksäcken hatten wir Lebensmittel, Wasser, elektronische Geräte und Ersatzhandschuhe – und dieser Mann hier trug Sachen, die bestenfalls zwei Schichten Faserpelz entsprachen. Himmel, wenn ich in Seattle auf die Straße gehe, habe ich mehr an, als dieser Mann auf achteinhalbtausend Meter Höhe am Everest trug! Kein Zweifel, das sind zähe Burschen gewesen – bei denen hat nichts schiefgehen dürfen. Die haben nicht den geringsten Sicherheitsspielraum gehabt!«[12]

Nachdem die Bergsteiger eine Stunde lang das Eis und den Fels mit ihren Pickeln bearbeitet hatten, konnten sie zunächst eine Jackentasche freilegen. Darin fanden sie einen Höhenmesser, dessen Anzeige bis neuntausend Meter reichte; das Glas war zerbrochen, und die Zeiger fehlten. Bald darauf hatten sie so viel von dem gefrorenen Geröll um Mallorys Torso entfernt, daß sie seine rechte Schulter freilegen konnten. Jake Norton, der die Ausgrabung vorsichtig mit seinem Taschenmesser durchführte, konnte unter den Leichnam greifen und entdeckte, daß Mallory eine Tasche um den Hals trug. Norton schaute empor zu den anderen Bergsteigern: »Da ist ein harter, metallischer Gegenstand drin.« Behutsam schnitt er den Boden der Tasche mit seinem Messer auf: »Ich war mir ganz sicher, daß es die Kamera war.«

Tatsächlich erwies sich der Fund als eine Dose »Brand's & Co.'s Savoury Meat Lozenges« (eine Art Brühwürfel). Als nächstes förderte Norton eine Nagelschere in einem Lederetui zutage. Dann die erstaunlichste Entdeckung von allen: einen Brief in einem Umschlag, vollkommen erhalten, die Tintenschrift frisch und leserlich, kein bißchen verblaßt oder verschmiert – so als sei er gerade erst geschrieben worden.

Höhenmesser (*Foto Jim Fagiolo; © Mallory & Irvine Research Expedition*)

Streichholzschachtel und Dose mit Fleischpastillen
(*Foto Jim Fagiolo; © Mallory & Irvine Research Expedition*)

Fundstücke aus Mallorys Taschen (im Uhrzeigersinn von oben rechts): Bleistift, Lederhalfter für Nagelschere, Nagelschere, Sicherheitsnadel, verstellbare Riemen mit Metallfeder. Mit den Riemen wurde die Sauerstoffmaske an Mallorys ledernem Motorradhelm befestigt, wobei die Metallfeder den Zuleitungsschlauch hielt.
(*Foto Jim Fagiolo; © Mallory & Irvine Research Expedition*)

Andere Dinge wurden aus einem Beutel an Mallorys rechter Seite und aus verschiedenen Taschen geborgen: ein prächtiges Taschentuch mit einem burgunderroten, blauen und grünen Foulardmuster und dem Monogramm *G. L. M.*, in das sorgfältig eine Reihe weiterer Briefe eingeschlagen waren; ein zweites mit Monogramm versehenes Taschentuch mit einem roten, blauen und gelben Muster; ein weißes Taschentuch, in das eine Tube Vaseline eingewickelt war, ein einzelner fingerloser Handschuh, ein Taschenmesser mit Horngriff; eine unversehrte Schachtel Streichhölzer, die noch benutzbar waren; einige Schnürsenkel und -riemen; verstellbare Riemen mit einer Metallfeder (um die Sauerstoffmaske an dem Lederhelm zu befestigen); eine Nachricht von Expeditionsmitglied Geoffrey Bruce; Zettel, auf denen mit Bleistift Ausrüstungsgegenstände aufgelistet waren; und, ganz tief in einer Tasche, eine Schneebrille, unversehrt. Nacheinander wurden die Fundstücke samt einiger Proben der einzelnen Kleidungsschichten in wiederverschließbaren Plastikbeuteln verpackt und in Andy Politz' Rucksack verstaut.

Die Bergsteiger sprachen kaum miteinander. »Uns hatte dieses intensive Gefühl der Ehrfurcht vor Mallory ergriffen«, berichtet Politz. »Einmal dachte ich darüber nach, wie stolz ich auf meine Partner war. Es war eine Gratwanderung: Auf der einen Seite versuchten wir, unsere archäologische Aufgabe wahrzunehmen, auf der anderen Seite bemühten wir uns, den Toten mit jener Würde zu behandeln, die er verdiente. Schließlich war er einer unserer großen Helden, und irgendwie hatten wir das Gefühl, es mit Mallory, dem Menschen, und nicht mit Mallory, dem Leichnam, zu tun zu haben. Es war sehr bewegend.«

»Einmal hielt ich inne«, sagt Tap Richards, »und dachte: Da befinden wir uns auf der Nordseite des Everest, und niemand weiß etwas davon außer uns fünf. Nun konnten wir George Mallory helfen, etwas zu tun, was er, dessen war ich mir gewiß, gewollt hätte: ein neues Kapitel seiner Lebensgeschichte zu schreiben. Ich dachte auch an Jochen dort unten im Basislager, und wie gespannt er wohl herumrätselte, was hier oben geschah.«

Und ob er das tat. Als die Stunden verstrichen, wurde Jochen Hemmleb immer nervöser. Als reichte die Funkstille nicht aus, war auch noch Nebel aufgezogen, der den Berg verhüllte und die Sicht vom Basislager aus immer schlechter hatte werden lassen. Um 13 Uhr 45 funkte Hemmleb Eric Simonson im vorgeschobenen Basislager an und fragte ihn, was seiner Meinung nach da oben vor sich gehe. Simonson antwortete mit einem geheimnisvollen Unterton: »Keine Nachrichten sind gute Nachrichten.«

Briefe und das Taschentuch, in das sie eingeschlagen waren (*Foto Jim Fagiolo; © Mallory & Irvine Research Expedition*)

Tube mit Vaseline und Taschentuch (*Foto Jim Fagiolo; © Mallory & Irvine Research Expedition*)

»Mir war klar, daß sie etwas Bedeutendes gefunden hatten, und ich war überrascht, wie schnell das Funkgerät verstummt war«, berichtet Simonson. »Aber wir hatten einen guten Suchplan, wir wußten, wonach wir Ausschau hielten und wo wir zu suchen hatten. Wir hatten fünf gesunde Bergsteiger und hervorragende Arbeitsbedingungen. Jetzt blieb mir nichts anderes mehr zu tun, als zu warten und zu hoffen, daß es keine Unfälle gab.«

Peter Firstbrook hatte vor Beginn der Expedition mit den Familien von Mallory und Irvine gesprochen, und sie hatten dem Plan zugestimmt, nach den beiden Bergsteigern zu suchen und dabei auch, sollten sie fündig werden, zu fotografieren. Ferner hatten sie darum gebeten, daß die Bergsteiger im Falle einer erfolgreichen Suchaktion eine DNA-Probe mitbrächten. Daher entnahm das Team ganz zuletzt noch eine kleine Hautprobe aus Mallorys Unteram für eine DNA-Analyse.

Dann machten sie sich an die mühsame Arbeit, eine Legende zu begraben, das heißt, sie bedeckten George Leigh Mallory mit einem schützenden Mantel aus Steinplatten.

Taschentuch mit Mallorys Monogramm (*Foto Jim Fagiolo; © Mallory & Irvine Research Expedition*)

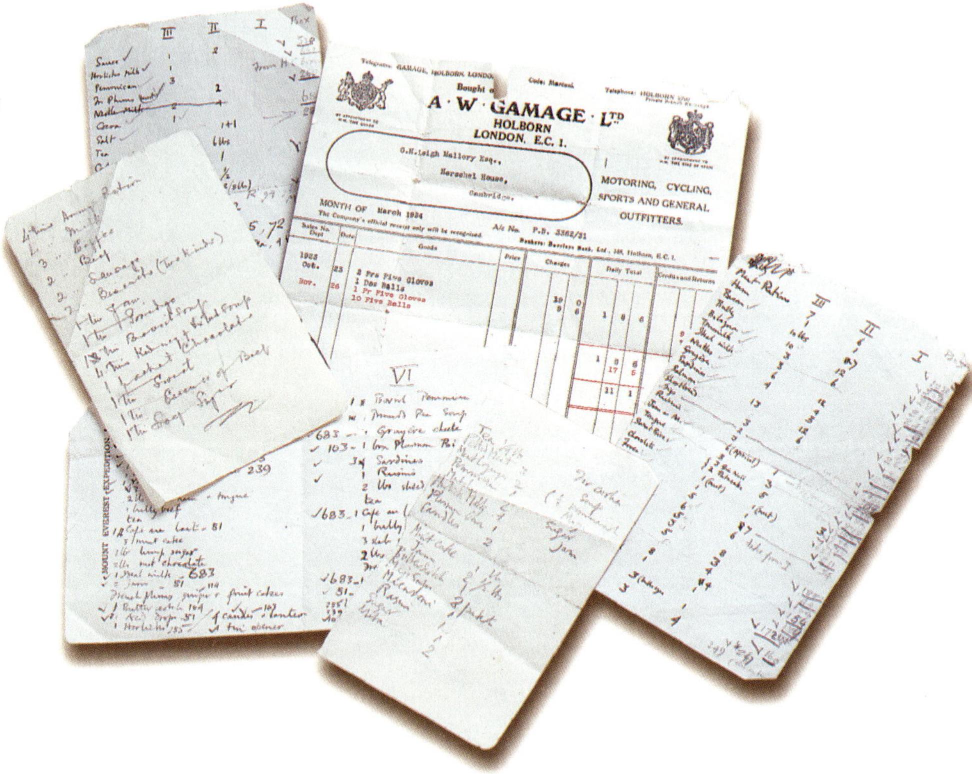

Notizen, gefunden in Mallorys Taschen (*Foto Jim Fagiolo; © Mallory & Irvine Research Expedition*)

»Und das«, berichtet Politz, »erwies sich als echte Herausforderung. Wir wollten den Körper mit Felsbrocken bedecken, aber es stellte sich heraus, daß es kaum welche gab. Alle losen Steine hatten offenbar die Tendenz, irgendwann der Schwerkraft zu folgen und die Nordflanke hinabzufallen. Alles andere war festgefroren. Deshalb mußten wir den ganzen Hang nach geeigneten Steinen absuchen oder sie herausstemmen und anschließend zur Grabstelle schleppen. Schließlich hatten wir genug zusammengetragen, um sicher sein zu können, daß Mallory in Zukunft von den Vögeln unbehelligt bleiben würde.«

Die Bestattung dauerte fast fünfundvierzig Minuten. Dann las Politz die Totenmesse, anschließend suchten die Bergsteiger ihre Ausrüstung zusammen. »So komisch es klingt«, sagte Norton später, »ich glaube, niemand von uns wollte ihn verlassen. Wir waren gern bei ›George‹. Wir wollten mehr Zeit mit ihm verbringen. Er war so beeindruckend, selbst im Tod.«

Schließlich schulterten sie ihre Rucksäcke und begannen gegen drei Uhr nachmittags ostwärts über die Terrasse dem Nordgrat zuzustreben. »Als wir aufbrachen«, erzählt Politz, »dachte ich im stillen: Und wenn George mit der Beerdigung nicht zufrieden war, ratet mal, wen es dann wohl als ersten erwischt!« Die Kletterer waren körperlich und seelisch erschöpft, eine gefährliche Mischung an einem Berg, an dem die meisten Unfälle beim Abstieg passieren. »Ich suchte mir eine Route über diesen Hang«, fährt Politz fort, »und bei jedem Schritt war ich mir bewußt, daß ich eine Frau und zwei Kinder hatte, die zu Hause auf mich

Mallorys Schneebrille (*Foto Jim Fagiolo; © Mallory & Irvine Research Expedition*)

Linker Ersatzhandschuh und Stück des Kletterseils (*Foto Jim Fagiolo; © Mallory & Irvine Research Expedition*)

Mallorys Taschenmesser (*Foto Jim Fagiolo; © Mallory & Irvine Research Expedition*)

warten. Da kommt es wirklich auf jeden Schritt an. Außerdem hatte ich Mallorys Sachen in meinem Rucksack!«

Um halb sechs hatten alle fünf Bergsteiger die relative Sicherheit von Lager V erreicht. »Die letzten zwanzig Minuten bis zum Lager waren hart«, erinnert sich Norton. »Ich war sowieso schon völlig geschafft, und dann kämpften wir noch gegen diesen Wind, der uns bei jedem Schritt mit achtzig Sachen zu Boden fegen wollte. Schließlich kroch ich in das Zelt, das ich mit Conrad und Tap teilte. Eine Zeitlang saßen wir erschöpft da und sprachen über die Ereignisse, die hinter uns lagen. Dann versuchten Tap und ich zu schlafen, aber es war kaum möglich. Wir waren einfach zu aufgedreht.«

In dem anderen Zelt teilten Dave Hahn und Andy Politz dem Basislager über Sprechfunk mit, daß sie das Lager erreicht hatten und wohlauf waren. Und dann, seine Worte sorgfältig wählend, so daß sie nur für die Expeditionsmitglieder einen Sinn machten, sagte Hahn: »Jochen, du wirst jetzt ein glücklicher Mensch sein.«

Am Morgen des nächsten Tages – es war der 2. Mai – stiegen sie von Lager V zum Lager IV auf dem Nordsattel ab und trafen gegen drei Uhr im vorgeschobenen Basislager ein. »Eric kam uns entgegen, um uns zu begrüßen, und wir lächelten ihn an und sagten: ›Du wirst es nicht glauben‹«, berichtet Norton. Sie begaben sich sofort in das große »Weatherport«-Zelt, zogen den Reißverschluß zu, holten die Fundstücke hervor und zeigten sie Simonson.

»Er wußte nicht, ob wir einen Leichnam, eine Kamera oder sonstwas gefunden hatten«, sagt Norton, »deshalb reichten wir ihm als erstes den Umschlag mit dem Brief, der an ›Mr. George Leigh Mallory‹ adressiert war, und er blickte mit einem strahlenden Lächeln zu uns auf.«

Andy Politz beim Abstieg mit den Fundstücken (*Foto Dave Hahn*)

KAPITEL 7

Die Gipfelpyramide

Das Abenteuer erscheint mir verzweifelter denn je…
George Mallory

Die letzte Phase der Expedition von 1999 begann mit einer Tragödie. Seit einigen Wochen teilte das Team den Berg mit einer Gruppe ukrainischer Bergsteiger unter Leitung von Mistislaw Gorbenko, einem Everest-Veteran, der 1990 als Mitglied des sowjetischen Teams am »International Peace Climb«, einer Gemeinschaftsexpedition der USA, der UdSSR und Chinas, unter Führung der amerikanischen Bergsteigerlegende Jim Whittaker teilgenommen hatte. Fünf der anderen ukrainischen Bergsteiger war Simonson 1997 am Cho Oyu, dem nordwestlich gelegenen Nachbarn des Everest, begegnet, und er hatte sich mit ihnen angefreundet.

Das ukrainische Team war zäh und professionell und kletterte in dem Stil, der bei Osteuropäern üblich ist: schnell, mit leichtem Gepäck und, in diesem Fall, ohne Sauerstoff. Am Abend des 7. Mai erreichten drei Mitglieder dieser Expedition bei unsicherem Wetter ihr Hochlager auf 8300 Metern. Am nächsten Morgen brachen sie trotz deutlicher Wetterverschlechterung zum Gipfel auf und kamen dort am frühen Nachmittag an. Doch schon bald nach Beginn ihres Abstiegs setzte dichtes Schneetreiben ein, der ohnehin schon heftige Wind nahm zu, und die Sicht wurde rapide schlechter. Als sich die Bergsteiger über mehr als einen Kilometer brüchiger Bänder und exponierter Quergänge hinuntermühten, verloren sie sich, erschöpft und unter Sauerstoffmangel leidend, aus den Augen. Bei einfallender Dunkelheit kämpfte sich einer von ihnen, Wjatscheslaw »Slawa« Terseul, durch das Gelbe Band nach unten und schaffte es zurück bis ins Hochlager. Die anderen beiden, Wladimir »Wowa« Gorbatsch und Wasilij Kopytko, verbrachten die Nacht am Nordostgrat auf etwa 8500 Meter Höhe, schutzlos dem Wind, dem Schnee und der Kälte ausgeliefert. Später in der Nacht, als die Gipfelgefährten noch immer nicht zurückgekehrt waren, rief Terseul über Sprechfunk die anderen Mitglieder des ukrainischen Teams zu Hilfe, die sich weiter unten am Berg aufhielten. Dann erklomm er unglaublicherweise erneut die Strecke bis zur Ersten Stufe, um – immer noch ohne Sauerstoff – die beiden anderen zu suchen. Früh am nächsten Morgen entdeckte er Gorbatsch, bewegungslos, aber lebend. Kopytko war verschwunden. Terseul kletterte wieder durch das Gelbe Band hinab, traf auf die Rettungsmannschaft und stieg mit ihnen abermals auf, um sie zu Gorbatsch und zurück ins Lager VI zu führen.

Wenn ein Bergsteiger in der Nähe des Everestgipfels einen Zustand der Erschöpfung und des Sauerstoffmangels erreicht, in dem er sich nicht mehr aus eigener Kraft fortbewegen kann, wird er in der Regel seinem Schicksal überlassen und stirbt. Ein einzelner Bergsteiger hat einfach keine Möglichkeit, beim Abstieg in diesem schwierigen Gelände einen bewegungsunfähigen Partner zu tragen oder zu ziehen. Der Berg ist übersät mit den Leichen von Bergsteigern, die sich einfach hingesetzt haben und an Erschöpfung und Kälte gestorben sind. Doch da sich diesmal andere Expeditionsmitglieder weiter unten am Berg aufhielten, konnten sie Terseul bei der Rettung seines schneeblinden, halb erfrorenen Gefährten helfen und ihn ins Lager VI hinabbringen. Nach einer weiteren schlimmen Nacht auf 8300 Metern begannen sie, ihn am 10. Mai zum Nordsattel hinunterzutransportieren.

Am Abend zuvor war das Gipfelteam der Mallory & Irvine Research Expedition aus dem Basislager eingetroffen. Die Bergsteiger – Amerikaner wie Sherpas – hatten sich, nachdem sie George Mallorys Leichnam entdeckt hatten, eine lange Ruhepause gegönnt. Für Eric Simonson war es allerdings alles andere als eine ruhige Zeit gewesen. Wochenlang hatte Liesl Clark, die Produzentin von WGBH/*NOVA*, informationsgeladene Berichte über den Expeditionsverlauf auf der Internetseite von *NOVA* veröffentlicht. In der gleichen Weise schrieb sie auch einen Bericht über die Entdeckung vom 1. Mai, wie sie an diesem Tag vom Basislager aus verfolgt werden konnte. Obwohl sie nicht explizit geschrieben hatte, die Suchmannschaft sei auf einen Leichnam gestoßen, ließ der Zusammenhang des Textes kaum einen Zweifel daran, daß genau dies geschehen war.

Nicht Clark selbst setzte Simonson über ihre Aktivitäten in Kenntnis, sondern eine E-mail aus seinem Büro in Ashford, Washington, und als er sie gelesen hatte, lief er Amok. Es war ihm nicht nur wichtig, daß Informationen über etwaige Funde bis zur Beendigung der Arbeiten am Berg unter Verschluß gehalten wurden – er war zudem der Meinung, Clarks Bericht verstoße gegen den Exklusivvertrag mit *Mountainzone.com* über die Verbreitung aktueller Meldungen der Expedition.

So sah sich Simonson durch Clarks Handlungsweise dazu gezwungen, *Mountainzone.com* telefonisch mitzuteilen, daß George Leigh Mallory endlich entdeckt worden war. Am nächsten Morgen wurde die Nachricht über BBC

World Service Radio verbreitet, so daß alle Expeditionen im vorgeschobenen Basislager von dem Fund erfuhren. Als das Team an diesem Abend ins Basislager zurückkehrte, fand Simonson das Kommunikationszelt überschwemmt mit buchstäblich Hunderten von Nachrichten und Interviewanfragen von Medienanstalten in aller Welt. Als er und die Bergsteiger eine Woche später zur Gipfelbesteigung aufbrachen, war er froh, dem hektischen Medienrummel zu entkommen. Doch schon bald stellten sie fest, daß sie geradewegs in die nächste Krise hineinsteuerten.

Am Mittag des 10. Mai hatten die Bergsteiger im vorgeschobenen Basislager Einzelheiten über die ukrainische Tragödie erfahren und wußten, daß ein Bergsteiger heruntergebracht wurde, der schwere Erfrierungen erlitten hatte. Zu diesem Zeitpunkt campierten im vorgeschobenen Basislager ein Dutzend Expeditionsteams unterschiedlicher Größe und Leistungsfähigkeit. Unbegreiflicherweise wollten viele nichts mit dem ukrainischen Notfall zu tun haben. Andere waren nur gegen Bezahlung bereit, sich an der Rettungsaktion zu beteiligen. Die übrigen – Simonsons Team von der Mallory & Irvine Research Expedition, eine Gruppe unter der Leitung von Simonsons Freund, dem kommerziellen Expeditionsleiter Russell Brice, sowie mehrere andere Bergsteiger und Sherpas – trafen sich unter der Schirmherrschaft von Brice, um die zur Verfügung stehenden Kräfte zu bündeln. Da der verletzte Bergsteiger gegen zehn Uhr abends in Lager IV eintreffen sollte, kletterten Conrad Anker, Jake Norton, Tap Richards und Andy Politz zusammen mit einem Mitglied einer italienischen Expedition, der Erfahrung in Bergrettung hatte, zum Nordsattel und begannen ein System von Verankerungen und Seilen einzurichten, mit deren Hilfe eine von ihnen mitgeführte Bahre über die Eiswand hinabgelassen werden konnte. Als man Wowa Gorbatsch ins Lager IV brachte, war er dem Tode nahe. Simonsons Team verabreichte ihm intramuskulär Dexamethazon (ein Steroid, das Atmung und Kreislauf aktiviert). Dann wurde der Ukrainer, der schlimme Erfrierungen erlitten hatte, in der Bahre festgeschnallt und zusammen mit zwei Bergsteigern in Abschnitten von je zweihundert Metern die steilen Wände des Sattels hinabgelassen.

Thom Pollard und Dave Hahn warteten am Wandfuß zusammen mit einer kleinen Gruppe Sherpas, Köchen und anderen Expeditionsmitgliedern, die half, die Bahre über die instabile Moräne ins vorgeschobene Basislager zu tragen. Verblüfft beobachtete Pollard, wie Roman Kowal, ein Bergsteiger des ukrainischen Teams, der seit mehr als achtundvierzig Stunden in extremer Höhe an der Rettungsaktion beteiligt war, mit seinem verletzten Gefährten abstieg. »[Er] war mit Reif bedeckt«, berichtet Pollard, »und seine Augen hatten den ausdruckslosen, starren Blick eines Menschen, der dringend Ruhe und Wärme braucht. Trotz seiner Verfassung lehnte er mein Angebot ab, ihm den Rucksack abzunehmen. Er hatte nur einen Wunsch – die Rettungsaktion sollte rasch vonstatten gehen … Einmal, als ich mich umsah, stellte ich fest, daß er eine der Tragepositionen an der Bahre übernommen hatte, und natürlich hatte er auch noch seinen Rucksack umgeschnallt. Offenbar trieb ihn eine starke innere Kraft an.«[1] Als sie schließlich das vorgeschobene Basislager erreichten, wo medizinische Hilfe wartete, war es fast halb drei in der Nacht.

Die Mitglieder des Gipfelteams und des zweiten Suchteams vor Verlassen des vorgeschobenen Basislagers: (hintere Reihe, von links) Andy Politz, Tap Richards, Jake Norton; (vordere Reihe, von links) Dave Hahn, Conrad Anker, Thom Pollard (*Foto Jochen Hemmleb*)

Gorbatsch überlebte, doch in der darauffolgenden Woche, als die Bergsteiger der Mallory & Irvine Research Expedition ihren eigenen Gipfelversuch starteten, sollten sie Grund haben, sich an das Lehrgeld zu erinnern, das die Ukrainer gezahlt hatten.

Am 12. Mai um elf Uhr – nur anderthalb Tage später – begann Simonsons Gipfel- und Suchmannschaft – Conrad Anker, Dave Hahn, Jake Norton, Andy Politz, Thom Pollard und Tap Richards –, abermals die Eiswand des Nordsattels zu durchsteigen, um einen eigenen Gipfelversuch zu unternehmen und dabei

weitere Fragen zu Mallorys und Irvines letztem Anstieg zu beantworten. Der Himmel war bedeckt, und am Nachmittag setzte leichtes Schneetreiben ein, doch sonst verlief der Anstieg ohne nennenswerte Ereignisse. Das Team verbrachte den Abend zusammengepfercht in einem Kuppelzelt des Lagers IV, man unterhielt sich und schmolz Schnee für den Aufstieg am folgenden Tag. Dann zogen sich die Mitglieder in ihre Zweimannzelte zurück.

Fünfundsiebzig Jahre zuvor, am 4. Juni 1924, hatten Mallory und Irvine das gleiche getan, allerdings bei strahlend blauem Himmel. Als sie Lager III verließen, hatte der Expeditionsfotograf Noel den Eindruck, Mallory sei körperlich nicht ganz auf der Höhe, war aber dennoch tief beeindruckt von dessen Entschlossenheit: »Sein unbeugsamer Wille trieb ihn zu diesem erneuten Angriff. Er hatte sich in diese Aufgabe verbissen und meinte es ernst. Für diesen Kampf mobilisierte er sein letztes Quentchen Kraft.«[2] Es war ein wunderbarer Tag zum Klettern, und sie erreichten – zum erstenmal mit Sauerstoff gehend – den Nordsattel in Rekordzeit. Irvine notierte in seinem Tagebuch: »Wir haben genau drei Stunden für den Aufstieg gebraucht ... Die zweite Hälfte des Weges habe ich zusätzlichen Sauerstoff geatmet und festgestellt, daß er die Atmung mindestens um das Dreifache verlangsamt (bei anderthalb Litern Sauerstoff pro Minute). George und ich erreichten beide das Lager überraschend frisch.«[3]

Zu dem Zeitpunkt, als sie sich im Lager einrichteten, betrug die Temperatur in der Sonne vierzig Grad und die Temperatur im Schatten stieg nicht über den Gefrierpunkt. Aber sie hatten noch die Nacht in Lager IV vor sich – und es sollte eine ungemütliche Nacht werden. »Der Schnee mag ja für eine kurze Mittagsruhe sehr angenehm sein«, schrieb Odell später, »... aber es ist bemerkenswert, wie schnell er zur Konsistenz härtesten Gesteins gefriert und wie schwer es ist, das Relief zu glätten, das die eigene Anatomie ihm anfangs eingeprägt hat.«[4]

Am 12. Mai hätten ihm die Mitglieder von Simonsons Team von Herzen zugestimmt: »Für alle war es eine lausige Nacht im Lager IV«, erinnert sich Dave Hahn. »Das Eis unter den Zelten war in den vorhergehenden Wochen geschmolzen und hatte sich den Körperformen der Sherpas angepaßt, die dort geschlafen hatten – und es war klar, daß ihre Formen nicht unseren entsprachen.« Als sie am nächsten Morgen leise fluchend aus ihren Zelten krochen, war es bewölkt, und wieder hatte ein leichter Schneefall eingesetzt. »Die Wetterlage war instabil«, berichtet Hahn, »aber wir hatten nicht das Gefühl, daß es irgendwie ernsthaft schlecht wäre. Und Erics Wetterberichte versprachen stetige Besserung.«

Am 6. Juni 1924 dagegen war das Wetter schön gewesen, als George Mallory und Andrew Irvine beim Schultern ihrer Sauerstoffgeräte von Noel Odell fotografiert wurden, kurz bevor sie sich dem Hang zuwandten, der zum Lager V führte. Fünfundsiebzig Jahre später begab sich nun ein anderes Team von Bergsteigern auf den langen, steilen Anstieg über den Schneegrat des Nordsattels hinauf zu den zerborstenen, blankgefegten Felsen des Nordgrats – auf dem Weg ins Lager V und, so hofften sie, zu weiteren Antworten.

Lager V hat nur eine einzige Existenzberechtigung: Es ist der Punkt, wo den meisten Bergsteigern auf dem Weg von Lager IV zum Nordostgrat die

Lager V, Gipfel im Hintergrund
(*Foto Jake Norton*)

Puste und das Tageslicht ausgehen. Nur jemand, der zu erschöpft ist, um einen einzigen Gedanken an Bequemlichkeit oder Sicherheit zu verschwenden, kann auf die Idee kommen, es ein »Lager« zu nennen. Es kauert in extrem exponierter Lage auf einer Reihe schmaler, zerklüfteter Felsbänder am äußersten Rand des Nordgrats, die nach allen Seiten – außer nach oben – steil abfallen. Die Felsen sind zerborsten, uneben und geneigt, der Wind fast immer äußerst bösartig: »Nicht gerade der Ort, um spazierenzugehen und Anstandsbesuche zu machen«, scherzt Hahn.

An diesem Nachmittag, bei zunehmendem Wind und sinkenden Temperaturen, krochen Simonsons Bergsteiger in die fest verankerten Zelte auf den schmalen, unbequemen Podesten und sagten einander »Gute Nacht«. Weiter unten waren die meisten Expeditionssherpas mit Vorräten für das Gipfelteam vom vorgeschobenen Basislager zum Lager IV aufgestiegen. Die Sherpas mögen Lager V nicht, und deshalb planten sie, am nächsten Morgen in einem Zug zum Lager VI emporzuklettern und das Gipfelteam während dessen Aufstieg zwischen Lager V und VI einzuholen. Im Laufe der Nacht steigerte sich der Wind jedoch zum Orkan, und es begann heftig zu schneien. Unten im vorgeschobenen Basislager nahm es der Expeditionsleiter Simonson mit philosophischer Gelassenheit: »Auf dem Nordgrat muß man manchmal unter unsicheren Bedingungen aufsteigen, damit man später besseres Wetter nutzen kann.« So hoffte er zumindest.

»Am nächsten Tag wußte ich schon ohne einen Blick nach draußen: Heute werden wir nicht aufsteigen«, erzählt Hahn. »Der Wind hämmerte unerbittlich auf uns ein – mit sechzig Stundenkilometern, in Böen mehr als hundert – und das Zelt veranstaltete diesen Höllenlärm, der entsteht, wenn Sturmböen den Stoff wie wild zum Flattern bringen. Es war ein scheußlicher Tag. Unter uns trieben Wolken über den Nordsattel, und der Wind fegte heulend über die Gratschneide. Eben herrschte noch dichtes Schneetreiben, und im nächsten Augenblick kam die Sonne durch. Ich hatte das Gefühl, daß uns das Schlimmste erst noch bevorstand.«

Die Bergsteiger blieben in den Zelten und verbrachten den Tag abwechselnd mit schlaflosen Ruhepausen, in denen sie Sauerstoff benutzten, und Arbeitszeiten ohne Sauerstoff, in denen sie Schnee schmolzen oder kochten und sich unterhielten. Durch eine Distanz von mehreren Dutzend Metern und das infernalische weiße Rauschen des Windes getrennt, konnten sie sich untereinander nur mit Sprechfunk verständigen. Selbst im Innern der Zelte fiel das Sprechen schwer: »Wenn du schreien mußt, damit dich der Kerl einen Meter neben dir versteht«, erläuterte Pollard über Funk, »weißt du, daß das Wetter schlecht ist.«[5]

Als die Dunkelheit erneut anbrach, steigerte sich das Toben des Sturmes noch. Hahn und Politz verbrachten die Nacht damit, sich mit dem Rücken gegen die dem Wind zugekehrte Wand ihres Zeltes zu stemmen, um es zu stabilisieren, wobei sie permanent durchgerüttelt wurden. Am zweiten Morgen in Lager V hatte der Wind weiter zugenommen – Politz schätzte seine Geschwindigkeit auf hundertdreißig Stundenkilometer –, so daß der Gipfelaufstieg abermals verschoben werden mußte.

Unten auf dem Nordsattel hatten auch die Sherpas zwei ungemütliche Nächte verbracht und begannen, sich auf eine Rückkehr ins vorgeschobene Basislager vorzubereiten. Ihr Sirdar Danuru »Dawa« Sherpa schien sie nicht davon abbringen zu können. »Dawa ist schon mehrfach mein Sirdar gewesen«, erklärte Simonson später. »Ich hab ihn sehr gern, er ist unglaublich stark, und die anderen Sherpas mögen ihn – aber manchmal ist er ein bißchen zu demokratisch. Es gibt Zeiten, da würde ich mir wünschen, er wäre etwas energischer und entscheidungsfreudiger.« Schließlich blieben nur Dawa und Ang Pasang auf dem Sattel.

»Nun hatten wir zwei Tatsachen ins Auge zu sehen«, sagt Hahn, »wir hatten weit weniger Sherpas, die Ausrüstung und Proviant bis ins Lager VI tragen konnten, falls sich das Wetter besserte, und in Lager V würden uns bald die Lebensmittel ausgehen.« Mehrere Stunden erörterte das Team mögliche Strategien und beriet sich mit Simonson im vorgeschobenen Basislager. Hahn, der Leiter des Gipfelteams, wußte, daß ihnen nicht genügend Vorräte zur Verfügung stehen würden, um allen sechs Kletterern und den beiden Sherpas den Gipfelaufstieg zu ermöglichen. Nach mehrstündiger Beratung über Funk beschloß Andy Politz, zusammen mit Thom Pollard beim Lastentransport ins Lager VI zu helfen, aber nicht mehr höher zu steigen. Statt dessen, schlug er vor, sollten sie lieber den Rest des Tages in der Umgebung von Mallorys Leichnam mit einem Metalldetektor nach weiteren Artefakten suchen – vielleicht würden sie ja die Kamera finden. Das Team verfügte über zwei Kameraleute für Aufnahmen oberhalb des Nordsattels – Hahn, der bei der BBC unter Ver-

trag stand, und Pollard, der für PBS/*NOVA* arbeitete. Von den beiden hatte Hahn bei weitem die meiste Erfahrung in großen Höhen. Schließlich entschied Hahn, daß er für die Filmarbeit verantwortlich sei und beim Anstieg helfe, und stimmte Politz' Plan zu. »Ich wußte, daß Thom enttäuscht war, und ich denke, er hätte die Gipfelbesteigung möglicherweise geschafft, aber er nahm die Entscheidung mit Anstand hin.«

Während der dritten Nacht in Lager V begann sich der Sturm endlich zu legen, und der Morgen des 16. Mai dämmerte schließlich klar und windstill. Um acht Uhr machte sich das ganze Team auf den Weg zu Lager VI unterhalb des Nordostgrats, wobei es weiter der Route folgte, die es zu Beginn der Suche eingeschlagen hatte.

Nach sechs Stunden stetiger Spurarbeit erreichten die Bergsteiger, zu denen jetzt auch Dawa und Ang Pasang gestoßen waren, Lager VI, ungefähr eine Stunde vom Fuß des Gelben Bandes entfernt. Während das Kletterteam und die Sherpas daran arbeiteten, weitere Zeltplattformen aus dem Schnee und

Gegenüberliegende Seite:
Mitglieder des Expeditionsteams auf achttausend Meter Höhe unterwegs zum Lager VI
(*Foto Andy Politz*)

Lager VI (*Foto Jake Norton*)

Dawa mit dem Tragegestell, das aus den Resten des Lagers VI von 1933 geborgen wurde (*Foto Jochen Hemmleb*)

Eis zu hacken, kehrten Andy Politz und Thom Pollard, nachdem sie die Vorräte für die Gipfelseilschaft hinaufgeschleppt hatten, zur Fundstelle von Mallorys Leichnam zurück.

Auch Mallory und Irvine hatten 1924 ihre Hilfsmannschaft hinuntergeschickt – ihre verbliebenen vier Träger mit den inzwischen berühmt gewordenen Nachrichten für Noel Odell, der sich im Lager unter ihnen befand, und John Noel, der im Lager III auf dem Ostrongbukgletscher weilte. George Mallory hatte zuvor mit Captain Noel besprochen, daß er die Absicht habe, den Nordostgrat auf direktem Weg zu erreichen (statt Nortons und Somervells schräg verlaufender Aufstiegsroute zu folgen). Noel sollte dort früh am nächsten Morgen nach ihnen Ausschau halten.[6]

Fünfundsiebzig Jahre später war den Bergsteigern von Simonsons Team nur eine kurze Nacht vergönnt. Nachdem sie Schnee geschmolzen und Abendessen gekocht hatten, legten sie sich nur kurz zur Ruhe. Bereits um Mitternacht weckten sie sich wieder, um sich auf den endgültigen Gipfelaufstieg vorzubereiten, der um zwei Uhr in der Nacht beginnen sollte. Hahn war der Auffassung, daß sie nicht früher aufbrechen konnten, weil sie Tageslicht brauchten, um sich bei der Überwindung der technisch schwierigen Passagen entlang des Nordostgrats zu filmen – aber auch nicht später, wenn sie noch sicher vor Anbruch der Dunkelheit zurück sein wollten. »Einfach gesagt«, erläutert Hahn, »es ist viel besser, in der Dunkelheit aufzusteigen, wenn du noch fit bist, als bei Dunkelheit abzusteigen, wenn du erschöpft bist.«

Auch Mallory hatte am Vortag in seiner Nachricht an Noel angekündigt, er gedenke früh aufzubrechen, doch die Praxis des nächtlichen Aufbruchs hat sich am Everest erst Mitte der achtziger Jahre eingebürgert. Es dürfte feststehen, daß Mallory und Irvine nicht vor Tagesanbruch losgegangen sind. Sie hatten ihre Taschenlampen und Magnesiumfackeln im Lager VI zurückgelassen und hätten somit keine Möglichkeit gehabt, ihre Route in der Dunkelheit zu finden.[7]

Als Simonsons Bergsteiger zu ihrem eigenen Aufbruch rüsteten, geschah es in dem Bewußtsein, daß es hier um mehr als einen raschen Sprint zum Gipfel ging. Das Team hatte zwei wichtige Forschungsaufgaben zu erledigen, die einer weiteren Klärung des Rätsels um Mallory und Irvine dienen sollten. Die erste bestand darin, eine alte Sauerstoffflasche zu finden, die Eric Simonson bei einer von ihm geführten Besteigung 1991 gesehen hatte. Simonson hatte ein klares Erinnerungsbild von mindestens einer Sauerstoffflasche unter einem Felsblock unterhalb der Ersten Stufe. Sie war ihm so alt erschienen, daß sie seiner Meinung nach gut von einer der englischen Vorkriegsexpeditionen zurückgelassen worden sein könnte. Wenn man sie fände und feststellte, daß sie tatsächlich aus dem Jahr 1924 stammte, könnte sie dabei helfen, zu bestimmen, wie weit Mallory und Irvine an ihrem Gipfeltag gelangt und wie schnell sie vorwärtsgekommen waren, denn die Flaschen von 1924 reichten bei maximalem Sauerstoffdurchsatz (2,2 Liter pro Minute) höchstens vier Stunden.

Die zweite Aufgabe war noch wichtiger, und sie beschäftigte den Felskletterer Conrad Anker, seit sie am Berg eingetroffen waren. Die Zweite Stufe, eine etwa dreißig Meter hohe Felsbarriere auf dem Weg zum Gipfel, die eine frühere Expedition mit dem »scharfen Bug eines Schlachtschiffs« verglichen hatte, weist eine senkrechte Schlußwand auf, die Bergsteiger stets mit Hilfe einer wackligen, viereinhalb Meter langen Aluminiumleiter überwunden haben, seitdem sie dort 1975 von den Chinesen angebracht worden ist. War die Zweite Stufe 1924 ohne Leiter, nur mit den natürlichen Haltepunkten, die der Fels Händen und Füßen bot, für Mallory und Irvine bezwingbar? Und wenn sie es haben schaffen können, wie schwer war die Durchsteigung, und wie rasch konnte sie bewältigt werden? Ließ sich die Wand von einem geübten Kletterer »mit bemerkenswertem Tempo« erklimmen – so die Worte, mit denen Odell das Vorwärtskommen von Mallory und Irvine beschrieb, nachdem er sie am Mittag des 8. Juni 1924 zum letztenmal gesehen hatte? Dies alles sollte Anker herausfinden. Er wollte versuchen, die Zweite Stufe frei zu klettern, ohne die Leiter oder andere mechanische Hilfsmittel, auf die Bergsteiger heutzutage zurückgreifen. Wenn es gelang und wenn an diesem Tag noch genügend Zeit blieb, würde die Seilschaft ihren Weg zum Gipfel selbst fortsetzen.

Blick aus Lager VI, 1933; im Bild die Tragegestelle *(Foto Frank Smythe; © Royal Geographical Society, London)*

Als sich das Gipfelteam von Lager VI fort durch die Dunkelheit tastete, mußte es zunächst eine Rinne finden, die durch das Gelbe Band zum Grat aufsteigt. »Der Einstieg der Rinne ist in der Dunkelheit keineswegs eindeutig zu erkennen – auch nicht für jemanden, der schon mal dagewesen ist«, erläutert Hahn. Nachdem sie den Einstieg um drei Uhr mit Hilfe ihrer Stirnlampen gefunden hatten, bereiteten sie sich auf die erste technisch anspruchsvolle Kletterpassage des Aufstiegs vor. Sofort übernahm Conrad Anker die Führung und stieg die Rinne empor, wobei er ein neues Fixseil spannte, in das sich die anderen einhängen konnten. Sie kamen nur langsam voran, zum einen, weil Neuschnee gefallen war, und zum anderen, weil aus Sicherheitsgründen nie mehr als ein Kletterer am Seil sein sollte.

Um halb fünf, etwa in halber Höhe des Gelben Bandes, machte das Team auf einer schmalen Terrasse eine Pause und bemerkte ein Stück Metall und etwas Stoff, die aus dem Schnee ragten. Später, bei ihrem Abstieg, untersuchten Norton und Richards die Stelle eingehender und entdeckten eine Zeltstange aus Holz, ein Stück Seil, ein Tragegestell, ein Stück von einem alten, braunen Schlafsack und Gewebe von einer Zeltbahn. Als Expeditionshistoriker Jochen Hemmleb später von diesen Fundstücken hörte, lächelte er und erklärte: »Das ist haargenau die gleiche Ansammlung von Fundstücken, wie sie die Chinesen

1960 gefunden hatten; es handelt sich um die Überreste des höchsten Lagers der erfolglosen englischen Expedition von 1933.« (Vgl. »Das Rätsel um das Seil und die Zeltstange« und »Das geheimnisvolle Zelt: ein Lager in zu großer Höhe« in Anhang 1.)

Die Bergsteiger setzten ihren Aufstieg fort, wandten sich nach rechts und folgten einer von mehreren schräg ansteigenden Nebenrinnen. Um sechs Uhr erreichten sie schließlich die Grathöhe des Nordostgrats. Doch als sich der Himmel aufhellte, trübte sich ihre Stimmung. In den frühen Morgenstunden war es sehr kalt gewesen, und nun konnten die Kletterer eine dicke Wolkendecke von Südwesten heranziehen sehen. Außerdem schien sich eine Lenticulariswolke über dem Gipfel zu bilden – fast immer ein Anzeichen für eine Wetterverschlechterung. »Über und unter uns waren Wolken, und die Lenticulariswolke sagte uns, wie das Wetter in wenigen Stunden wahrscheinlich sein würde – angenehm jedenfalls nicht, davon konnten wir ausgehen«, berichtet Hahn.

Tatsächlich war die Situation ungewiß. Eine Wolke, die sich über dem Gipfel bildet, ist ein ernster zu nehmendes Gefahrensignal als eine Wolke, die im Windschatten (hier die Ostseite) des Bergs entsteht. Letztere bildet sich durch Kompression und anschließende Ausdehnung der Luft, die am Grat vorbeiströmt. Es ist ein Vorgang, der die Kondensation und Wolkenbildung fördert, aber nicht unbedingt einen Sturm ankündigt.

Die Bergsteiger beratschlagten eine Zeitlang und beschlossen dann, den Aufstieg zumindest noch bis zur Ersten Stufe fortzusetzen. »Zwischen dem Ausstieg aus der Rinne und der Wand der Stufe, dachten wir, würde Zeit sein, das Wetter zu beobachten, und wir würden keine unwiderrufliche Entscheidung treffen, wenn wir noch bis dorthin weiterstiegen«, sagt Hahn. Per Sprechfunk teilten sie ihren Plan dem vorgeschobenen Basislager mit, und Simonson erklärte sich einverstanden, zum Teil deshalb, weil er bereits entschieden hatte, daß dies der letzte Aufstieg in große Höhen sein sollte. Es war Zeit, so glaubte er, die Expedition zu beenden. Seine Bergsteiger hielten sich schon zu lange in zu großer Höhe auf und waren seit der Entdeckung Mallorys auch zu angespannt, um noch viel länger durchhalten zu können.

Die Bergsteiger folgten dem Grat in Richtung Erste Stufe. Es war ein täuschend einfach aussehender Weg. Nach links erstreckte sich ein glattes Schneefeld, eine anscheinend ideale Route, wenn man davon absieht, daß es sich in Wirklichkeit um eine zerbrechliche, windgeformte Wächte, eine überhängende Schneemasse, handelte, die über die berüchtigte Kangshung- oder Ostwand des Berges hinausragte: ein Schritt zu weit links, und es ginge dreitausend Meter hinab in die Ewigkeit.

Ein Stück weiter verließ Simonsons Team die Gratschneide nach rechts und querte über einen ziemlich steilen Abschnitt der Nordflanke zum Fuß der Ersten Stufe. Anker führte den Aufstieg – zunächst über eine offene Rinne (eher eine konkave Wandstufe), dann durch einen schrägen Riß nach rechts zur Oberkante der Wand. Dabei richtete er ein neues Fixseil ein, und wie zuvor im Gelben Band versammelten sich die anderen Kletterer am Fuß der Wand und warteten, bis sie an der Reihe waren. Nach Einschätzung der Bergsteiger war

die Route relativ einfach, aber stark exponiert: »Da hast du keine Lust, viel Zeit auf einen Blick über deine Schulter zu verschwenden«, scherzt Hahn.

Es ist keineswegs sicher, ob Mallory und Irvine dieser Traverse gefolgt sind. Bekannt war, daß Mallory im Aufstieg Gratlinien bevorzugte. »Er hätte die Erste Stufe auch erreichen und überwinden können, indem er auf dem Gratkamm blieb«, berichtet Hahn, »aber das hätte ihn mehr Zeit gekostet. Es gibt auf dieser Route viele Hindernisse, die sie hätten umgehen oder überklettern müssen. Aber es ist eindeutig machbar.« Mallory konnte durchaus zunächst dem Grat gefolgt sein. Doch die logischste Fortsetzung wäre dann gewesen, das äußerste linke Ende des Bandes unterhalb des letzten Felsturms der Ersten Stufe zu erreichen und diesen Turm rechts zu umgehen, woraufhin man auf die von Anker gewählte Variante trifft.

Ließ sich durch die Zeitspanne, die zur Ersteigung der Ersten Stufe über den Grat erforderlich war, die Verspätung von Mallory und Irvine in jenem Moment erklären, als Odell sie um 12 Uhr 50 erblickte? Erkletterten sie gerade die Erste Stufe, als Odell sie »energisch dem Gipfel entgegenstreben« sah, wie er später schrieb? Hemmleb und Andy Politz sind davon überzeugt, daß sie es

Blick von der Ersten Stufe zu Lager VII (markiert durch den pilzförmigen Felsturm in der Bildmitte) und der Zweiten Stufe; dahinter die Gipfelpyramide
(*Foto Jake Norton*)

nicht taten: »Was Odell beschreibt, ist nicht das, was man sähe, wenn sie die Erste Stufe über den Grat erklettert hätten. Odell schreibt, daß ihre ›Silhouette[n] auf einem kurzen Schneegrat unterhalb einer Felsstufe‹ aufgetaucht seien. Dort gibt es aber keinen ›kurzen Schneegrat‹. Dann erklärt er, sie seien am Gipfel der Stufe erschienen. Aber auch das ist nicht möglich. An der Ersten Stufe erscheint man – wenn dies überhaupt der richtige Begriff dafür ist – auf einem Band in halber Höhe, das nach rechts hinausführt. Der Gipfel der Stufe läge dann als deutlich höherer Punkt links von den Bergsteigern. In dem Bericht, den Odell viele Monate später verfaßte, verwendete er den Ausdruck ›Schneehang‹ statt ›Schneegrat‹. Doch Fotografien aus dem Jahr 1924 zeigen, daß es nur einen winzigen Schneefleck unterhalb der Ersten Stufe gab, den niemand als ›Grat‹ oder ›Hang‹ bezeichnen würde. Odell kann sie nicht an der Ersten Stufe gesehen haben.«

Als Simonsons Bergsteiger die Erste Stufe hinter sich gebracht hatten, trafen sie die ersten Sonnenstrahlen, und sie beurteilten die Wetteraussichten optimistischer. Es war noch immer relativ windstill, die Wolkendecke löste sich auf, und auch die Lenticulariswolke über dem Gipfel war kleiner geworden. »Das Wetter war nicht wirklich im grünen Bereich«, meint Hahn, »eher so ein Fall von ›Wird es gehen? Na, wird schon gehen.‹ Also setzten wir unseren Weg fort.«

Die Gratlinie zwischen der Ersten und der Zweiten Stufe ist, wie man unter Bergsteigern sagt, »ziemlich sportlich« – soll heißen, furchterregend, besonders wenn einem der Wind um die Ohren pfeift. Der Grat verschmälert sich zu einer wildgezackten Abfolge von Fels- und Schneegraten, so schmal, daß sie gerade noch für einen Fuß Platz bieten. »Ich war den Weg früher schon einmal gegangen und war heilfroh, daß er mir diesmal erspart blieb«, berichtet Hahn. Es gibt nämlich eine Alternativroute. Rechts fällt die Wand von der Gratschneide aus senkrecht nach unten und verflacht dann etwas, so daß eine Querungsmöglichkeit entsteht, die etwas sicherer als der Kamm ist.

Doch auch diese Route hat ihre »sportlichen« Abschnitte. Vor allem an einer Stelle mußten die Bergsteiger einen tückischen »blinden« Schritt um einen Wulst in der Felswand machen. »Du mußt dich da herumschwingen«, erzählt Hahn, »und kannst im Prinzip nur hoffen, daß auf der anderen Seite etwas ist, wo du Tritt fassen oder dich festhalten kannst.« Frühere Expeditionen hatten an dieser Stelle ein Fixseil zurückgelassen, aber das Seil war alt, und stellenweise war sein Mantel vollkommen durchgescheuert. Trotzdem hängte sich jeder Kletterer mit dem Karabiner, der an seinem Hüftgurt befestigt war, in dieses Seil ein. Damit verstießen sie zwar gegen alle bergsteigerischen Regeln, die man ihnen bezüglich der Benutzung alter Seile beigebracht hatte, aber, so Hahn, »du hängst dich halt ein, weil es besser ist, sich einzuhängen, als es nicht zu tun. Aber du mußt schon sehr gutgläubig sein, um zu meinen, es würde dich halten, solltest du wirklich stürzen.«

Zum Glück mußte niemand die Haltbarkeit des Seils überprüfen, und alle Mitglieder des Teams überwanden die Traverse ohne Zwischenfall. Vorauskletternd hatte Anker bereits eine Felsformation erreicht, die wegen ihrer charakteristischen Form »Pilzfelsen« (mushroom rock) genannt wird. Sie ist

Standort eines heute nicht mehr benutzten Lagers VII.[8] »Da bist du an der Flanke dieses Bergs entlanggekrochen, auf Felshängen mit den abenteuerlichsten Neigungswinkeln«, erläutert Hahn, »und dann stößt du plötzlich in all diesem geologischen Aberwitz auf eine Art Veranda aus Schnee, zweieinhalb mal dreieinhalb Meter messend, mit diesem bizarren, pilzförmigen Felsen dahinter. Es kommt einem seltsam vor, aber sehr gelegen.« Hier konnten sich die Bergsteiger und Sherpas neu formieren. Die Sonne schien, und es war warm genug, um ein bißchen zu rasten, etwas zu essen und zu trinken und sogar die Handschuhe auszuziehen. Aber es war auch schon zehn Uhr, und sie hatten noch die bedrohliche Zweite Stufe zu überwinden, die jetzt direkt vor ihnen aufragte.

1996 hatten am Everest acht Bergsteiger zum Teil deswegen ihr Leben verloren, weil sie so spät am Gipfel eintrafen, daß eine sichere Rückkehr nicht mehr gewährleistet war. Die »Umkehrzeit« – der Zeitpunkt, an dem ein Bergsteiger am Everest mit dem Abstieg beginnen muß, um sicher zurückzukommen – ist seitdem ein umstrittenes Thema. Nun saßen die Bergsteiger und Sherpas auf der Schneeplattform unterhalb des Pilzfelsens und erörterten ihre Situation. Ein Blick auf die Wolkenfetzen, die über die zerklüftete Landschaft ringsum jagten, machte ihnen deutlich, daß sie sich auf das Wetter keineswegs verlassen konnten, so freundlich es sich momentan auch gebärdete. Die Kangshung-Wand war in Wolken gehüllt, und weder Lhotse noch Makalu, die nächsten Gipfel, waren zu sehen. Vor den Bergsteigern lag der beängstigendste Abschnitt des gesamten Gipfelaufstiegs: eine erneute Traverse in die Nordflanke des Bergs entlang unebener Bänder aus brüchigem, abschüssigem Schiefergestein über einem gähnenden Abgrund von mehr als zweitausend Metern. Und schließlich der Felsriegel der Zweiten Stufe selbst. Eine Prüfung ihres Sauerstoffvorrats ergab, daß den Mitgliedern des Teams, wenn sie in diesem Tempo weiterkletterten, irgendwann während des Abstiegs der Sauerstoff ausgehen würde.

Richards und Norton schätzten jeder für sich ihre persönlichen Für und Wider ab und beschlossen – »das Gefühl im Bauch war einfach nicht gut« –, daß zumindest für sie die Zeit gekommen war, umzukehren. »Am schwierigsten an dieser Entscheidung war der Umstand, daß ich mich gut bei Kräften fühlte, und ich glaube, Jake ging es genauso«, erinnert sich Richards. »Es war keiner dieser Tage, wo du völlig kaputt bist und nichts Klügeres tun kannst, als umzukehren. Aber meine Gedanken waren nicht bei der Sache. Immer wieder mußte ich an die Leichen denken, die wir zwei Wochen zuvor auf dieser Schneeterrasse gesehen hatten. Ich war mir ziemlich sicher, daß ich mit meinen fünfundzwanzig Jahren noch nicht alles im Leben erreicht hatte, was ich wollte.«

Das war eine bemerkenswert besonnene Entscheidung für zwei so junge Bergsteiger, die an diesem Punkt durchaus leicht hätten vom »Gipfelfieber« gepackt werden können. Sie gaben ihren Entschluß über Sprechfunk ins vorgeschobene Basislager weiter, und Simonson sagte ihnen, was er selbst im Laufe der Jahre gelernt hatte: »Ihr seid noch jung, Leute; ihr kriegt bestimmt noch eine weitere Chance.« Als er sich später ihres Funkspruchs entsann, er-

Die Zweite Stufe mit der chinesischen Leiter (Kreis) (*Foto Dave Hahn*)

klärte er: »Wenn du ein junger Bergsteiger bist und nie damit gerechnet hast, in den Himalaja zu kommen, dann bricht es dir wirklich fast das Herz, so kurz vor dem Gipfel des Everest umkehren zu müssen. Du wirst den Gedanken nicht los, daß es deine einzige Chance ist. Ich hab es erst nach mehreren Anläufen geschafft, und jedesmal fällt dir das Umkehren schwerer, obwohl die Vernunft dir sagt, daß du es tun solltest.« Das war eine Situation, die George Mallory, der wiederholt vom Mount Everest zurückgewiesen worden war, nur allzugut verstanden hätte.

Unten in Lager V hingegen vernahm Andy Politz diese Nachricht mit Bestürzung. Er hatte seinen Platz im Gipfelteam den jüngeren Bergsteigern überlassen, um ihnen eine Chance zu geben – obwohl er selber die Stärke besessen hätte, den Gipfel zu erreichen, und die Route kannte. Auch hätte er zusätzliche Filmarbeit leisten und Anker die so wichtige Sicherung bei der freien Durchsteigung der Zweiten Stufe geben können, während Hahn ihn filmte.

Richards und Norton sahen von dem Absatz bei Lager VII aus zu, wie sich Hahn und Anker wieder auf den Weg machten, gefolgt von Dawa und Ang Pasang. »Es war den beiden Sherpas anzumerken, daß sie Manschetten vor dieser Traverse hatten, obwohl sie sehr erfahrene Bergsteiger sind«, sagt Hahn.

Gegenüberliegende Seite unten:
Die Schlußwand der Zweiten Stufe. Der Riß, der von Conrad Anker frei geklettert wurde, ist die Verschneidung links von der chinesischen Leiter. (*Foto Dave Hahn*)

Die Route überquert auf einer Strecke von rund neunzig Metern eine Reihe splittriger, geröllbedeckter Platten; sie fallen mehr als fünfunddreißig Grad steil ab und enden in einem kurzen Steilabbruch, der einen ausgleitenden Bergsteiger die gesamte Nordflanke hinabbefördern würde. »Es ist wirklich haarig, das Seil ist miserabel, du gehst auf den Spitzen deiner Steigeisen, und unter dir fällt die Wand um so steiler ab, je weiter du hinunterblickst. Es ist wirklich eine Stelle, wo du 'ne Gänsehaut kriegst.«

Sofort nach Beginn der Traverse hielt Ang Pasang an und rief den anderen zu, er kehre ebenfalls um. Dawa folgte Hahn über die Traverse zum Fuß der Zweiten Stufe und funkte dann die Nachricht ins vorgeschobene Basislager, daß auch er nicht weitergehen wollte.

Dawa wie Ang Pasang hatten den Everestgipfel schon bestiegen, allerdings von der nepalesischen Südseite, auf der Route der erfolgreichen britischen Expedition von 1953, die Edmund Hillary und Tenzing Norgay auf den Gipfel gebracht hatte. Dieser Route sind die meisten Expeditionen im Laufe der Jahre gefolgt, auch die so tragisch verlaufenen kommerziellen Expeditionen von 1996. »Ich merkte, daß sie sich wegen der Zeit Sorgen machten«, berichtet Hahn, »und angesichts ihrer Erfahrung war das auch berechtigt. Zehn Uhr *ist* spät, wenn du auf der Südseite so weit vom Gipfel entfernt bist. Auf dieser Route gibt es keinen vernünftigen Grund, warum du um diese Zeit noch nicht weiter oben bist – und daher um so bessere Gründe, umzukehren. Doch meiner Meinung nach verhält es sich mit der Nordseite anders: Der erste Teil des Aufstiegs ist schwierig und zeitraubend, und ich wußte, daß wir das Schlimmste

Conrad Anker am Fuß der Schlußwand der Zweiten Stufe bei der Vorbereitung auf die freie Durchsteigung. In der Ferne (über Ankers Kopf) sieht man einen Bergsteiger in der darunterliegenden Traverse. (*Foto Dave Hahn*)

beinahe hinter uns hatten. Zwar würden wir mit an Sicherheit grenzender Wahrscheinlichkeit im Dunkeln absteigen, aber das hatte ich auch bei meiner letzten Gipfelbesteigung über die Nordseite getan, und ich wußte, daß es ging.«

Trotzdem hätten die Kletterer schon höher sein müssen. Sie hatten Lager VI spät verlassen, zum Teil weil sie den Aufstieg über den Nordostgrat filmen wollten. Und sie hatten viel Zeit damit verbracht, das Wetter zu diskutieren und die Frage, ob sie weitergehen sollten. Kein Zweifel – sie waren auf dem besten Weg, den vorsichtig gesteckten Sicherheitsspielraum zu überschreiten.

Unter den Blicken von Richards, Norton, Dawa und Ang Pasang, die noch eine Weile verharrten, bevor sie mit dem Abstieg begannen, näherten sich Hahn und Anker der Zweiten Stufe. Und als hätten sie nicht schon genug Probleme, begann nun, da sie der schwierigsten Stelle der Route entgegenstiegen, Hahns BBC-Videokamera zu streiken. Von Anfang an war sie ein Zankapfel zwischen David Hahn und dem BBC-Produzenten Peter Firstbrook gewesen. Die BBC hatte sie im letzten Augenblick geleast, nie unter den Bedingungen getestet, unter denen sie eingesetzt werden sollte, und Hahn noch nicht einmal eine Tasche mitgeliefert. Der hatte sogar seine Zweifel hinsichtlich der Verwendbarkeit der Kamera gehabt. Jetzt bewahrheiteten sich seine schlimmsten Befürchtungen, und er konnte seine Wut nur schwer bezähmen. »Da stand ich an dieser spektakulären Kletterstelle, während Conrad sich anschickte, die [Zweite] Stufe in Angriff zu nehmen und eine der wichtigsten Fragen des Rätsels um Mallory und Irvine zu lösen – und dann funktionierte diese verflixte Kamera nicht!«

Die Zweite Stufe – ein dreißig Meter mächtiges Band aus dunklem Kalkstein, härter als die Schichten darüber und darunter – setzt sich eigentlich aus drei verschiedenen Kletterstellen zusammen, von denen nur eine tatsächlich eine senkrechte Wand ist. Unmittelbar über dem Fuß der Stufe mußte Hahn, der nun führte, einen engen Kamin zwischen der Felswand und einem massigen Felsblock emporklettern und dann ungesichert auf die Spitze des Blocks hinaustreten, während unter ihm die gesamte Nordflanke des Everest viele hundert Meter in die Tiefe abfiel. Mit typischer Untertreibung meint Hahn: »Der Schritt verlangt schon einigen Mut. Es ist eine sichere Standfläche und nicht allzu schwer zu erreichen, aber was die Luftigkeit angeht, hängst du *wirklich* ganz weit draußen.«

Von dort aus übernahm Hahn erneut die Führung und kletterte einen kurzen, steilen kegelförmigen Schneehang hinauf, der zum Fuß der senkrechten Schlußwand nahe dem Gipfel der Stufe führte. Anker folgte, während Hahn, der die Kamera wieder zum Laufen gebracht hatte, ihn dabei filmte, wie er den Hang hinaufkam. Im Idealfall hätte jemand anders die Spurarbeit übernommen, so daß Hahn seine Aufmerksamkeit und die Kamera auf Anker hätte richten können. Doch auf diesen Luxus mußten sie unter den gegebenen Umständen verzichten.

Endlich hatte Anker jene Kletterstelle vor sich, die ihn seit der Ankunft am Berg beschäftigte. Während Hahn sich an der alten chinesischen Leiter von 1975 sicherte und sich der widerspenstigen Kamera widmete, suchte Anker die

Schlußwand nach möglichen Aufstiegsrouten ab. Zwei fielen sofort ins Auge: Rechts von der Leiter, im Sonnenlicht, verlief ein Riß schräg nach rechts, der sich als Route anbot. Doch schon nach wenigen Metern verwarf er die Idee. »Der Fels war locker und verwittert, das Sturzrisiko zu hoch«, berichtete er.[9] Hahn hatte diese Route schon bei einer früheren Besteigung begutachtet und den Fels ebenfalls als sehr schlecht befunden. Durch den ständigen Wechsel von Gefrieren und Auftauen zerfiel das Gestein regelrecht.

Augenblicklich wandte Anker seine Aufmerksamkeit einer zweiten Route zu, einem *Off-Width*-Riß (zu breit für die Faust und zu schmal für den Körper), der im ständigen Schatten links der Leiter lag. Bevor Hahn seinen Karabiner von der Leiter gelöst, sich um hundertachtzig Grad gedreht, wieder in die Leiter eingehängt und die Kamera eingestellt hatte, befand sich Anker schon fast am oberen Ende des Risses. Er hatte seinen linken Arm und sein linkes Bein in den Spalt verklemmt und sich schnell und effizient das Hindernis hinaufgearbeitet.

Hahn war beeindruckt. Er hatte noch nicht einmal Zeit gehabt, eine Sicherung einzurichten (und hatte natürlich niemanden, der ihm die Sicherungsarbeit abnehmen konnte), da war Ankers Kopf schon auf gleicher Höhe mit der oberen Sprosse der Leiter. Am Ende des Risses mußte Anker nach rechts um einen Überhang herumspreizen. Es gab eine ideal gelegene schmale Leiste, die er dafür hätte benutzen können, aber eine der Leitersprossen war im Weg. Später beschrieb Anker die Stelle: »Ich konnte mein Knie im Riß verklemmen und mich so nach oben arbeiten ... Am Ausstieg konnte ich einen Dreier-Friend [eine mechanische Rißklemme] anbringen; ich klemmte meine Hand in denselben Spalt und mußte dann aus dem Riß herausspreizen.«[10] An einem guten Griff für die rechte Hand zog er den Körper nach, setzte kurz seinen Fuß auf eine Leitersprosse, welche die gute Leiste verdeckte, und erreichte wenige Augenblicke später den Gipfel der Zweiten Stufe.

Obwohl Anker an zwei Stellen nahe dem Gipfel der Stufe Klemmkeile angebracht hatte, war Hahn und ihm klar, daß sie überflüssig waren – mehr eine reine Sicherungsmaßnahme als eine Notwendigkeit. Zur Fortbewegung, das heißt, als Griff oder Tritt, hatte er sie nicht gebraucht. Im übrigen war Anker auch nur deshalb auf die Leitersprosse getreten, weil sie einen hervorragenden Tritt verdeckte, der ihm bei der Querung der Wand nach rechts genauso gute Dienste geleistet hätte. »Die Leiter war mehr ein Hindernis als eine Hilfe«, lautete Hahns Kommentar. Hätte Mallory die Schlußwand erklettern können? Anker: »Dieser Riß ist der einzige, der nicht verwittert ist ... Er hätte wahrscheinlich genauso sein Knie in ihn verklemmt und sich dann einfach hinübergezogen. Es ist keine lange Passage, aber man kommt schon außer Atem.«[11] Anker hatte die Schlußwand ohne zusätzlichen Sauerstoff durchstiegen.

Hahn pflichtet ihm bei: »Für mich ist es keine Frage, daß ein geübter Bergsteiger die Schlußwand ohne Hilfsmittel überwinden konnte, und wir wissen, daß Mallory ein geübter Kletterer war.« Allerdings hat er einige Vorbehalte, und er faßt sie mit den folgenden Worten zusammen: »Ich denke zwar, daß es ihn an die Grenzen seiner Fähigkeiten gebracht hätte, aber es wäre

sicherlich innerhalb dieser Grenzen geblieben. Der letzte Teil der Stufe ist nicht sehr lang, er ist zu schaffen. Doch was mich nachdenklich macht, ist die Kombination verschiedener Faktoren. Die Schlußwand befindet sich über einem steilen Schneefeld, das kein Kinderspiel ist. Der Schneehang liegt seinerseits über dem unteren Teil der Stufe, dessen Durchsteigung kein Kinderspiel ist, und die ganze Stufe befindet sich über dieser exponierten Traverse vom alten Lager VII, die ebenfalls kein Kinderspiel ist. Jedes einzelne dieser Hindernisse ist zu bewältigen, aber konnten sie sie alle schaffen? 1924, als die Route noch unbekannt war? Ich weiß es nicht.«

Jochen Hemmleb nähert sich der Frage sachlicher und analytischer. Seiner Meinung nach geht es nicht in erster Linie darum, ob Mallory und Irvine die erforderlichen Fertigkeiten besaßen, um die Stufe zu überwinden – Mallory zumindest besaß sie und hätte Irvine beim Aufstieg bestimmt nachsichern und unterstützen können. Für Hemmleb lautet die entscheidende Frage vielmehr, ob die Topografie der Zweiten Stufe mit den topografischen Einzelheiten übereinstimmt, die Odell beschrieb, nachdem er die beiden Bergsteiger nach eigenem Bekunden gesehen hat.

»Die Topografie der Zweiten Stufe paßt sicherlich besser zu Odells Beschreibung als die der Ersten Stufe«, sagt Hemmleb, »aber der Schneehang in der Wand der Zweiten Stufe hat nur eine Fläche von ein paar Quadratmetern und befindet sich, da er nach Norden hin exponiert ist, den größten Teil des Tages im Schatten. Das ist kein Platz, an dem man zwei aufsteigende Bergsteiger so einfach ausmachen kann. Obwohl Conrads Durchsteigung bewiesen hat, daß sich die Schlußwand durchaus mit, so Odell, ›bemerkenswertem Tempo‹ erklettern läßt, wären Mallory und Irvine nicht am Gipfel der Stufe aufgetaucht, wie Odell schrieb, sondern irgendwo rechts davon an der Oberkante des Abbruchs. Die Frage ist also, ob die Zweite Stufe wirklich der Ort ist, der die größte Ähnlichkeit mit Odells Beobachtung hat.« Hemmleb sollte bald erfahren, daß es noch eine weitere Möglichkeit gab.

Wenn Mallory und Irvine wie Anker und Hahn in der Lage gewesen wären, die Zweite Stufe zu überwinden, hätten sie dann angesichts der fortgeschrittenen Zeit beschlossen umzukehren? Mallory hatte in der Vergangenheit unter Beweis gestellt, daß er zur Umkehr fähig war, wenn alles dafür sprach, daß jedes Weitergehen verantwortungslos gewesen wäre. Andererseits war er aber auch ein ungestümer Kletterer und von diesem Gipfel geradezu besessen. Als Dave Hahn die Geschichte seiner eigenen Besteigung an diesem Tag erzählt, läßt er sich zu einer sehr bezeichnenden Äußerung hinreißen: »Ich gelte als umsichtiger Bergführer und bin schon bei vielen Aufstiegen umgekehrt, aber an diesem Tag kannte auch ich keine Grenzen. Es gab nur noch den Gipfel für mich, und von der Zweiten Stufe an sah ich nichts, was mich noch hätte aufhalten können.« Besteht irgendein Grund für die Annahme, daß George Mallory bei seinem vierten Versuch in drei Jahren – und mit Sicherheit der letzten Gelegenheit in seinem Leben – anders empfunden und gehandelt hätte? Folgt man diesem Szenario, so schienen die technisch schwierigen Kletterpassagen eindeutig hinter ihm zu liegen. Vor ihm erstreckte sich ein Schneehang, der zum Gipfel führte, sowie einige recht harmlose Hindernisse, die es zu überklettern oder zu umgehen galt. Und dahinter, endlich, erhob sich der Gipfel. Im Endeffekt ist es eine Frage des Charakters. Geoffrey Winthrop Young, ein langjähriger Freund, Kletterpartner und Lehrmeister von Mallory, meinte: »... nachdem ich Mallory seit fast zwanzig Jahren als Bergsteiger kenne, kann ich sagen ... daß die Umkehr wohl für jeden Bergsteiger, das einzige Hindernis hinter sich wissend, schwierig gewesen wäre – für Mallory wäre sie ein Ding der Unmöglichkeit gewesen.«[12]

Für Young stand es außer Frage: Mallory wäre weitergegangen, einfach »weil Mallory Mallory war«.[13]

Damals schätzte Odell, daß Mallory und Irvine noch drei Stunden vom Gipfel entfernt waren, als er sie sah. Hahn nahm an, Anker und er würden noch zwei Stunden bis zur Spitze brauchen, »ohne ernsthafte Hindernisse vor uns«. Später sollte er schuldbewußt eingestehen: »Den gleichen Fehler habe

Dave Hahn und Conrad Anker an der Dritten Stufe (*Telefoto von Jochen Hemmleb, aufgenommen von einem Punkt oberhalb des vorgeschobenen Basislagers*)

Gegenüberliegende Seite:
Oben: Conrad Anker auf dem Plateau oberhalb der Zweiten Stufe; er nähert sich der Dritten Stufe (*Foto Dave Hahn*)

Unten: Dave Hahn oberhalb der Zweiten Stufe; Tiefblick zum Nordsattel und Changtse (*Foto Conrad Anker*)

ich '94 begangen.« Tatsächlich waren Anker und Hahn noch vier schwierige und anstrengende Stunden vom Gipfel entfernt. So nebensächlich solcherlei Einschätzung in diesem Augenblick schien, sie sollte sich als gefährliches Fehlurteil erweisen. Im Fall von Mallory und Irvine könnte sie ein tödliches Fehlurteil gewesen sein.

Nach einer kurzen Rast, etwas Tee, einem Happen zu essen und einem kurzen Funkspruch an Simonson, in dem Anker und Hahn ihm mitteilten, daß sie die Zweite Stufe überwunden hatten, wandten sich die beiden wieder bergwärts. Hahn: »Der Anstieg von der Zweiten zum Fuß der Dritten Stufe ist während des ganzen Tages so ziemlich die einzige Stelle, wo du keine Angst haben mußt abzustürzen.«

Die Bergsteiger suchten sich einen Weg über ein weites, von Felsblöcken übersätes Plateau, eine Landschaft aus schwarzen Felsen und weißen Schneeflecken. Über ihnen senkte sich die Wolkendecke, und es wurde diesig. »Es war klar: Da kam wahrscheinlich entweder Schnee auf uns zu, oder uns würden bald die Wolken einhüllen«, berichtet Hahn. »Allerdings war der Wind nicht der Rede wert, und die Sonne blinzelte noch durch diese Wolken und wärmte uns ein wenig.«

Bald darauf stiegen die beiden Kletterer einen Schneehang empor und gelangten an den Fuß eines weiteren Hindernisses, einer zerborstenen Felsbastion auf 8700 Meter Höhe, die als Dritte Stufe bekannt geworden ist.[14] Von ihr sagt Hahn: »Sie gibt einem nicht so das Gefühl von Luftigkeit, von Exponiertheit wie die anderen Stufen. Es ist mehr Kraxelei als Kletterei.« Keine Viertelstunde brauchten die beiden für die Dritte Stufe.

Weit unten auf der Moräne des Östlichen Rongbukgletschers oberhalb des vorgeschobenen Basislagers beobachtete Jochen Hemmleb Anker und Hahn durch das Sechshundert-Millimeter-Teleobjektiv seiner Kamera und war völlig erstaunt über das, was er sah: »Es war in allen Einzelheiten eine Wiederholung dessen, was Odell über die letzte Sichtung von George Mallory und Andrew Irvine berichtet hatte: ›Meine Augen wurden von einem winzigen schwarzen Fleck angezogen, dessen Silhouette auf einem kurzen Schneegrat unterhalb einer Felsstufe im Grat sichtbar wurde. Ein zweiter schwarzer Punkt tauchte auf und bewegte sich über den Schnee, bis er den anderen auf dem Kamm erreicht hatte. Nun näherte sich der erste der großen Felsstufe und tauchte kurz darauf auf ihrer Spitze auf; der zweite folgte dem ersten.‹ Ich betrachtete das Geschehen fast genau aus dem gleichen Blickwinkel wie Odell, wenn auch von einem tiefergelegenen Standort aus. Erst als ich eine noch stärkere Vergrößerung wählte und die Farbe ihrer Daunenanzüge erkannte, konnte ich sicher sein, daß ich nicht einfach um fünfundsiebzig Jahre zurückversetzt worden war! Nun hielt ich es für möglich, ja vielleicht sogar wahrscheinlich, daß Odell Mallory und Irvine an der Dritten Stufe gesehen hatte, nicht an der Zweiten.«

Hoch oben am Berg strebten Anker und Hahn dem Gipfel zu. Schneefall hatte eingesetzt und verdichtete sich rasch. Die Sichtweite sank auf dreißig Meter. Als sie das Gipfelschneefeld erreichten, kamen sie nur noch im Kriechtempo vorwärts.

Dave Hahn auf den letzten Metern zum Gipfel des Mount Everest, 17. Mai 1999 (*Foto Conrad Anker*)

»Knietief versanken wir in lockerem Schnee, und das bei einem Gefälle, das mit fünfundvierzig Grad begann und sich dann nach oben hin bis auf fünfundfünfzig Grad aufsteilte«, berichtet Hahn. »Alle Seile, die andere Bergsteiger dort zurückgelassen hatten, waren tief im Schnee vergraben.« Anker übernahm die Führung und spurte durch den immer steiler werdenden Hang, wobei er jedesmal das Seil aus dem Schnee reißen mußte – harte Arbeit unter normalen Bedingungen, mörderisch auf fast 8800 Metern. Da er einen Lawinenabgang befürchtete, forderte Anker seinen Partner auf, am Fuß des Hangs zu warten, damit sie sich nicht gemeinsam auf demselben Schneefeld und am selben Seil befanden.

»Er hatte natürlich recht, aber für mich war es schon sehr frustrierend«, sagt Hahn. »Conrad erledigte dort oben die ganze Arbeit, während ich unten zu warten hatte. Inzwischen schneite es wie verrückt, und es brauchte zudem viel Zeit, überhaupt voranzukommen.«

Auch Ankers Nerven waren zum Zerreißen gespannt. Das Schneefeld ist im Grunde genommen der alleroberste Abschnitt des Großen Couloir, des tiefen Einschnitts in der Nordflanke, der fast dreitausend Meter bis zum Hauptrongbukgletscher abfällt. »Es war klar, daß sich Conrad dort oben in einer sehr unkomfortablen Lage befand. Über Sprechfunk teilte ich ihm mit, daß ich bei meiner letzten Gipfelbesteigung sehr lange gebraucht hätte, um mit ganz ähn-

Sauerstoffflasche von Mallory oder Irvine, gefunden am 17. Mai 1999 nahe der Ersten Stufe (*Foto Jim Fagiolo; © Mallory & Irvine Research Expedition*)

lichen Verhältnissen klarzukommen. Wir erörterten auch mit Eric [Simonson] und Russell Brice unten im vorgeschobenen Basislager, welche Möglichkeiten es gab, das Schneefeld zu umgehen. Schließlich beschlossen wir, daß Conrad nach rechts zur Nordflanke und zum runden Kamm des Nordpfeilers queren sollte, statt bis zur Spitze des Schneefelds zu klettern.« Bald wurde der Schnee härter, und Anker querte nach rechts um den Gipfelaufbau und kletterte dann eine steile Rampe empor, die wieder auf den Gipfelgrat zurückführte. Hahn brauchte ihm nur noch zu folgen.

Doch Hahn hatte Probleme. Den ganzen Tag über hatte er sich schon nicht richtig bei Kräften gefühlt. »Vor Beginn des Gipfelangriffs hatte ich mich im Basislager nicht genügend ausruhen können. Als wir dann im vorgeschobenen Basislager ankamen, haben wir natürlich den größten Teil der Nacht mit der Rettung des Ukrainers zu tun gehabt. Das hat mich viel Kraft gekostet, und nun merkte ich, daß ich nicht richtig fit war.« Weit unten im vorgeschobenen Basislager begann Simonson, sich mehr und mehr Sorgen zu machen. In ständigem Funkkontakt mit Anker wartete er auf die Nachricht von Hahns Ankunft. Zehn Minuten waren verstrichen, zwanzig, schließlich eine halbe Stunde.

War eine Lawine abgegangen und hatte Hahn mit sich in die Tiefe gerissen?

Tatsächlich hatte Hahn das Schneefeld hinter sich gebracht, sich einen Weg über eine Reihe unebener, abschüssiger Bänder unterhalb des Gipfelaufbaus gesucht und sich mit seinen Steigeisen in einem alten Seil verfangen. Nachdem er sich endlich befreit hatte, quälte er sich eine fünfunddreißig Grad steile, extrem exponierte Passage zur Rampe empor. Von dort stieg er langsam zum Gipfelgrat auf und kam in Sicht. Anker funkte ins vorgeschobene Basislager: »Dave ist ungefähr zwanzig Meter entfernt, kommt näher.« Erleichtert schlug Simonson vor, Anker solle zum Gipfel weitergehen, aber dieser wartete auf seinen Partner und sagte: »Ohne Dave wäre ich nicht an diesem Berg. Das machen wir zusammen.«

Als Hahn bei Anker eintraf, keuchte er heftig. Nach einer kurzen Rast wandten sie sich um und begannen, das letzte Stück des Gipfelgrats zu erklimmen. Doch schon nach ein paar Schritten auf dem Grat war Hahn wieder außer Atem. Er blieb stehen, riß sich die Sauerstoffmaske vom Gesicht und bat Anker, den Regulator zu überprüfen. Anker tat es – und entdeckte, daß Hahns Sauerstoffflasche leer war.

»Das war so eine Art gute und schlechte Nachricht zugleich«, meint Hahn trocken. »Die gute Nachricht war, daß ich damit zumindest eine Teilerklärung hatte, warum ich so langsam kletterte und so schwer atmete – durch eine Maske, die keinen Sauerstoff mehr lieferte. Die schlechte Nachricht war, daß ich den Gipfel und den Abstieg jetzt ohne Sauerstoff schaffen mußte. Und ich dachte nur: ›Mein lieber Mann, die Liste meiner Probleme ist gerade ein ganzes Stück länger geworden.‹

Ich hatte am Fuß der Zweiten Stufe auf eine volle Flasche gewechselt, eine kurze Rechnung angestellt und war zu dem Ergebnis gekommen, daß ich

Irvine mit seinem modifizierten Sauerstoffgerät. Die charakteristische Form der Sauerstoffflaschen ist gut zu erkennen. (*Foto Noel Odell; © Royal Geographical Society, London*)

bei ganz aufgedrehtem Ventil gerade bis auf den Gipfel kommen würde«, erklärt Hahn. »Als dann aber der Weg die Gipfelpyramide hinauf viel länger dauerte, als ich gedacht hatte, habe ich vergessen, den Sauerstoffvorrat neu zu berechnen und das Ventil herunterzuregeln.« Hahn ist ein Profi; er hätte seinen Sauerstoffvorrat in regelmäßigen Abständen überprüfen müssen. Daß er es nicht tat, unterstreicht nur, wie angeschlagen er an diesem Tag war. (Später sollte sich herausstellen, daß er zudem infolge einer bis dahin unentdeckten Glutenunverträglichkeit während der ganzen Expedition unter einer starken Reduzierung seiner roten Blutkörperchen litt, was seine Höhenanpassung verringerte.)

Jetzt waren Anker und Hahn nur noch hundert Meter Wegstrecke vom Gipfel entfernt. Anker ließ seinen Rucksack und sein Sauerstoffgerät an der Stelle zurück, wo er auf Hahn gewartet hatte, und die beiden begannen den Aufstieg über den Gipfelgrat. Müde wie sie waren, und ohne Sauerstoffgeräte, brauchten sie eine Dreiviertelstunde, um diese Entfernung zurückzulegen – ein Schritt, anhalten, keuchend Atem holen, dann der nächste Schritt. Schließlich ertönte im Sprechfunkgerät des vorgeschobenen Basislagers Ankers triumphierendes »Juuuhuuuuu«, welches signalisierte, daß sie nicht mehr höher klettern konnten – sie hatten den Gipfel der Welt erreicht. Durch das vorgeschobene Basislager hallten Hochrufe der Erleichterung, doch Simonson war sehr besorgt über den erschöpften Klang von Hahns Stimme und erinnerte die beiden Kletterer daran, daß keine Zeit blieb, die Aussicht zu genießen. Da

Conrad Anker (links) und Dave Hahn (rechts) nach der Rückkehr vom Gipfel im vorgeschobenen Basislager (*Fotos Jochen Hemmleb*)

der Gipfel sowieso in Wolken gehüllt war und sich ihnen kein Ausblick bot, der sie ablenken konnte, verschwendeten die beiden keine Zeit. Hahn machte ein paar Filmaufnahmen und Fotos, und schon nach fünf Minuten begannen sie mit dem Abstieg – sehr wohl wissend, daß sie die Dunkelheit noch vor dem Erreichen des sicheren Lagers VI einholen würde.

Früher am selben Nachmittag, als die Männer im vorgeschobenen Basislager Richards' und Nortons Abstieg von der Ersten Stufe verfolgten, konnte Hemmleb sich lebhaft vorstellen, wie ausgelaugt und enttäuscht die beiden sein mußten, nachdem ihnen der Gipfel versagt geblieben war. Dann hörte er zu seiner Überraschung, wie Simonson sie aufforderte, das Gebiet nach der alten Sauerstoffflasche abzusuchen, auf die er 1991 gestoßen war – er hatte die Aufgaben der Expedition trotz der Sorge um seine Bergsteiger nicht vergessen. Und es berührte Hemmleb in besonderem Maße, daß die beiden sich trotz der fortgeschrittenen Tageszeit und der schlechten Sichtverhältnisse ohne Zögern dazu bereit erklärten.

»Als ich später darüber nachdachte«, sagt Richards, »fand ich es ziemlich lustig: Da beschrieb Eric einen Felsblock, den er sich als Merkmal des Fundortes einer alten Flasche eingeprägt hatte. Es schneite heftig, die Sicht war schlecht, und da sollten wir diesen speziellen Felsblock in einer Gegend finden, die mit Hunderten von ähnlich aussehenden Felsen übersät ist. Und doch standen Jake und ich keine drei Minuten später vor einem großen braunen Felsblock, unter dem eine Sauerstoffflasche verkeilt war.«

Hemmleb hatte zuvor schon recherchiert, daß die Flasche, an die sich Simonson erinnerte, entweder von der englischen Expedition 1924 oder von der chinesischen aus dem Jahr 1960 stammen mußte. Als Richards nach einer halben Stunde an das vorgeschobene Basislager durchgab: »Ich habe eine alte Flasche gefunden, die wie die chinesische von 1975 aussieht, nur daß sie nicht blau bemalt ist«, hielt Hemmleb den Fall für erledigt.

Daher traf es ihn völlig unerwartet, als die beiden am nächsten Tag im vorgeschobenen Basislager eintrafen und Richards Hemmleb mitteilte, er habe ihm »ein interessantes Souvenir« mitgebracht. Nach dieser Ankündigung griff er in seinen Rucksack und zog einen alten rostigen, zigarrenförmigen Zylinder heraus. Hemmleb brauchte nur ein paar Sekunden, um das Modell zu erkennen: »Das ist eine vierundzwanziger Flasche! Du hast eine vierundzwanziger Flasche gefunden!« Er konnte es kaum fassen. Mit weit aufgerissenen Augen starrte er dieses Stück Bergsteigergeschichte in seinen Händen an – eines, das ihm mehr als alle anderen Fundstücke erzählte, daß Mallory und Irvine tatsächlich dort oben gewesen und den Grat entlanggeklettert sind, »energisch dem Gipfel entgegenstrebend«, wie Odell es beschrieben hatte. Ein weiteres Puzzleteil fügte sich ins Bild.

Oben am Berg waren Hahn und Anker damit beschäftigt, vom Everestgipfel abzusteigen. Hahn wußte, daß er Probleme hatte, und rang innerlich mit den möglichen Konsequenzen seiner geschwächten Verfassung. Anker, der zu diesem Zeitpunkt zweifellos besser bei Kräften war, hatte Hahn selbstlos die eigene Flasche mit dem sorgsam gehorteten Sauerstoff überlassen, als sie in Richtung der Dritten und Zweiten Stufe abwärtsstiegen. »Nicht weniger Sorgen als die eigene Situation«, erinnert sich Hahn, »machte mir die Tatsache, daß ich Conrad zur Last fiel und daß ich die Leute unten im vorgeschobenen Basislager beunruhigte. Mir war klar, sie hatten Angst um mich. Aber ich war nicht zum erstenmal hier oben und vollkommen sicher, daß ich mich nicht einfach hinsetzen und sterben würde. Außerdem waren Conrad und ich zusammen in der Antarktis geklettert, und ich wußte, daß er wußte, ich würde nicht aufgeben.«

Anker stand es noch frisch ins Gedächtnis geschrieben, mit welchen Folgen es für die Mitglieder des ukrainischen Teams verbunden gewesen war, daß sie sich aus den Augen verloren hatten. Daher achtete er besonders darauf, daß Hahn in Sichtweite blieb; immer wieder wartete er, bis der Gefährte zu ihm aufgeschlossen hatte. Dafür war ihm dieser unendlich dankbar: »Ich meine, das muß man sich vor Augen halten: Da ist Conrad, der keinen Sauerstoff benutzt, und die Nacht bricht an. Mit seiner Kraft und Kletterfähigkeit hätte er diesen Grat förmlich hinunterfliegen können. Aber er tat es nicht.«

Durch das unvermindert andauernde Schneetreiben stolpernd und nach Atem ringend, versicherte Hahn seinem Partner wieder und wieder, daß mit ihm alles in Ordnung sei. Und er hielt sein Wort: Trotz seiner Langsamkeit schaffte er es sicher hinab zur Zweiten Stufe, wo Anker schon ihren weiteren Abstieg austüftelte. »Es fand sich dort ein gutes Stück Seil, und wir entschieden, daß es die effektivste Methode für den Rückweg über die Zweite Stufe wäre, wenn wir das Seil verankerten und uns dann abseilten, statt die Route abzuklettern, die wir aufgestiegen waren. Die Frage war nur, ob das Seil bis unten reichen würde.«

Es reichte. Allerdings verhedderte sich Hahns Fuß in einer alten Seilschlinge, und je weiter er sich jetzt abseilte, desto stärker geriet er in Rückenlage. »Es ist nicht wie beim Felsklettern in kurzer Hose und T-Shirt. Mit Rucksack, Daunenanzug und Sauerstoffmaske kannst du dich nicht einfach umdrehen und nachsehen, was los ist.« Hahn riß sich die Sauerstoffmaske herunter, blockierte die Abseilfahrt, bekam mit viel Mühe seinen Fuß wieder frei und ließ sich bis zum Sockel der Stufe hinab, wo Anker wartete. Anker fixierte ein Seil, um den Weg über die aberwitzig abschüssige Traverse unterhalb der Stufe ein wenig sicherer zu machen. Dann bewegten sie sich rasch auf die alte Zeltplattform von Lager VII zu.

Hier nahm Hahn die angebrochene Sauerstoffflasche auf, die er auf dem Hinweg zurückgelassen hatte, und schloß sie an. Anker setzte den Abstieg ohne Sauerstoff fort. »Conrad war an diesem Tag viel besser bei Kräften als ich, aber da das schwierige Felsklettern sein Spezialgebiet ist, fühlte er sich auf diesem Terrain zudem viel sicherer. Selbst wenn ich in Bestform gewesen wäre, hätte ich nicht mithalten können«, gibt Hahn zu.

Schon bald hatten sie die Erste Stufe ohne weitere Komplikationen erreicht. Sie seilten sich auf den Grat ab und setzten ihren Weg im schwächer werdenden Dämmerlicht fort. Anker rief Simonson über Funk und schlug vor, er solle Richards und Norton, die sich in Lager VI ausruhten, darum bitten, ihm und Hahn entgegenzusteigen und ihnen beim nächtlichen Abstieg durch das Gelbe Band zu helfen.

»Zu diesem Zeitpunkt war ich nicht der Meinung, daß wir auf ›Rettung‹ angewiesen waren, und vor allem wollte ich sie nicht«, berichtet Hahn. »Aber ich konnte verstehen, daß Eric es angemessen fand, sie zu schicken – nur für den Fall der Fälle. Es war eine Vorsichtsmaßnahme und vollkommen richtig, aber es tat mir furchtbar leid, daß ich den Jungs das zumuten mußte.« Später in der Dunkelheit trafen die beiden Gipfelbesteiger im Gelben Band auf die ihnen entgegenkommenden Gefährten, und nach siebzehnstündiger Kletterei waren sie zurück im Lager VI und in Sicherheit.

Die Rinnen, die vom Nordostgrat durch das Gelbe Band zum Lager VI führen, sind berüchtigt dafür, daß man sie im Abstieg schwer findet, besonders im Dunkeln. Viele Expeditionen haben an diesem Punkt noch ein tragisches Ende gefunden.

Rechts liegt der gefährlich verlockende Schneegrat, der über die schwindelerregende Kangshungwand hinausragt. Als Norton und Richards einige Stunden zuvor an dieser Stelle vorbeigekommen waren, hatten sie ein frisches Loch in der Wächte gesehen, »genau mit den Umrissen eines Mannes mit einem Rucksack«. Nur zu leicht konnten sie sich vorstellen, wie der vermißte ukrainische Bergsteiger im Schneetreiben erschöpft und orientierungslos die Felsen hinabgeklettert, auf die Wächte getreten und eingebrochen war. Von der Wächte geht es zunächst dreißig Meter senkrecht hinunter, dann folgt eine steile, mehr als drei Kilometer lange Rutschpartie ins Verderben. »Wäre mir nicht das frische Loch aufgefallen«, meint Jake Norton, der mit Tap Richards unter ähnlichen Bedingungen abstieg, »hätte ich leicht dieselbe Route nehmen können – mit genau dem gleichen Ergebnis.«

Links lag nur unwesentlich weniger gefährliches Gelände: die gestuften Abbrüche über der Nordflanke und irgendwo zwischen ihnen der Einstieg zu den Rinnen. Hahn und Anker hatten den Ort beim Aufstieg markiert, so daß sie, dank Hahns früherer Erfahrung mit einem Abstieg in der Dunkelheit, die gesuchte Rinne schon bald gefunden hatten.

»Als wir uns hinuntertasteten, vorsichtiger denn je«, sagt Hahn, »mußte ich an George Mallory denken. Ich wußte, daß er dort unten unter mir in der Dunkelheit lag. Und immer wieder ging mir eine Frage durch den Kopf: ›Wo kann man hier fallen? Wie ist es passiert?‹«

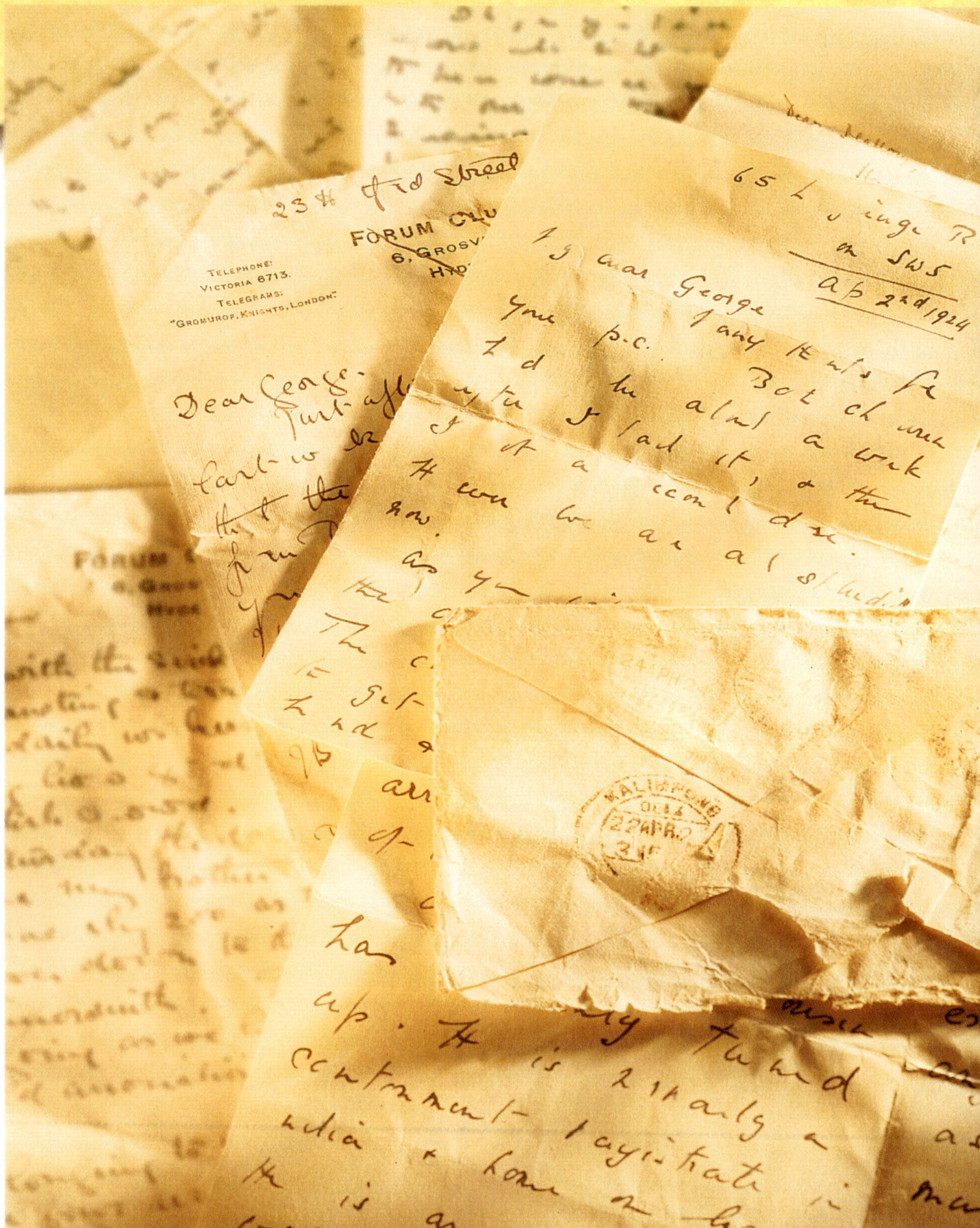
TELEPHONE:
VICTORIA 6713.
TELEGRAMS:
"GROMUROF, KNIGHTS, LONDON."
Dear George
Ap 2nd 1924

KAPITEL 8

Notizen auf einem Briefumschlag

... eines Tages werden Sie eine andere Geschichte hören ...
George Mallory

Wer sich mit der Lösung von Rätseln befaßt, sollte sich an einen Ausspruch halten, den Arthur Conan Doyle seinem Sherlock Holmes in den Mund legte: »Wenn man alles ausgeschlossen hat, was nicht sein kann, *muß* das Verbleibende, so unwahrscheinlich es auch ist, der Fall sein.« Bei anspruchsvollen Rätseln ist es schwer, eindeutige Beweise beizubringen. Und die Frage nach dem Schicksal von George Mallory und Andrew Irvine ist in der Tat ein sehr anspruchsvolles Rätsel.

Der Mangel an schlüssigen Beweisen hat alle in den vergangenen fünfundsiebzig Jahren unternommenen Versuche, die Ereignisse vom 8. Juni 1924 zu rekonstruieren, vor große Probleme gestellt. Doch war er nicht der einzige Grund für die Schwierigkeiten. Hinzu kam die Verwirrung, die in den Wochen und Monaten unmittelbar nach dem Verschwinden der beiden gestiftet wurde. Mallorys und Irvines ungeklärtes Schicksal regte die Neugier und die Phantasie vieler Leute an und schürte Spekulationen unter Bergsteigern wie auch Laien in Großbritannien, ja in der ganzen Welt. Theorien wurden aufgestellt von Menschen, die beide Bergsteiger gekannt hatten, und von anderen, die ihnen nie begegnet waren, von Kennern des Mount Everest wie von der großen Mehrheit, die nicht die geringste Ahnung von dem Berg hatte. Hellseher lieferten Antworten »aus dem Jenseits«.

Der arme Noel Odell war zu bedauern. Einerseits sah er sich mit Skeptikern konfrontiert, die von vornherein davon überzeugt waren, daß der Berg unbezwingbar sei. Andererseits hatte er es mit den Freunden von Mallory zu tun, die behaupteten, »weil Mallory Mallory war«, hätte er alles auf eine Karte gesetzt, um zum Gipfel vorzustoßen. Eingedenk der unerschütterlichen Willenskraft, die ihn angetrieben habe, so behaupteten sie, wäre er von der Zweiten Stufe zweifellos auf den Gipfel gestiegen, doch da dies anscheinend nicht geschehen sei, müsse Odell sich getäuscht haben, als er ihn an der Zweiten Stufe zu sehen glaubte. In Anbetracht der Unbezwingbarkeit des Berges, unkten andererseits die Skeptiker, hätten Mallory und Irvine unter keinen Umständen die Zweite Stufe »mit beachtlichem Tempo« erklommen, so daß sie ebenfalls, wenn auch aus anderen Gründen, der Meinung waren, Odell habe sich geirrt. Kein Wunder, daß er seinen Bericht nach und nach veränderte und schließlich einlenkte, vielleicht habe er sie an der Ersten und nicht an der Zweiten Stufe gesehen.

Der dritte Grund, der für Verwirrung sorgte, ist jüngeren Datums und stammt aus der Zunft der Bergsteiger selbst. Dort herrscht die Einstellung vor – eine Art zeitgenössischer Abfälligkeit, die an Arroganz grenzt –, daß anders als die heutigen Bergsteiger, die den Gipfel relativ mühelos erklimmen könnten, jene »armen Hunde« keine Chance gehabt hätten. Schaut sie euch an, scheinen diese Bergsteiger zu sagen: Nach heutigen Maßstäben waren sie schlecht ausgerüstet, ihre Sauerstoffgeräte waren primitiv und unzuverlässig, ihre Kleidung war erschreckend unzulänglich, sie wußten kaum etwas über Akklimatisierung und praktisch nichts über die Gefahren des Flüssigkeitsverlustes in der trockenen Luft großer Höhen. Sie ernährten sich schlecht, tranken zu wenig und können von Glück reden, daß sie dort oben überhaupt so lange am Leben blieben. Unter den bekanntesten Everest-Besteigern unserer Tage ist eine bemerkenswert irrationale Einstellung erkennbar, frei nach dem Motto »Wir sind oben gewesen, aber die können das auf keinen Fall geschafft haben«.

Weshalb nicht? Letztlich hängt der Erfolg am Everest weniger von technischem Geschick oder moderner Ausrüstung ab als von schierer Körperkraft, Schneid und, in nicht geringem Maße, vom Segen der Wettergötter. Zweifellos waren die Bergsteiger der britischen Expeditionen in den zwanziger Jahren schlecht ausgerüstet und schlecht unterrichtet über die Gefahren, die in großen Höhen lauern. Doch wenn man die Schilderungen und die technischen Notizen der offiziellen Expeditionsberichte aus jener Zeit sorgfältig liest, erkennt man, daß diese Männer mit bemerkenswerter Schnelligkeit und Gewandtheit kletterten, ungeachtet der oftmals entsetzlichen Bedingungen. Sie kundschafteten neue Routen aus, sie schlugen Lager an Stellen auf, die noch heute benutzt werden, und sie erreichten oder übertrafen sogar die Aufstiegsgeschwindigkeiten, die heute als normal gelten – oft ohne zusätzlichen Sauerstoff.[1] Zudem legten die Bergsteiger jener Tage fast den gesamten Weg von Darjeeling in Indien bis zum Everest zu Fuß zurück, größtenteils in Höhen von über viertausend Metern. Wenn sie das Rongbuk-Basislager erreichten, waren sie vom langen Marsch abgehärtet, gestählter als die heutigen Kletterer, die sich vergleichsweise bequem per Bus und Jeep ins Basislager chauffieren lassen können.

Die historischen Aufzeichnungen weisen sie nicht als unerfahrene, plumpe Amateure aus, sondern als zähe, fähige und außergewöhnlich willensstarke Bergsteiger, die wieder und wieder und nicht selten mit Brillanz enorme Leistungen vollbrachten – und das ohne die modernen Annehmlichkeiten, die viele Bergsteiger heutzutage als selbstverständlich ansehen.

Bevor die 1999 Mallory & Irvine Research Expedition organisiert wurde, lautete die wichtigste Frage: *Gibt es Beweise dafür, daß Mallory und Irvine 1924 den Gipfel erreichten?* Und die Antwort lautete: *Nein*. Der Aufmerksamkeit vieler Beobachter war jedoch offensichtlich eine zweite, nicht minder wichtige Frage mit einer ebenso eindeutigen Antwort entgangen: *Gibt es Beweise dafür, daß Mallory und Irvine 1924 den Gipfel des Everest* nicht *erreichten*? Und die Antwort lautete ebenfalls: *Nein*.

Ist es nunmehr möglich, mit dem von der Mallory & Irvine Research Expedition zusammengetragenen Beweismaterial in diesem unentschiedenen Fall eine Entscheidung zu treffen? Oder, um die Frage so zu formulieren, wie sie vielleicht Sherlock Holmes gestellt hätte: Können wir einen Teil dessen ausschließen, was *nicht sein kann*, so daß wir eine genauere Vorstellung von dem erhalten, was gewesen sein *muß*? Die Antwort lautet: *Ja* – zumindest zu einem gewissen Grad. Um herauszufinden, was am 8. Juni 1924 mit Mallory und Irvine geschah, müssen wir mehr über ihren Sauerstoffvorrat in Erfahrung bringen, über die Topografie des Nordostgrats, wie sie sich von Odells Standort aus darbot, über die Aufbruchzeiten und die Aufstiegsgeschwindigkeiten sowie über Tagesanbruch und Einbruch der Dunkelheit.

Die Mallory & Irvine Research Expedition sammelte neue und in einigen Fällen aufsehenerregende Hinweise zu jeder dieser Fragen. Dabei haben sich in den Wochen nach der Entdeckung von Mallorys Leichnam einige der scheinbar wichtigen Funde als unbedeutend erwiesen, während anfangs belanglos erscheinende Artefakte höchst aufschlußreiche Informationen liefern sollten.

Nehmen wir zum Beispiel die Armbanduhr. Am 16. Mai 1999 kehrten, während sich ihre Gefährten auf die Besteigung des Gipfels vorbereiteten, Andy Politz und Thom Pollard von WGBH/*NOVA* zu Mallorys Steingrab zurück, um mit Hilfe eines Metalldetektors ein letztes Mal nach der fehlenden Kamera zu suchen.

Nachdem sie den Leichnam wieder ausfindig gemacht hatten – was nach einem leichten Schneefall keine einfache Aufgabe war –, kniete sich Politz nieder und betete. »Selbst damals, zwei Wochen nachdem wir ihn gefunden hatten«, erinnert er sich, »hat es mich ungemein bewegt, bei ihm zu sein. Es läßt sich nur schwer erklären.« Dann legten er und Pollard vorsichtig einige der Steine beiseite, mit denen Mallory bedeckt worden war – eine Aufgabe, die ihnen ein weiteres Mal in Erinnerung rief, wie steil der Hang war, da die Steine leicht fortzurollen begannen.

Zu ihrer Überraschung schlug der Metalldetektor schon gleich beim ersten Abtasten an. Die Stücke, auf die sie zunächst stießen, waren uninteressant: einen Niet aus Mallorys ledernem Motorradhelm, ein paar Schnallen. Doch dann entdeckten sie in einer bislang noch nicht untersuchten Tasche eine Armbanduhr. Ihr Glas fehlte, ebenso der Minutenzeiger, doch lagen weder der Zeiger noch das zerbrochene Glas in der Tasche.

Mallorys Armbanduhr (*Foto Jim Fagiolo; © Mallory & Irvine Research Expedition*)

Mehr fanden sie nicht. Die Kamera befand sich nicht in der näheren Umgebung. Unmittelbar bevor sie die Leiche erneut bestatteten, untersuchte Thom Pollard sorgfältig Mallorys Gesicht. Es war das erste Mal, daß dies jemand tat. Das Kinn war von Bartstoppeln bedeckt. Die Augen waren geschlossen. Und er sah noch etwas: eine äußerst schwere Verletzung an der Stirn, aus der Splitter des Schädelknochens hervorragten. Sie betteten George Mallory vorsichtig zur Ruhe und bedeckten ihn schweigend wieder mit Steinen. Sie lasen erneut die Totenmesse und verließen ihn gut versteckt. Er hatte endlich seine Ruhe gefunden.

Später im Basislager fielen den Expeditionsmitgliedern zwei deutlich sichtbare Rostflecken auf dem Zifferblatt der Armbanduhr auf: einer direkt unter dem Stundenzeiger, der andere – so rekonstruierten sie später – dort, wo sich einst der Minutenzeiger befunden hatte.[2] Nun wußten sie endlich, so beschlossen sie, wann sich der Unfall ereignet hatte: entweder um 1 Uhr 25 nachts oder mittags. Das war endlich ein eindeutiges Indiz.

Das war es leider nicht. Es ergaben sich drei Anhaltspunkte, die Zweifel an dieser Schlußfolgerung weckten. Erstens: Da sich das Uhrglas nicht in Mallorys Tasche befand, war es genauso wahrscheinlich – und vielleicht sogar noch wahrscheinlicher –, daß es vor und nicht während Mallorys Absturz zerbrochen war.[3] Zweitens: Wochen später stellte ein Uhrmacher bei Betrachtung der Uhr mit einer Lupe fest, daß der Stummel des fehlenden Minutenzeigers nicht in dieselbe Richtung wie der Rostfleck zeigte, sondern exakt in die entgegengesetzte Richtung, auf fünfundfünfzig Minuten. Dies ließ vermuten, daß der Rostfleck von der Zeigerachse herabgelaufen und nicht unter dem Minutenzeiger entstanden war. Drittens: Nachfolgende Röntgenaufnahmen der Uhr offenbarten, daß ihre Hauptfeder weitgehend, wenn auch nicht völlig, abgelaufen war. Hätte ein Aufprall die Uhr zum Stillstand gebracht, wäre höchstwahrscheinlich die Unruhachse gebrochen. Doch als das Zifferblatt entfernt und das Uhrwerk inspiziert wurde, zeigte sich, daß es völlig intakt war und noch lief (!). Die Armbanduhr, die zunächst so vielversprechend erschienen war, half den Forschern kaum weiter.

Andere Fundstücke dagegen sollten Bände sprechen.

Am 11. Juli 1999, Wochen nach der Rückkehr der Expeditionsmitglieder aus Tibet, saßen Jochen Hemmleb und der Archäologe Rick Reanier aus Seattle in einem Raum im Kellergeschoß des Washington State Historical Society Research Center in Tacoma, Washington, wo die bei Mallory entdeckten Gegenstände vorläufig archiviert wurden. Unter den Fundstücken befanden sich auch mehrere hervorragend erhaltene Briefe und ein paar flüchtig niedergeschriebene Notizen. Die Briefe stammten von Mallorys Bruder Trafford, seiner Schwester Mary und einer Freundin namens »Stella«, die den Mitgliedern der Expedition unbekannt war.[4] Die Absendedaten der Briefe deuteten darauf hin, daß es sich um die Post handelte, die Mallory direkt vor seinem Aufbruch zum letzten Gipfelversuch erhalten hatte. Als die Notizen – scheinbar wahllose Listen von Ausrüstungsgegenständen – gefunden wurden, sah man darin schlicht einen Beweis dafür, daß der bekanntermaßen vergeßliche Mallory die

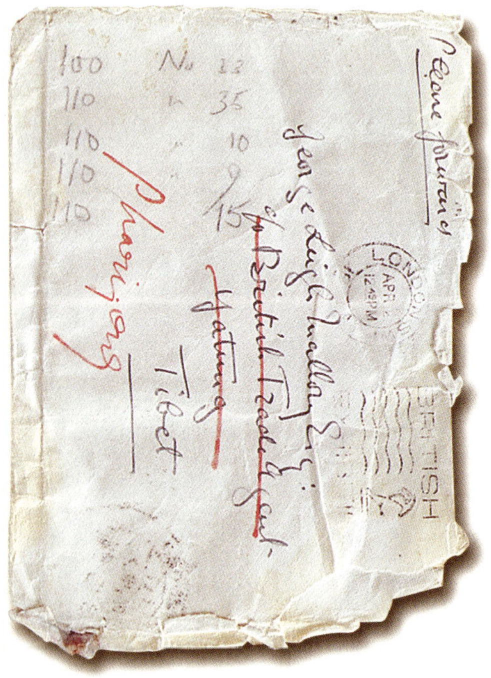

Umschlag des »Stella-Briefes« mit Bleistiftnotizen
(*Foto Jim Fagiolo; © Mallory & Irvine Research Expedition*)

Gewohnheit hatte, sich die Taschen mit überflüssigen Zetteln vollzustopfen. Die Expeditionsmitglieder interessierten sich viel mehr für die vorzüglich erhaltenen Briefe und, nicht nur beiläufig, für die Frage, wer wohl die geheimnisvolle »Stella« gewesen sein mochte.

Doch nun machten Hemmleb und Reanier eine verblüffende Entdeckung: Der mit Tinte adressierte Umschlag, der den Brief von Stella enthielt, wies auf der Vorderseite rätselhafte Notizen in Bleistiftschrift auf: eine Spalte mit Zahlen – 100, 110, 110, 110 und 110 – und parallel dazu eine Spalte mit den Angaben »Nr. 33, Nr. 35, Nr. 10, Nr. 9, Nr. 15«. Die beiden Männer schauten sich an – und fast gleichzeitig dämmerte ihnen, was die Zahlen bedeuteten. Die zweite Spalte war eine Liste von numerierten Sauerstoffflaschen, die erste Spalte gab den jeweiligen Flaschenfülldruck an. Es handelte sich um eine Bestandsliste einiger der Sauerstoffflaschen, die Mallory und Irvine für die Gipfelbesteigung mitgenommen hatten, und als nichts anderes zum Schreiben zur Hand war, hatte Mallory sie auf dem Umschlag notiert. Tatsächlich stimmte die Nummer einer der Flaschen, Nr. 9, mit der Nummer auf der Flasche aus dem Jahr 1924 überein, die Tap Richards am 17. Mai am Nordostgrat gefunden

Die bei Mallorys Leichnam gefundene Ausrüstungsliste für den Gipfelaufstieg (*Foto Rick Reanier*)

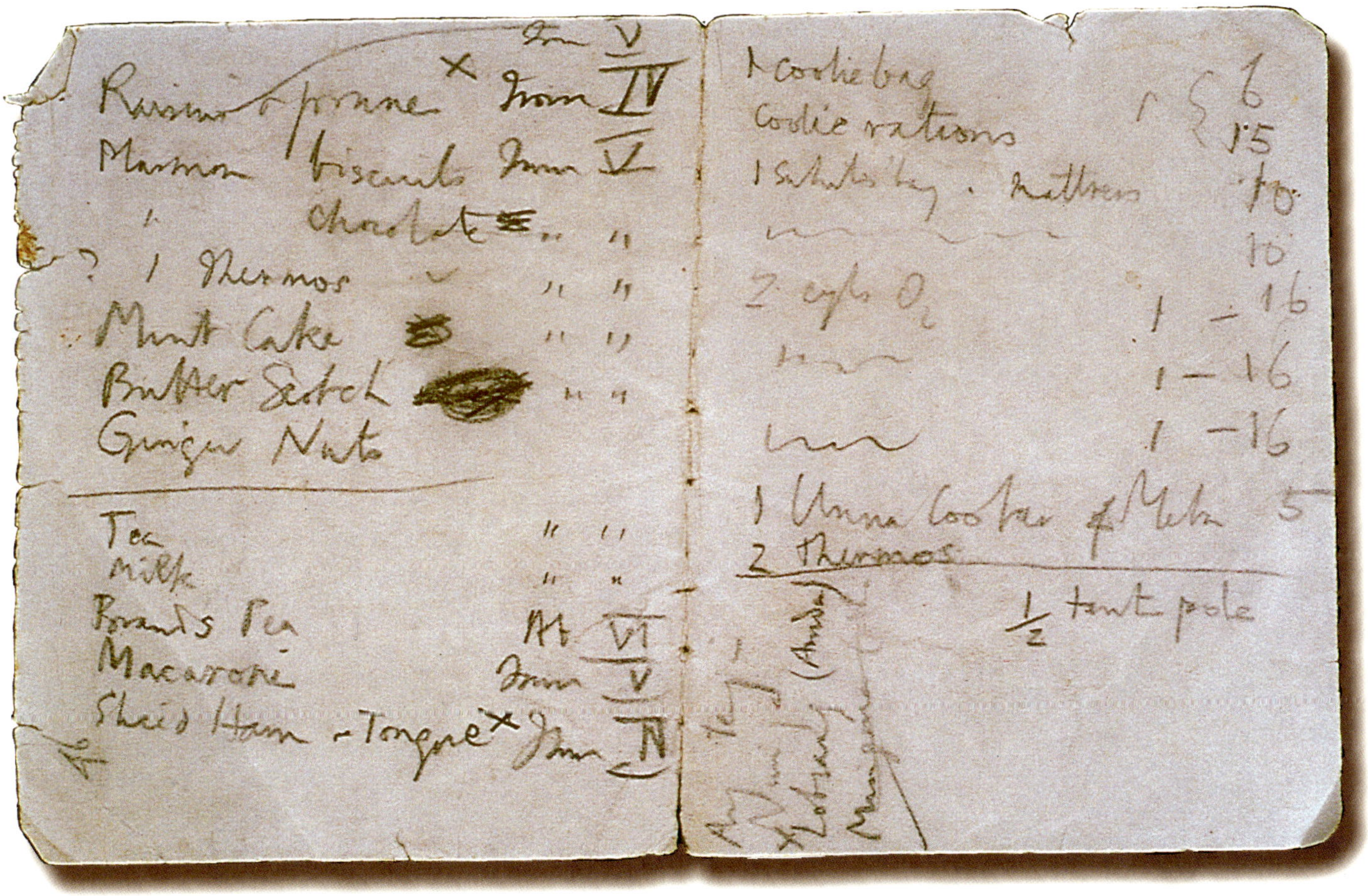

hatte. Was für eine delikate Ironie: Nicht der Brief der geheimnisvollen Stella war wichtig – sondern der Umschlag!

Einige Tage später, im selben Kellerraum, wandten sich Hemmleb und Reanier den Notizzetteln zu, die in Mallorys Taschen gefunden worden waren – und erkannten sogleich, daß es sich keineswegs um belangloses Gekritzel handelte. Es waren ausführliche Ausrüstungslisten für die Gipfelbesteigung von Mallory und Irvine. Die Listen, in Mallorys unverkennbarer Handschrift, führten unter anderem Proviant, Brennstoff und sonstige Vorräte auf. Aus den Notizen geht eindeutig hervor, daß sie in Lager IV geschrieben wurden, und zwar als Kontrollisten für die Ausrüstungsgegenstände, die in die Lager V und VI transportiert werden mußten oder dort bereits vorhanden waren. Zudem sollte eine der Notizen daran erinnern, ein Zeltstangensegment mitzunehmen als Ersatz für jenes, das Somervell einige Tage zuvor im Lager VI requiriert hatte, um es anstelle des verlorenen Eispickels zu verwenden. Dies konnte Mallory frühestens am 5. Juni erfahren haben. Doch ein Posten auf der Liste stellte all diese neuen Erkenntnisse in den Schatten: sechs Reserve-Sauerstoffflaschen – drei Paar zu jeweils 7,2 Kilogramm.

Hemmleb war überwältigt. Niemand hatte je zuvor die Details von Mallorys und Irvines Vorbereitungen für den letzten Gipfelaufstieg gekannt. Ein ganz neuer Ansatz zeichnete sich ab. Es schien jetzt festzustehen, daß zusätzlich zu den Flaschen, die die Bergsteiger an dem Morgen ihres Aufbruchs von Lager IV in ihren Sauerstoffrucksäcken hatten, sechs weitere auf der Ausrüstungsliste standen. Allein schon diese Tatsache reichte aus, um die gesamte Geschichte des letzten Tages von Mallory und Irvine neu zu schreiben.

Hemmleb vertiefte sich erneut in den Expeditionsbericht und las noch einmal Edward Nortons Schilderung der letzten Tage der Expedition von 1924. Als Expeditionsleiter Norton mit den ersten Symptomen einer Schneeblindheit, die er sich bei seinem gescheiterten Gipfelversuch zugezogen hatte, in seinem Zelt lag, saß Mallory bei ihm und legte ihm seinen Plan für einen letzten Versuch dar: »... er erklärte, daß ... er entschlossen war, einen weiteren Versuch zu unternehmen, diesmal mit Sauerstoff, und wie er mit Bruce in Lager III gewesen war und sie genügend Träger versammelt hatten, um den Versuch auf die Beine zu stellen.«[5] Doch wie viele Flaschen hatten sie verbraucht, bis sie ins Lager VI gelangt waren? Wie viele standen ihnen für die letzte Etappe zum Gipfel zur Verfügung?

Hemmleb fiel auf, daß Nortons Satz mit einer Fußnote versehen war, und schaute auf den unteren Rand der Seite. Dort stand die Antwort (Hervorhebung durch die Autoren): »Manch einer mag sich fragen, wie es kam, daß jetzt genügend Träger verfügbar waren für einen Besteigungsversuch mit Sauerstoff, wo wir uns doch in Lager I wegen der unzureichenden Transportkapazitäten [Träger] gegen einen solchen Versuch entschieden hatten. Mallory und Irvine *beschlossen, bis hinauf ins Lager VI so gut wie keinen Sauerstoff zu verwenden* ... Und da Somervell und ich Lager VI komplett mit Zelten und Schlafsäcken ausgestattet hatten, *konnten praktisch alle verfügbaren Träger für den Transport von Sauerstoffflaschen eingesetzt werden.*«

Mit diesen neuen Informationen über die Sauerstoffvorräte und den zusätzlichen Funden der 1999 Mallory & Irvine Research Expedition begann sich der Nebel um die letzten Tage von Mallory und Irvine – wie bei Odells letzter Sichtung am 8. Juni 1924, hoch oben am Berg – zu lichten.

Mallory wird vielfach als hoffnungslos vergeßlich und gelegentlich ungestüm beschrieben. Beides mag stimmen, doch an jenem 6. Juni 1924, als er und Andrew Irvine von Lager IV auf dem Nordsattel über den Nordgrat zum Lager V aufbrachen, war er keines von beiden. Er hatte den Aufstieg in allen Einzelheiten geplant. So wußte er beispielsweise, daß Norton und Somervell den größten Teil ihrer Ausrüstung in den höheren Lagern zurückgelassen hatten, und dies bedeutete, daß er und Irvine relativ wenig tragen mußten. Er hatte auch jede Menge Proviant, aus dem er auswählen konnte. Einer Notiz zufolge, die bei Mallorys Leiche gefunden wurde, hatte Geoffrey Bruce am Tag vor Mallorys und Irvines Aufbruch eine Reihe von Vorräten aus Lager III hinaufgeschickt: zwei Büchsen Bully Beef (gepreßtes Corned Beef); zwei Büchsen Bovril (ein Gemisch aus Suppenpulver und getrockneter Bierhefe, das auch als Paste erhältlich war); je eine Büchse Kekse, Rinderzunge und Gänseleberpastete und Büchsen mit einem Benzin/Öl-Gemisch und mit Festbrennstoff für die Unnakocher, die in den höheren Lagern benutzt wurden. Zudem geht aus Mallorys Notizen hervor, daß er und Irvine aus Lager V verschiedene energiereiche Nahrungsmittel (Rosinen, Dörrpflaumen, Kekse, Schokolade, Kendall´s Mint Cake – kein Kuchen im üblichen Sinne, sondern ein sehr süßes Pfefferminzkonfekt –, Karamelbonbons und Ingwerkekse) sowie Lebensmittel für den Abend vor der Gipfelbesteigung und das Frühstück am nächsten Morgen (Tee, Milch, Makkaroni, Schinkenscheiben und Rinderzunge) nach Lager VI mitnahmen.

Es ist seltsam, daß sich in all den Jahren niemand gefragt hat, weshalb Mallory und Irvine acht Träger zu ihrer Begleitung ins Lager V brauchten, als sie am 6. Juni 1924 mit dem Aufstieg begannen. Ihr Bedarf an Trägern für Proviant war begrenzt; ihre Vorräte hätten leicht in ein, allenfalls zwei Rucksäcke gepaßt. Wir kennen heute den Grund: Sie trugen eine große Zahl Sauerstoffzylinder. Mallory und Irvine hatten zwei Tage bevor sie von Lager IV zum Gipfel aufbrachen, Sauerstoffzylinder und Atemgeräte von Lager III hinaufgebracht.[6] Und aus der Notiz, die Geoffrey Bruce an Mallory schickte, wissen wir, daß ersterer am nächsten Tag weitere Sauerstoffzylinder von Lager III hinaufschickte. Wir können daraus folgern, daß die Flaschen, die Mallory und Irvine selbst trugen, nicht zu dem Satz von sechs Flaschen gehörten, den Mallory in seiner Ausrüstungsliste aufführte – einfach weil sie, um es nochmals zu sagen, keine acht Träger benötigt hätten, um bloß zwei oder drei Ersatzflaschen zu transportieren. Somit verfügten sie über mindestens sechs Reserveflaschen.

Mallory, Irvine und ihre acht Träger kamen auf dem Weg von Lager IV zum Lager V nicht besonders schnell voran; sie erreichten gerade mal die Aufstiegsgeschwindigkeit, die Norton und Somervell ein paar Tage zuvor ohne Sauerstoff erzielt hatten.[7] Weshalb kletterten sie so langsam? Mit dem Energieschub durch den Sauerstoff, den sie benutzten, hätten sie schneller vorankommen sollen.

Die Antwort liegt auf der Hand: Sie kamen nur langsam voran, weil sie *ohne* Sauerstoffunterstützung kletterten. Sie trugen die Flaschen und Geräte in ihren Tragekraxen, doch, wie Norton in seiner Fußnote im Expeditionsbericht behauptete, hatten sie »beschlossen, bis hinauf ins Lager VI so gut wie keinen Sauerstoff zu verwenden«. Tatsächlich zeigt das berühmte »letzte Foto«, das aufgenommen wurde, kurz bevor die beiden Lager IV verließen, daß sich in Irvines Kraxe zwei Flaschen befanden, in Mallorys hingegen offenbar nur eine – ein deutlicher Hinweis darauf, daß ihm ernsthaft daran gelegen war, nur sehr wenig Sauerstoff bis Lager VI zu benutzen. Auf dem Foto liegen zwei weitere, offenbar ausrangierte Flaschen im Schnee hinter Mallory – vermutlich die halb aufgebrauchten Flaschen, die sie beim Aufstieg vom Lager III zum Lager IV benutzt hatten.[8]

Um fünf Uhr nachmittags waren vier von Mallorys und Irvines acht Trägern wieder zurück im Lager IV und überbrachten Norton die Nachricht, daß es bemerkenswerterweise in Lager V windstill sei und »die Sache hoffnungsvoll aussieht«. Am nächsten Morgen machten sich Mallory, Irvine und die übrigen vier Träger auf den Weg zum Lager VI.

Nachdem sie Lager VI erreicht hatten, schickte Mallory die letzten vier Träger zurück ins Lager IV und gab ihnen eine Notiz für Noel Odell mit (der ihnen einen Tag später zur Unterstützung nachfolgte), die dieser in Lager V erhielt. »In Mallorys Notiz an Odell«, erklärt Hemmleb, »haben wir die Bestätigung dafür, daß sie bei ihrem zweitägigen Aufstieg zum Lager VI tatsächlich sehr wenig Sauerstoff verbrauchten. Mallory berichtet, daß sie ›bis hierher in zwei Tagen neunzig Atmosphären verbraucht‹ hätten. Eine volle Flasche enthält hundertzwanzig Atmosphären. Jeder von ihnen hatte also nur eine dreiviertel Flasche verbraucht, um vom Lager IV zum Lager VI zu gelangen.« Mallorys Notiz sagt uns sogar noch mehr: Sie beweist, daß die beiden Bergsteiger einen Teil des Aufstiegs zum Lager VI *ganz ohne* Sauerstoff bewältigt hatten. Hätten sie fortlaufend Sauerstoff benutzt, und sei es nur mit der niedrigstmöglichen Durchflußrate, dann wären die Flaschen bereits lange vor ihrem Eintreffen in Lager VI leer gewesen. Anders formuliert: Bei anderthalb Litern pro Minute (die Durchflußrate, die sie ein paar Tage früher beim Aufstieg von Lager III zu Lager IV eingestellt hatten) hätten die neunzig Atmosphären, die sie bis Lager VI verbrauchten, nur viereinhalb Stunden gereicht. Doch der Aufstieg zum Lager VI hatte insgesamt zehn Stunden gedauert.

Die entscheidende Frage hinsichtlich ihrer Situation nach Ankunft im Lager VI lautet: *Wie viele volle beziehungsweise fast volle Sauerstoffflaschen blieben Mallory und Irvine, als sie sich auf den Gipfelversuch vorbereiteten?* Es erweist sich nun als wahrscheinlich, daß sie mit wenigstens neun Flaschen – möglicherweise sogar mehr – vom Nordsattel aufbrachen. Sie hatten bei ihrem Aufstieg zwei Sauerstoffflaschen größtenteils verbraucht; blieben also sieben. Es ist möglich, daß Mallory und Irvine auf dem Weg vom Lager V zum Lager VI jeweils zwei Flaschen trugen, während ihre Träger die restlichen fünf transportierten. Dies würde erklären, wieso Mallory wußte, daß zwei Flaschen in den Tragekraxen (die Gestelle boten Platz für drei) »eine verfluchte Last beim Klettern« darstellten, wie er in der Notiz an Odell schrieb. (Das Gesamtgewicht des Atemgeräts und dreier Flaschen betrug bei dem von Irvine modifizierten Modell zwischen 12,2 und 12,6 Kilogramm, und 3,6 Kilogramm weniger bei nur zwei Flaschen.[9])

Mallory entschuldigte sich zudem in seiner Nachricht für Odell dafür, daß ihnen kurz vor ihrem Aufbruch von Lager V nach Lager VI aus Unachtsamkeit ihr Unnakocher (der mit festem Brennstoff befeuert wurde) den Hang hinuntergerollt sei. Einige Analytiker des Rätsels deuten dieses Ereignis als potentielle Katastrophe für Mallory und Irvine. Ohne einen Kocher wären sie in Lager VI nicht in der Lage gewesen, Schnee für die Zubereitung von Essen und Getränken zu schmelzen. Tatsächlich wäre es in diesem Fall aberwitzig gewesen, den Aufstieg fortzusetzen. Doch auch hier ist nur die umgekehrte Schlußfolgerung – daß sie Mittel zum Schneeschmelzen hatten – logisch, und Odell selbst beweist dies. In seiner Schilderung des letzten Aufstiegs schreibt er, der Verlust des Kochers »bedeutete kaltes Abendessen und Frühstück für mich!«[10] Damit gibt Odell klar zu verstehen, daß er erwartete, im Lager einen Kocher vorzufinden, und deshalb keinen eigenen mitgebracht hatte. Es war eindeutig nie geplant gewesen, den Unnakocher mit ins Lager VI zu nehmen; daher ahnte Mallory, daß Odell verärgert sein würde, und entschuldigte sich in seiner Nachricht dafür. Mallory machte sich deshalb keine Sorgen um sich und Irvine, weil Norton und Somervell einige Tage zuvor neben ihrer sonstigen Ausrüstung auch einen Unnakocher im Lager VI zurückgelassen hatten. Er mußte lediglich Meta (festen Brennstoff) mitnehmen, um ihn betreiben zu können – und die Notizen, die bei seiner Leiche gefunden wurden, deuten darauf hin, daß er genau dies getan hat.

Mallory hatte vom Lager VI auch eine Nachricht an den Fotografen John Noel geschickt, in der er ankündigte: »Wahrscheinlich brechen wir morgen (am 8.) früh auf, um klares Wetter zu haben.« Doch wie früh? Mallory war bekanntlich »ein notorischer Frühaufsteher«[11]; an diesem Tag konnte »früh« jedoch nicht vor Tagesanbruch bedeutet haben, da Mallory und Irvine die meisten ihrer Lampen – wenn nicht gar alle – zurückgelassen hatten.[12] Am 8. Juni 1924 begann die Morgendämmerung in dieser Höhe kurz vor vier Uhr, und die Sonne ging um viertel nach fünf auf.[13] In Anbetracht des von Mallory angekündigten Plans und seiner natürlichen Gewohnheit spricht alles dafür, daß die beiden gegen halb sechs mit der Gipfelbesteigung begonnen haben dürften, wie es Norton und Somervell vier Tage zuvor getan hätten, wären sie nicht durch eine ausgelaufene Thermosflasche aufgehalten worden.

»Einige Personen haben in der Vergangenheit behauptet, Mallory und Irvine seien später aufgebrochen«, bemerkt Hemmleb. »Sie führen den relativ späten Zeitpunkt, zu dem Odell sie am Gipfelgrat sah, und die Tatsache, daß Odell Teile der Atemgeräte im Lager VI fand, als Beleg dafür an, daß Mallory und Irvine durch Probleme mit ihren Sauerstoffgeräten aufgehalten worden seien.« Doch auch diese Schlußfolgerung steht auf tönernen Füßen. Als Odell am Nachmittag des 8. Juni in dem kleinen Zweimannzelt von Lager VI eintraf, bot sich ihm folgendes Bild: »In dem Zelt befanden sich verschiedenste Kleidungsstücke, Reste von Proviant, ihre beiden Schlafsäcke, Sauerstoffflaschen und Teile der Atemgeräte; draußen lagen weitere Teile der Geräte und der Tragegestelle aus Duralumin.«[14] Dies, so Odell weiter, »deutete wohl unzweifelhaft auf Reparaturarbeiten und vermutlich Schwierigkeiten mit der Sauerstoffausrüstung hin«.[15] Die erste Schlußfolgerung könnte durchaus zutreffen, letztere höchstwahrscheinlich nicht, wie Odell selbst erklärt: »Nichts hätte [Irvine] mehr Spaß gemacht, als den Vorabend mit irgendeiner Arbeit in Verbindung mit den Sauerstoffgeräten zu verbringen beziehungsweise sich irgendein Problem auszudenken, das gelöst werden mußte, auch wenn es in Wirklichkeit gar nicht aufgetreten war ... und bis hierher, in eine Höhe von 8230 Metern, war er sich selbst und seinem Charakter treu geblieben.«[16]

Nichts deutet darauf hin, daß Probleme mit ihrer Ausrüstung aufgetreten waren. So hatten die Sauerstoffgeräte, die Mallory und Irvine benutzten, einwandfrei funktioniert, seitdem sie sie Tage zuvor aus Lager III mitgenommen hatten. Jedenfalls deutete Mallory, der eingefleischte Notizenschreiber, in seinen Nachrichten an Odell und Noel mit keinem Wort irgendwelche Schwierigkeiten mit den Geräten an.

Irgendwann – vielleicht im Lager VI, vielleicht auch schon in Lager V oder IV – prüften Mallory und Irvine den Druck der noch ungebrauchten Sauerstoffflaschen. Wir wissen dies aufgrund der Bleistiftnotizen auf dem Umschlag des Stella-Briefes. Fünf der Flaschen (Nr. 33, 35, 10, 9 und 5) hatten in den Wochen zwischen Kalkutta, wo sie nachgefüllt worden waren, und dem Everest etwas Druck verloren. Diese Überprüfung des Flaschenfülldrucks war für Mallory und Irvine sehr wichtig, da ihr Leben unter Umständen von der genauen Kenntnis abhängen konnte, wann der Sauerstoffvorrat jeder einzelnen Flasche verbraucht war. Diese fünf Flaschen lagen so weit unter ihrem maximalen Fülldruck (hundertzwanzig Atmosphären), daß es Mallory und Irvine notwendig erschien, schriftlich festzuhalten, welche Flasche welche Sauerstoffmenge enthielt.

Die Tatsache, daß die Liste auf dem Umschlag des Stella-Briefes den Druck von nur fünf Flaschen angibt, wirft eine Frage auf: Ist es möglich, daß Mallory und Irvine *nur* diese fünf Flaschen hatten, als sie Lager IV verließen? Dies würde erstens bedeuten, daß ihnen bei ihrem Aufbruch vom Lager VI insgesamt nur drei Flaschen zur Verfügung standen, was in direktem Widerspruch zu Mallorys Nachricht an Odell steht, wonach er mindestens vier hatte. Und zweitens hätten sie in diesem Fall keine acht Träger gebraucht.

Könnten dies alle Flaschen gewesen sein, die die verbliebenen vier Träger noch vom Lager V zum Lager VI zu transportieren hatten? Wohl kaum. Die durchschnittliche Last für Träger betrug in den zwanziger Jahren zwar nur neun Kilogramm, doch die vier Träger zusammen hätten maximal sechsunddreißig Kilogramm tragen können, genug für die 21,6 Kilogramm von sechs Sauerstoffflaschen. Damit hätten Mallory und Irvine den Trägern immer noch weitere 14,4 Kilogramm für den Proviant zumuten können – weit mehr, als für ein Abendessen und ein Frühstück nötig gewesen wäre (Zelte, Schlafsäcke und andere Ausrüstungsgegenstände befanden sich bereits im Lager VI).

Ist es dann möglich, daß dies die einzigen Flaschen waren, die Mallory und Irvine übrig hatten, als sie Lager VI erreichten? Ja – wäre da nicht eine entscheidende Tatsache: In der Notiz, die Mallory aus Lager VI an Odell in Lager V schickte, heißt es: »... werden dann *wahrscheinlich* mit zwei Flaschen [zum Gipfel] gehen.« Man beachte, daß Mallory nicht schrieb: »... *müssen* mit zwei Flaschen gehen.« Mit dem Wort »wahrscheinlich« gab Mallory zu verstehen, daß er die Wahl hatte – und das war nur dann möglich, wenn er neben den beiden, die sie beim Aufstieg verbraucht hatten, mindestens sechs volle beziehungsweise fast volle Flaschen zur Verfügung hatte. Mallory war ein überaus begabter Schreiber, er wählte seine Worte sehr genau.

Odells Bericht über das Innere des Zelts liefert auch einige Hinweise darauf, wieviel Sauerstoff Mallory und Irvine am Tag der Gipfelbesteigung mitgenommen haben könnten. Er gibt an, daß sich im Innern Sauerstoffflaschen befanden, sagt aber nicht, wie viele. Wir können jedoch sicher sein, daß es mindestens zwei waren: die beiden fast leeren Flaschen, die Mallory und Irvine während ihres zweitägigen Aufstiegs zum Lager VI verbraucht hatten. Der Historiker und Bergsteiger Tom Holzel hat darauf hingewiesen, daß Mallory und Irvine möglicherweise während der Nacht Sauerstoff benutzten, um besser schlafen zu können und sich warmzuhalten.[17] Es gibt kein Indiz, das diese Schlußfolgerung stützen könnte, obgleich es natürlich denkbar ist, daß die Teile von Atemgeräten, die Odell in und um das Zelt von Lager VI bemerkt hatte, von Irvines Bemühungen herrührten, ein T-Verbindungsstück zusammenzubasteln, das es ihnen ermöglichte, sich während der Nacht eine Flasche zu teilen. Wenn dem so war, dann hätten sie allerdings zunächst die beiden Flaschen aufgebraucht, die sie für den Aufstieg zum Lager VI angebrochen hatten, und vielleicht noch eine weitere geleert. Haben Mallory und Irvine in der Nacht *jeweils* eine zusätzliche neue Sauerstoffflasche verbraucht? Dies ist noch unwahrscheinlicher, und zwar aus zwei Gründen. Erstens wäre es in dem kleinen Zelt extrem eng geworden, wenn beide Bergsteiger Sauerstoffflaschen und Regler benutzt hätten. Zweitens – und das ist viel wichtiger – wären den beiden dann nur fünf volle beziehungsweise fast volle Flaschen geblieben (es sei denn, sie hätten Lager IV ursprünglich mit mehr als neun Flaschen verlassen). Und nur fünf stünden in eklatantem Widerspruch zu Mallorys »wahrscheinlich«. Nur wenn die beiden die Wahl hatten, mit entweder vier oder sechs Flaschen zum Gipfel zu gehen, ergibt Mallorys »wahrscheinlich« einen Sinn.

Ließen sie vielleicht zusätzlich zu den beiden beim Abstieg verbrauchten fast oder ganz leeren Flaschen (und möglicherweise einer weiteren, die sie in der Nacht geleert hatten) zwei volle Flaschen im Zelt zurück, um sie beim Abstieg zu verwenden? Auch dies ist aus zwei Gründen unwahrscheinlich: Erstens sind die Flaschen selbst nicht klein. Mehr als drei davon hätten zusammen mit der übrigen Ausrüstung, die Odell erwähnt, das kleine Zelt überfüllt, und er deutet nichts dergleichen an. Tatsächlich suchte er während des Schneegestöbers, das an jenem Nachmittag losbrach, Schutz in dem Zelt. Zweitens glaubten alle Mitglieder der Expedition im Jahre 1924, Sauerstoff sei für den Abstieg überflüssig, so daß es keinen Grund gab, Flaschen zurückzulassen.

So schrieb Odell in seinem Expeditionsbericht: »... der Abstieg [ohne Sauerstoff] ist in großen Höhen nur wenig ermüdender als in gemäßigten Höhen ...«[18]

Erforscher des Rätsels um Mallory und Irvine stützen die Hypothese, die beiden könnten unmöglich den Gipfel erreicht haben, vor allem auf die Tatsache, daß zwei Flaschen für die Besteigung nicht ausgereicht hätten. Das ist zweifellos richtig. Doch wenn wir Mallory beim Wort nehmen, dann hatte er die Möglichkeit, mehr Flaschen mitzunehmen. Und da es unwahrscheinlich ist, daß er seine zusätzlichen Sauerstoffvorräte zurückließ, ist es denkbar – ja sogar wahrscheinlich –, daß Mallory und Irvine jeweils den vollen Vorrat von drei Flaschen trugen, als sie am 8. Juni 1924 vom Lager VI aufbrachen – genug für fast zwölf Stunden (da einige Flaschen nicht mehr ganz voll waren) bei maximalem und sogar für länger bei reduziertem Durchfluß. Wenn dies zutrifft, ändert sich dadurch das Szenario der folgenden vierundzwanzig Stunden dramatisch – wenn auch unglücklicherweise nicht der tragische Ausgang.

Wie kamen sie an jenem Morgen voran? In seiner Nachricht an den Fotografen und Kameramann John Noel schrieb Mallory: »Ab 8.0 p. m. [*sic*] können Sie nach uns Ausschau halten: Dann sollten wir entweder das Felsband unterhalb der Pyramide queren oder entlang der Gratschneide aufsteigen.« Odell und andere haben »das Felsband queren« als Ersteigen der Zweiten Stufe am Nordostgrat gedeutet. Als Odell sie um 12 Uhr 50 mittags genau dabei zu beobachten glaubte, schloß er daraus, daß sie fast fünf Stunden hinter ihrem Zeitplan zurücklagen (was ihn zweifellos auch zu der Folgerung veranlaßte, sie seien wegen Problemen mit ihren Atemgeräten verspätet aufgebrochen).

Tatsächlich geht aus Mallorys Notiz keineswegs hervor, daß er beabsichtigte, um acht Uhr morgens die Zweite Stufe zu erreichen. Vielmehr läßt sich daraus entnehmen, daß er und Irvine noch immer unentschlossen waren, ob sie die schräge Aufstiegsroute von Norton und Somervell über das Gelbe Band wählen und somit das »Felsband unter der Pyramide queren« oder ob sie direkt zum Nordostgrat und »entlang der Gratschneide« aufsteigen sollten. Zudem hätte Mallory aufgrund seiner eigenen Erfahrungen beim Aufstieg zum Lager VI und denen von Norton und Somervell bei ihrem gescheiterten Versuch allen Grund zu der Annahme gehabt, daß sie beide Ziele um acht Uhr erreichen konnten.

Und genau dies dürften er und Irvine an jenem Morgen getan haben: Sie stiegen direkt zum Nordostgrat an und kletterten »entlang der Gratschneide«, nur etwa fünfundvierzig Minuten bis eine Stunde später, als sie geschätzt hatten. Wir wissen dies durch »Nr. 9«, die verbrauchte Sauerstoffflasche, die Tap Richards am Nordostgrat fand. Mallorys Notizen zeigen, daß Nr. 9 einen Druck von hundertzehn Atmosphären hatte, zehn Atmosphären weniger als der maximale Fülldruck. Bei einer Durchflußrate von 2,2 Litern pro Minute – der vollen Durchflußrate – hätte die Flasche drei Stunden und vierzig Minuten gereicht, zwanzig Minuten weniger als ein voller Behälter. Wenn wir davon ausgehen, daß Mallory und Irvine genau das taten, was Mallory angekündigt hatte – nämlich etwa bei Sonnenaufgang, vermutlich zwischen fünf und halb sechs, aufzubrechen –, dann hätte die Sauerstoffflasche Nr. 9 (für ihn oder Irvine) bis zum Kamm des Grats gereicht, bei dem sie somit gegen halb neun angelangt wären – und noch für ein Stück des Weges auf dem Grat (wo sie gefunden wurde), bevor sie zwischen 8 Uhr 45 und 9 Uhr 15 zur Neige ging.

Könnten sie Flasche Nr. 9 statt im Aufstieg während des *Abstiegs* zurückgelassen haben? Das ist praktisch ausgeschlossen, und zwar aus zwei Gründen. Erstens müssen Mallory und Irvine in jedem auch nur halbwegs plausiblen Szenario ihren Sauerstoffvorrat im weiteren Verlauf des Aufstiegs völlig aufgebraucht haben, und sie hätten ihren Abstieg gewiß nicht mit der schweren leeren Flasche und dem Atemgerät fortgesetzt. Zweitens wurde bei der Flasche kein Atemgerät gefunden. Könnte dieses irgendwo in dem Gebiet liegen, in dem Nr. 9 entdeckt wurde? Technisch gesehen, ja. Doch weshalb sollten sich die erschöpften Bergsteiger die Mühe machen, die leere Sauerstoffflasche von dem mittlerweile nutzlosen Tragegestell zu trennen? Höchstwahrscheinlich hätten sie das gesamte Atemgerät abgelegt, wenn die letzte Flasche zur Neige gegangen wäre. Doch sie warfen nur die Flasche weg. Folglich entledigten sie sich Nr. 9 auf dem Weg nach oben und nicht beim Abstieg.

Nr. 9 bezeugt somit auch, daß Mallory und Irvine an jenem Morgen zügig vorankamen. Der Höhenunterschied zwischen Lager VI und der Stelle, an der die Flasche gefunden wurde, beträgt etwa zweihundertsechzig Höhenmeter. Dividiert man die Entfernung durch die Zeit, die die Flasche reichte, erhält man die äußerst respektable Aufstiegsgeschwindigkeit von siebzig Metern pro Stunde. Das entspricht etwa der Geschwindigkeit, mit der die Mitglieder der Forschungsexpedition 1999 die gleiche Entfernung zurücklegten. Heutige Bergsteiger werden oft durch das Einrichten von Fixseilen verlangsamt. Mallory und Irvine kletterten in einer Zeit, in der noch keine Fixseile benutzt wurden, und sie dürften gleichzeitig geklettert und daher vergleichsweise schneller vorangekommen sein, auch wenn sie wohl etwas mehr Zeit darauf verwandten, die beste Route zu erkunden.

Es war ein guter Tag für eine Besteigung. Die Wetterverhältnisse waren an jenem Morgen des 8. Juni 1924 nahezu ideal. Es lag so gut wie kein Schnee, der Himmel war klar, und es war relativ windstill, wenn auch kalt. Die Anforderungen, die das Gelbe Band an das technische Können der Bergsteiger stellte, taten die Mitglieder der Expedition im Jahr 1924 fast als belanglos ab: »völlig problemlos und fast schneefrei«, schrieb Norton später;[19] »eine sichere und leichte Route zum Gipfelgrat«, meinte Somervell.[20] Dies sind keine erstaunlichen Aussagen; die Bergsteiger kletterten vor dem Zweiten Weltkrieg mit kaum mehr als einem Seil und waren es daher gewohnt, sich in steilem Gelände zügig und ohne Sicherung zu bewegen.

Um acht Uhr, als sich Mallory und Irvine dem Kamm des Nordostgrats näherten, brach Noel Odell von Lager V auf. Die nächsten Stunden heftete er den Blick auf den Boden; er erkundete die Geologie des Berges und suchte nach Fossilien. Gegen Mittag erspähte er seine Fossilien.[21] Und um 12 Uhr 50 erspähte er seine Kameraden Mallory und Irvine.

Aber wo? In sein Tagebuch schrieb er »nahe dem Fuß der Gipfelpyramide«. Sein erster Bericht lautete ähnlich: »die vorspringende Felsstufe in kurzer Entfernung vom Fuß der Gipfelpyramide«. In seinem zweiten Bericht fügte er eine rätselhaftes »[an] der *vorletzten* Stufe vor der Basis der Gipfelpyramide« hinzu. Doch dann, ein ganzes Jahr später, präsentierte er plötzlich eine andere Version. In seinen ersten Berichten, einschließlich seiner Artikel im britischen *Alpine Journal*, teilt er dem Leser mit, seine Sicht auf den Berg sei klar und nicht durch Wolken beeinträchtigt gewesen, und betont, er habe den »gesamten Gipfelgrat und die letzte Pyramide unverschleiert« gesehen. Fast genauso äußert er sich im Expeditionsbericht, doch widerspricht er sich nur wenige Sätze später: »Da nur ein kleiner Abschnitt des Gipfelgrats wolkenfrei war, konnte ich nicht völlig sicher sein, an welcher dieser beiden Stufen sie waren, da diese, im Profil und von unten betrachtet, sehr ähnlich aussehen. Damals meinte ich jedoch, es sei die ›Zweite Stufe‹ gewesen. Allerdings beschleichen mich heute gewisse Zweifel, ob letztere nicht von meiner Position unten in der Flanke aus durch vorspringendes näheres Gelände verdeckt wurde.«

Hier bemühte sich Odell eindeutig, die Zweifler zufriedenzustellen, die einwendeten, seine Beobachtung sei aus topografischen Gründen unmöglich gewesen: Angesichts der allgemeinen Neigungsrichtung des Hangs verdeckt das »vorspringende nähere Gelände« die Erste Stufe vor der Zweiten, und nicht umgekehrt.

Welcher Darstellung sollen wir nun glauben – der eindeutigen Aussage unmittelbar nach den Ereignissen oder dem viel unklareren späteren Bericht, der offenkundig von der öffentlichen Diskussion beeinflußt war? Odell war ein Wissenschaftler, der in sorgfältiger Beobachtung geübt war und überdies zu jener Zeit das konditionsstärkste und am besten akklimatisierte Mitglied des gesamten Expeditionsteams (beides sollte er nur vierundzwanzig Stunden später unter Beweis stellen). Und aufgrund von Andy Politz´ Beobachtungen des Gipfelgrats vom damaligen Standpunkt Odells[22] aus wissen wir auch, daß dessen spätere Zweifel an dem, was er gesehen hatte, unbegründet waren. Von seinem Standpunkt an jenem Morgen aus waren die Erste und die Zweite Stufe deutlich unterscheidbar und voneinander getrennt, ebenso wie die noch höher befindliche Dritte Stufe.

Und schließlich wurde Zylinder Nr. 9 nur hundertneunzig Meter Wegstrecke vom Fuß der Ersten Stufe entfernt gefunden. Wenn, wie anzunehmen ist, Mallory oder Irvine irgendwann zwischen 8 Uhr 45 und 9 Uhr 15 Nr. 9 gegen einen neuen Zylinder austauschten, dann waren sie mit Sicherheit nicht an der Ersten Stufe, als Odell sie um 12 Uhr 50 sah – sie müssen viel weiter oben gewesen sein. Sie könnten sich nur dann zu dieser Uhrzeit an der Ersten Stufe befunden haben, wenn sie sehr viel später als fünf oder halb sechs vom Lager VI aufgebrochen wären. Doch es gibt keinerlei Indizien, die diese Alternative stützen, und sie würde auch Mallorys erklärter Absicht widersprechen. Es ist unwahrscheinlich, daß Mallory am wichtigsten Tag seines Lebens verschlafen hatte. Außerdem wußte er durch Nortons und Somervells Versuch ein paar Tage zuvor, wie lange es ungefähr dauern würde, die Strecke oberhalb von Lager VI zu bewältigen, selbst wenn man wie er Sauerstoff zur Verfügung hatte. Schließlich deutet nichts darauf hin, daß die beiden an jenem Morgen technische Probleme hatten, die eine fast dreistündige Verspätung erklären würden.

Daraus können wir nur den Schluß ziehen, daß Odells erste Berichte zutreffend sind: Er sah Mallory und Irvine an der Zweiten Stufe – *oder möglicherweise noch weiter oben* –, als er sie um 12 Uhr 50 erblickte. Gibt es weitere Indizien, die diese Schlußfolgerung erhärten? Es gibt sie. Es gibt vernünftige Gründe, anzunehmen, daß der Geologe Odell in der Lage war, das Gelände, das die beiden Bergsteiger während seiner Beobachtung querten, exakt zu beschreiben – und das tat er auch. In seinem ursprünglichen Tagebucheintrag heißt es, er habe »M[allory] & I[rvine] auf dem Grat nahe dem Fuß der Gipfelpyramide« gesehen.[23] Die Erste Stufe läßt sich auf keinen Fall so beschreiben. Tatsächlich treffen seine topografischen Angaben auf kein einziges Merkmal der Ersten Stufe zu.

Beschrieb er die Zweite Stufe? Vielleicht, doch auch hier stellt sich das Problem, daß sich die von Odell beschriebene Topografie nicht *völlig* mit der Topografie der Zweiten Stufe deckt. Odell spricht von einem »Schneegrat« (später geändert zu »Schneehang«) »unterhalb einer Felsstufe im Grat«. Sowohl 1999 als auch 1924 waren sehr trockene Jahre; 1999 gab es keinen schneebedeckten Kamm (beziehungsweise Hang) am Fuß der Zweiten Stufe – doch dafür am Fuß der Dritten. Odell schrieb auch, daß zuerst der eine und dann der andere Bergsteiger »kurz darauf auf [der] Spitze« der Felsstufe aufgetaucht sei (allerdings definiert er »kurz« nicht näher). Die Zweite Stufe läßt sich als Ganzes nicht in einem Zeitraum überklettern, für den »kurz« eine angemessene Beschreibung wäre. Die Dritte Stufe hingegen schon. Wenn man die Zweite Stufe ersteigt, taucht man zudem nicht »auf ihrer Spitze« auf, sondern rechts davon. An der Dritten Stufe taucht man tatsächlich auf dem Gipfel auf und hebt sich scharf gegen den Himmel ab.

Hat Odell sie demnach an der Dritten Stufe gesehen? Das ist eine faszinierende Möglichkeit, der man allerdings nicht ohne weiteres zustimmen kann. Zwar paßt Odells Beschreibung in der Tat am besten auf die Dritte Stufe, und Andy Politz – der Bergsteiger, der sich als einziger an der Stelle aufgehalten hat, an der Odell fünfundsiebzig Jahre zuvor gestanden haben muß – ist davon überzeugt, daß Odells Beschreibung nur auf die Dritte Stufe zutreffen kann. »Aus dieser Perspektive sind die drei Stufen deutlich voneinander getrennt«, sagt er. »Ich habe keinen Zweifel, daß er sie an der Dritten Stufe sah. Das ist meines Erachtens offensichtlich. Was er beschrieben hat, läßt sich leicht definieren, auch wenn ... einem für die Beobachtung nur wenige Sekunden bleiben. Und die Gipfelpyramide ragt unmittelbar hinter dieser [Dritten] Stufe empor, die die Männer erklommen.«[24] Jochen Hemmleb, der durch sein Teleobjektiv beobachtete, wie Anker und Hahn die Dritte Stufe überkletterten, stellte fest, daß seine Beobachtung genau mit der Beschreibung übereinstimmte, die Odell von seiner Sichtung Mallorys und Irvines gegeben hat.

Doch konnten sie es bis zehn vor eins zur Dritten Stufe geschafft haben? Flasche Nr. 9 sagt uns, daß sie sich um etwa neun Uhr auf dem Nordostgrat unterhalb der Ersten Stufe befunden hatten. Es wäre für sie äußerst schwierig gewesen (wenn auch nicht unmöglich), bis 12 Uhr 50 die Dritte Stufe erreicht zu haben. Eric Simonson sagt: »Selbst heute, mit der Hilfe von fixen Seilen und der chinesischen Leiter an der Schlußwand der Zweiten Stufe, muß man sich

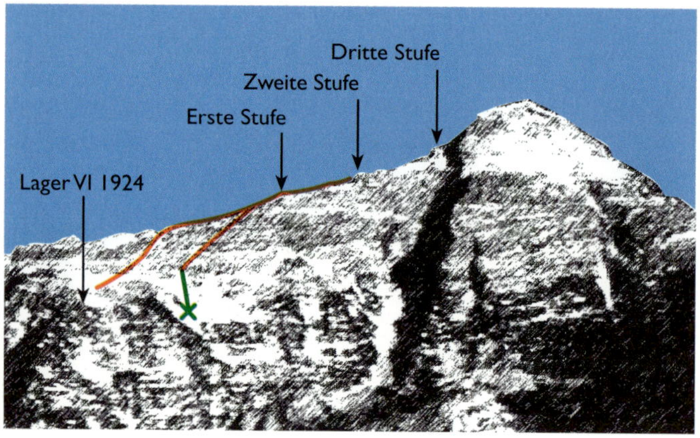

Szenario 1
Sie scheitern an der Zweiten Stufe. Auf- und Abstieg bei Tageslicht.

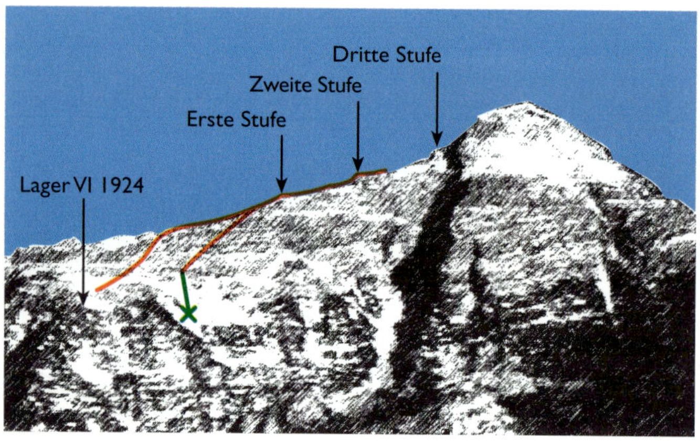

Szenario 2
Nur zwei Sauerstoffflaschen; Rückzug von *oberhalb* der Zweiten Stufe. Auf- und Abstieg bei Tageslicht.

ganz schön beeilen, um es in weniger als fünf Stunden zur Dritten Stufe zu schaffen. Und sie hatten keine der Erleichterungen, über die wir heute verfügen.«

Die Erste Stufe ist unmöglich und die Dritte Stufe unwahrscheinlich. Gibt es eine andere Alternative? Durchaus – und sie dürfte in Anbetracht unserer Erkenntnisse die einzig mögliche sein. Diese Alternative wurde 1981 erstmals von Tom Holzel zur Diskussion gestellt.[25] Die Zweite Stufe wird in drei Etappen überklettert: eine Querung nach rechts von ihrem Fuß zu einer kurzen Felsstufe, ein steiler Aufstieg über einen kleinen Schneefleck und die Überwindung der relativ kurzen senkrechten Schlußwand unter dem Gipfel der Stufe. Es ist durchaus möglich, daß Odell die beiden Bergsteiger dabei beobachtete, wie sie diesen kleinen Schneefleck (weder ein Grat noch ein Hang) überquerten, obgleich dieser in tiefem Schatten gelegen haben muß, als er sie sichtete. Anschließend hätten sie dann die Schlußwand am Gipfel der Stufe durchstiegen. Wenn es das war, was Odell beobachtete, stellt sich als nächstes die Frage, ob die Schlußwand in einem Zeitraum überwunden werden kann, der sich als »kurz« bezeichnen läßt.

Während der Expedition im Jahr 1999 beantwortete Conrad Anker diese Frage endgültig: höchstwahrscheinlich ja. Er hatte den Riß in der Schlußwand so schnell durchstiegen – mit solchem »Tempo«, um Odells Wort zu gebrauchen –, daß sein Partner Dave Hahn nicht einmal die Zeit hatte, ihn ausreichend zu sichern. Um 10 Uhr 45, am höchsten Punkt der Stufe angelangt, funkte Anker den Expeditionsleiter Eric Simonson an, der ihm die entscheidende Frage stellte: Könnte Mallory die Schlußwand bezwungen haben? Anker antwortete: »Ja, mit großem Einsatz und hoher Risikobereitschaft hätte er es [schaffen] können.«[26] Über die Ersteigung der Schlußwand sagte Anker: »Ich würde ihr auf Meereshöhe einen Schwierigkeitsgrad von 5.8 geben [etwa V+][27], doch hier oben fühlt es sich eher wie 5.10 [VI+] an.«[28]

Ob sich nun Mallory und Irvine an der Zweiten oder der Dritten Stufe befanden, als Odell sie sah – sie waren an jenem Morgen jedenfalls sehr zügig vorangekommen, als sie den Nordostgrat entlanggeklettert waren und die Erste Stufe überwunden hatten. Spätere Expeditionen haben viel Zeit damit verbracht, diesen Abschnitt des Grats zu überwinden, insbesondere die unerfahrene chinesische Expedition von 1960. Im Jahr 1933 beschlossen Wager und Wyn-Harris, die Erste Stufe zu umgehen. Nachdem sie drei Stunden lang an der oberen Kante des Gelben Bandes entlanggequert waren, fanden sie keinen Weg mehr zurück zur Gratschneide (späteren Expeditionen gelang dies, allerdings nur bei mächtiger Schneeauflage). Es war bekannt, daß Mallory die Route über den Grat bevorzugte und daß er ein außergewöhnliches Geschick bei der Wegsuche bewies. Sein Freund, Kletterpartner und späterer Biograph David Pye bemerkte dazu: »Ich erinnere mich, daß ich immer wieder von seinem Talent beeindruckt war, komplizierte Routen auszukundschaften, sowohl aus der Ferne als auch im Detail aus der Nähe.«[29]

Wie Expeditionsmitglied Dave Hahn ausführte, hätten Mallory und Irvine die Erste Stufe entweder auf direktem Weg über den Grat bezwingen können oder auf dem heute üblichen Quergang rechts um die Stufe herum. Ersteres hätte länger gedauert, doch möglich ist beides.

Die nächste Hürde war natürlich die Zweite Stufe. Im Jahr 1960 erwog die chinesische Expedition zuerst, den Steilabbruch an der Vorderkante der Zweiten Stufe direkt zu ersteigen, doch sie verwarf diese Alternative zugunsten einer Querung rechts um die Stufe herum, ganz ähnlich wie man die Erste Stufe umgeht. Es ist die offensichtliche Linie des geringsten Widerstandes – obgleich sie, wie Hahn später sagen sollte, »zweifellos ihre sportlichen Abschnitte hat«.

Gleich, welche Route Mallory und Irvine wählten, aus Odells Bericht geht jedenfalls deutlich hervor, daß sie um 12 Uhr 50 die Zweite Stufe erfolgreich bezwungen hatten. Ob Odell sie an der Zweiten oder Dritten Stufe sah, ist zumindest in dieser Hinsicht von untergeordneter Bedeutung. Sie waren nachweislich nicht an der Ersten Stufe; sie waren hoch oben am Berg.

Doch nun wurden sie mit drei neuen Problemen konfrontiert: Wetter, Sauerstoff und Zeit. Was das Wetter anlangt, ist es möglich, aber keineswegs gewiß, daß sich die Verhältnisse in den darauffolgenden drei Stunden verschlechterten. Ein Schneeschauer überraschte Odell etwa um zwei Uhr nachmittags, kurz nachdem er Lager VI erreicht hatte – doch daraus folgt nicht zwangsläufig, daß auch Mallory und Irvine hoch oben am Berg davon betroffen waren. Und selbst wenn, so wissen wir aus Odells Beschreibung, daß es kein White-out war (ein so dichtes Schneetreiben einschließlich starker Nebelbildung, daß man Landschaft und Himmel nicht mehr unterscheiden kann). Er selbst konnte seinen Aufstieg mühelos fortsetzen, und er pfiff und rief nach seinen beiden Gefährten, während die Schneeflocken um ihn wirbelten. Unter solchen Bedingungen hätte es Mallory und Irvine wenig Schwierigkeiten bereitet, ihren Aufstieg fortzusetzen, vor allem, da sie den gefährlichsten Abschnitt, die Zweite Stufe, bereits hinter sich gebracht hatten.

Was die Sauerstoffvorräte und die Zeit betrifft, müssen wir echt Holmessche Detektivarbeit leisten. Das heißt, wir können nur herausfinden, was geschehen sein *könnte*, indem wir ausschließen, was *keinesfalls geschehen sein kann*. Wenn entweder Mallory oder Irvine Sauerstoffflasche Nr. 9 zwischen 8 Uhr 45 und 9 Uhr 15 aufbrauchte, wie es der Fall gewesen zu sein scheint, dann wäre die nächste Flasche irgendwann zwischen 12 Uhr 45 und 13 Uhr 15 leer gewesen (unter der Voraussetzung, daß sie bis zur maximalen Kapazität gefüllt und auf vollen Durchfluß gestellt war) – exakt zu der Zeit, als Odell sie mit »beachtlichem Tempo« klettern sah. Daß sie noch immer zügig voran-

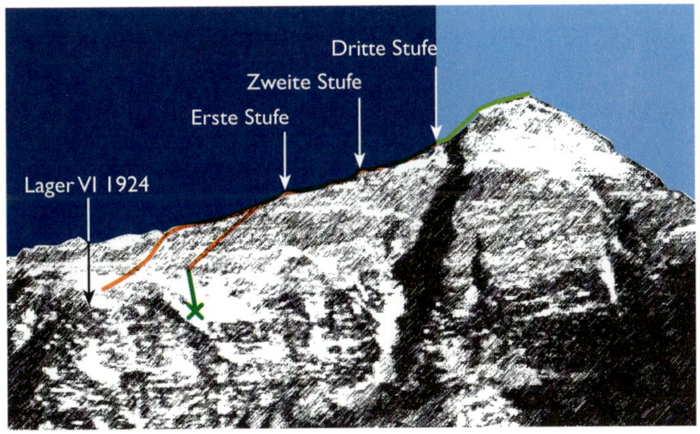

Szenario 3
Gipfel ohne Sauerstoff. Einbruch der Dunkelheit im Abstieg bei Erreichen der Dritten Stufe.

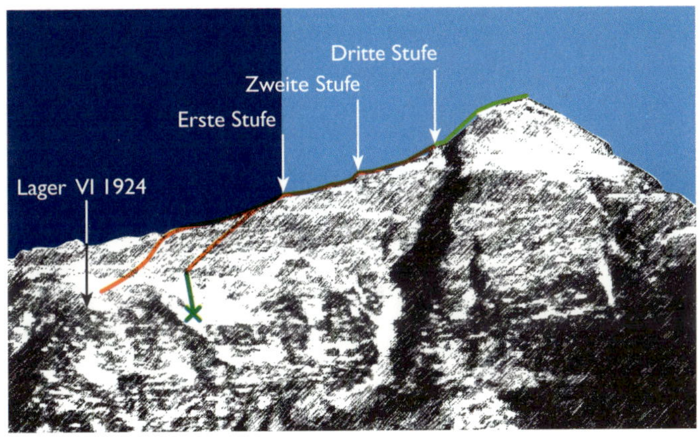

Szenario 4
Gipfel mit Sauerstoff. Einbruch der Dunkelheit im Abstieg bei Erreichen der Ersten Stufe.

kamen, läßt sich auf dreierlei Weise erklären: Entweder sie hatten eine unglaublich gute Kondition, obwohl ihnen der Sauerstoff ausgegangen war, oder sie hatten ihre zweiten Zylinder nicht auf vollen Durchfluß gestellt (so daß sie den Sauerstoff noch nicht verbraucht hatten), oder sie hatten einen dritten, neuen Sauerstoffzylinder angebrochen.

Hätten die Bergsteiger jeweils nur zwei Zylinder getragen, wären sie jetzt in ein fürchterliches Dilemma geraten: entweder die Besteigung des Gipfels aufgeben, umkehren und sich unverzüglich in Sicherheit bringen oder den Aufstieg zum Gipfel ohne zusätzlichen Sauerstoff fortsetzen. Wenn sie sich für letzteres entschieden hätten und mit einer Geschwindigkeit weitergestiegen wären, die annähernd mit dem Tempo von Norton während seiner letzten Stunde Kletterei ohne Sauerstoff ein paar Tage zuvor übereinstimmte (vierzig Meter pro Stunde), dann hätten Mallory und Irvine den Gipfel erst gegen sieben Uhr erreicht, als die Sonne gerade unterging. (In dem unwahrscheinlichen Fall, daß Odell sie um 12 Uhr 50 an der Dritten Stufe sah, hätten sie anderthalb Stunden früher, um halb sechs, am Gipfel sein können.) Selbst wenn sie um sieben Uhr unverzüglich abgestiegen wären, hätten die beiden Bergsteiger in den verbleibenden anderthalb Stunden Dämmerung nicht genügend Zeit gehabt, um die Gipfelpyramide vor Einbruch der Dunkelheit hinunterzuklettern, geschweige denn über die schwierige Zweite Stufe abzusteigen. Da sie praktisch ihre gesamten Lampen und sonstigen Lichtquellen in Lager VI zurückgelassen hatten, wären sie völlig auf Mond- und Sternenlicht angewiesen gewesen. Und obwohl es eine klare Nacht war, sank der Mond an jenem 8. Juni 1924 um 23 Uhr 25 unter den Horizont. Hätten sie die Zweite Stufe in der Dunkelheit hinabsteigen können? Erfahrene Everest-Bergsteiger wie Eric Simonson halten dies für unmöglich.

Doch wir wissen natürlich, daß Mallory (und vermutlich auch Irvine) die Zweite Stufe *auch im Abstieg* bewältigt hatte – seine Leiche wurde unterhalb des Gelben Bandes, nördlich der Ersten Stufe, nicht der Zweiten, gefunden. Wenn es unmöglich ist, die Zweite Stufe in der Dunkelheit abzusteigen, dann folgt daraus zwangsläufig, daß sie die Zweite Stufe bei Tageslicht oder in der Dämmerung hinuntergeklettert waren. Es gibt nur zwei Möglichkeiten, wie dies geschehen sein könnte. Entweder Mallory und Irvine kehrten um, als ihre zweite Sauerstoffflasche verbraucht war – unmittelbar, nachdem sie die Zweite Stufe bezwungen hatten –, und begannen unverzüglich (oder nur wenig später) mit dem Abstieg. Oder sie stiegen mit einer dritten Sauerstoffflasche weiter auf und kletterten die Zweite Stufe erst später, in der Dämmerung, hinab.

Hätten sie umgedreht, wären sie irgendwann am späten Nachmittag noch bei Tageslicht in Lager VI eingetroffen. Doch wenn Mallory am hellichten Tag abstürzte, wieso befand sich dann seine Schneebrille in seiner Tasche? Wo er doch knapp zwei Tage zuvor gesehen hatte, daß sein eigener Expeditionsleiter aufgrund eines solchen Fehlers schneeblind geworden war? Es bleiben nur zwei Folgerungen: Entweder Mallory verhielt sich sowohl ungeschickt als auch dumm, was offenkundig nicht der Fall war, oder er und Irvine kehrten *nicht* um, als ihre zweiten Flaschen leer waren. Und es gibt nur einen Schluß, den wir in diesem Fall ziehen können: Beide trugen einen dritten Sauerstoffzylinder bei sich, der ihnen einen schnelleren Aufstieg zum Gipfel ermöglicht – oder sie ihm zumindest ein gutes Stück näher gebracht hat.

Angetrieben vom Bewußtsein, daß der Gipfel endlich in Reichweite lag, doch zweifellos langsamer vorankommend als in den ersten Stunden ihres Aufstiegs, hätten Mallory und Irvine den Gipfel des Mount Everest zwischen drei und vier Uhr erreichen können, bevor ihre dritten Sauerstoffflaschen zur Neige gingen. Nur bei diesem Szenario hätten sie gerade genug Zeit gehabt, um über die Zweite und Erste Stufe bei ausreichendem, wenn auch schwindendem Tageslicht und mit einem gewissen Grad von Sicherheit abzusteigen, und sie wären schließlich im Gelben Band von der Dunkelheit eingeholt worden. (Wenn Odell sie an jenem Mittag um 12 Uhr 50 an der Dritten Stufe gesehen hat, dann wäre ihre Sicherheitsspanne mindestens eine Stunde größer gewesen.)

Haben sie den Gipfel erreicht? Die nackte Wahrheit lautet, daß es noch immer keine endgültige Antwort auf diese Frage gibt. Obgleich 1924 ein trockenes Jahr war, könnte der Schnee auf dem Gipfelschneefeld oberhalb der Dritten Stufe durchaus so tief oder so lawinengefährlich gewesen sein, daß die beiden Bergsteiger beschlossen, nicht weiterzugehen. Tatsächlich berichtete Odell, er habe am Gipfel »eine erhebliche Menge Neuschnee« gesehen.[30]

Am Ende könnten uns die Sauerstoffzylinder möglicherweise weitere Aufschlüsse geben, obgleich auch dies keineswegs sicher ist. Wir können mit einiger Gewißheit sagen, daß ihnen irgendwo hoch oben am Berg der Sauerstoff ausging und sie ihre Atemgeräte dort wegwarfen. Sie trugen die Geräte nicht, als sie abstürzten – die Riemen, mit denen Mallorys Sauerstoffmaske an seinem Lederhelm befestigt wurde, fand man in einer seiner Taschen. Wenn jemand zwischen der Zweiten und Dritten Stufe leere Sauerstoffflaschen aus dem Jahr 1924 finden sollte, die noch mit den Atemgeräten verbunden sind, dann kann er daraus mit einer gewissen Wahrscheinlichkeit folgern, daß Mallory und Irvine an diesem Punkt umkehrten – hauptsächlich deshalb, weil sie ohne Sauerstoff nicht in der Lage gewesen wären, zum Gipfel zu gehen und außerdem noch die gesamte Strecke zurück über die Zweite und Erste Stufe bis zum Gelben Band in der Dunkelheit sicher abzusteigen. Wenn zwischen der Zweiten und der Dritten Stufe *nur* leere Flaschen (ohne die Atemgeräte) aus dem Jahr 1924 gefunden werden sollten, dann könnten wir mit einiger Sicherheit vermuten, daß Mallory und Irvine beide eine dritte Flasche angebrochen hatten und in Richtung Gipfel weitergestiegen waren. Letztlich aber werden wir ohne einen eindeutigen Schnappschuß aus der berühmten Kodak-Vestpocket-Kamera nie mit Sicherheit wissen, ob sie ihr Ziel erreicht haben.

Es gibt einen besonders verlockenden, wenn auch indirekten Hinweis darauf, daß sie es sehr wohl geschafft haben könnten. Bekanntlich wollte Mallory ein Foto seiner Frau Ruth auf dem Gipfel hinterlegen.[31] Der Beutel um Mallorys Hals enthielt mehrere Briefe. Keiner davon war von seiner Frau, und bei der Leiche wurde auch kein Foto von ihr gefunden. Er mochte vergeßlich gewesen sein, doch es ist praktisch undenkbar, daß er das Foto oder zumindest einen Brief von seiner geliebten Ruth, mit der er während der Expedition regelmäßig korrespondierte, vergessen hätte. Wo sind sie, wenn nicht am Gipfel?

Während Mallory und Irvine noch immer hoch oben am Berg waren, stieg Noel Odell ab, wie Mallory ihn instruiert hatte. Er begann mit seinem Abstieg von Lager VI kurz nach vier, als das Schneegestöber aufhörte, und traf um viertel vor sieben im Lager auf dem Nordsattel ein.[32] Während seines einsamen Abstiegs drehte er sich von Zeit zu Zeit um und suchte den Gipfelgrat ab, sah jedoch keine Spur von den beiden Bergsteigern. Später, nach seiner Ankunft auf dem Nordsattel, beobachteten Odell und Hazard (der Lager IV bemannt hatte) den Berg in der zunehmenden Dämmerung, doch dürfte der Abstieg von Mallory und Irvine zu dieser Zeit durch die Krümmung des Hangs zwischen dem Fuß der Dritten Stufe und der Zweiten Stufe den Blicken von unten entzogen gewesen sein. Odell schrieb später: »Der Abend war klar, und wir hielten bis spät in die Nacht Ausschau nach Zeichen von Mallory und Irvine – und sei es ein Notsignal. Das matte Leuchten, das nach Sonnenuntergang die große dunkle Bergflanke über uns erfüllte, ging später in das milchige Mondlicht über, das von den hohen Gipfeln des Westlichen Rongbuk reflektiert wurde.«[33] Doch schon bald verschwand auch dieses schwache Licht.

Und irgendwo in der Dunkelheit stürzten sie.

Sie stürzten nicht tief. Sie stürzten nicht vom gefährlichen Nordostgrat, wie die vielen zerschmetterten Leichen, die in ewiger Totenstarre gefroren im großen Sammelbecken der »Schneeterrasse« liegen. George Leigh Mallory hat uns dies selbst verraten, durch die Art, wie er starb, und die friedliche Ruhe, die er ausstrahlte, als ihn die Bergsteiger der Forschungsexpedition 1999 fanden. Und wie Jochen Hemmleb von Anfang an vermutet hatte, stand sein Sturz nicht mit dem Eispickel in Verbindung, auf den Percy Wyn-Harris vor sechsundsechzig Jahren auf einer Felsplatte am Grat gestoßen war.[34] Beide haben nichts miteinander zu tun.

George Mallory stürzte von einer Stelle in den Tod, die schon weit unten in der Wand des Gelben Bandes lag – Lager VI, und damit die Rettung, zum Greifen nahe. Seine Verletzungen sind zu leicht, sein Körper ist zu wenig entstellt, als daß es eine andere Erklärung gäbe. Und er stürzte nicht allein; im entscheidenden Augenblick scheint er mit seinem Gefährten Andrew Irvine durch das Seil verbunden gewesen zu sein. Daß auch Irvine stürzte und verletzt wurde, wenn auch nicht so schwer wie Mallory, geht aus der Tatsache hervor, daß die Leiche, die Wang Hongbao fand – und es handelt sich eindeutig um die Irvines –, nur etwa eine halbe Stunde vom Lager VI von 1924 entfernt lag.

Dies scheint geschehen zu sein: Die beiden Bergsteiger befanden sich auf der letzten Etappe eines historischen Tages. Gleich, ob sie den Gipfel tatsächlich erreicht hatten oder nicht –, sie waren höher am Mount Everest gestiegen als je ein Mensch zuvor, sehr viel höher. Jetzt, erschöpft, durstig und ohne Sauerstoff, tasteten sie sich in der Finsternis langsam über das Gelbe Band nach unten, ohne Mondlicht, ohne Lampen oder Fackeln, um sich den Weg auszuleuchten. Vermutlich folgten sie der Route, über die sie aufgestiegen waren. Doch um die steilen Rinnen entlang dieser Route zu meiden, sind sie möglicherweise schon früher, gleich nach der Ersten Stufe, ins Gelbe Band abgestiegen und dem Weg gefolgt, den Norton ein paar Tage zuvor genommen hatte.[35]

Gut möglich, daß wir nie erfahren werden, wofür sie sich entschieden haben.

Irgendwo im Gelben Band stießen sie auf eine fast senkrechte Stufe. Vielleicht stiegen die beiden gemeinsam ab, durch das Seil miteinander verbunden. Mallory bildete vermutlich die Nachhut, wie es der erfahrenere Bergsteiger zu tun pflegt, während sich Irvine einen Weg durch den zerklüfteten Kalkstein des Bandes suchte.

Plötzlich ein Fehltritt: Mallory verliert den Halt und stürzt binnen Sekunden die Wand herab, an Irvine vorbei. Oder vielleicht rutscht Irvine aus und reißt Mallory mit. Die aufgenommenen Seilschlingen in Mallorys Hand wickeln sich ab und dann, nach einer scheinbaren Ewigkeit, die doch nur Sekunden dauert, ein scharfer Ruck. Das Seil verfängt sich an einem Felsvorsprung, Mallorys rechte Körperseite wird gegen die Steilwand geschmettert, und sein rechter Ellbogen wird ausgerenkt, das Seil gräbt sich in seine rechte Seite und bricht seine Rippen. Für einen Sekundenbruchteil wähnt sich Mallory gerettet. Doch der Augenblick endet mit einem Herzschlag, als das Seil reißt und er weiterfällt. Fast im selben Moment landet er mit einem Fuß auf dem schrägen Steilhang. Als die Wucht des Sturzes abgebremst wird, brechen sein rechtes Schien- und Wadenbein über dem Schaft seines Stiefels.

Doch es hält ihn nicht. Der Hang ist zu steil, und sein Körper hat bereits zuviel Fahrt. Er rutscht in die Dunkelheit der großen Nordwand, auf den letzten Abbruch zum Hauptrongbukgletscher, zweitausend Meter unter ihm. Er kämpft verzweifelt, er hat noch nicht aufgegeben. Er wirft sich herum, um den Sturz abzubremsen, gräbt seine Finger in das gefrorene Geröll und greift nach jedem vorbeirasenden Stein. Doch er gleitet so irrwitzig schnell, und der Boden ist so rauh, daß es ihm die Handschuhe von den Händen reißt. Es ist, als würde er hinter einem Schnellzug hergezogen und als versuchte er, die dahinrasende Maschine mit der bloßen Kraft seiner Arme und Finger abzubremsen. Genau an der Stelle, wo er glaubt, langsamer zu werden, prallt er auf eine schräge Felsplatte, wird in die Luft geschleudert und schlägt, als ihn die Schwerkraft wieder einfängt, mit voller Wucht auf den Hang auf, wobei seine Stirn gegen eine scharfe Felskante geschleudert wird. Langsamer werdend rutscht er ein weiteres Geröllband hinab und bleibt schließlich liegen.

Er krallt sich mit seinen Fingern noch immer in den Hang. Er liegt mit dem Gesicht auf dem Felsen. Gegen die schwere Kopfverletzung kann er nichts aufbieten. Er verliert das Bewußtsein. In einem letzten Akt – vielleicht schon bewußtlos – legt er das unverletzte Bein schützend über das gebrochene. Wenig später ist sein Todeskampf – und sein Leben – zu Ende.

Er kann Irvine nicht mehr hören, der, ebenfalls verletzt, aber lebendig, in der Dunkelheit nach ihm ruft. Nach einer Weile hört Irvine auf zu rufen und beginnt, sich instinktiv ostwärts Richtung Lager VI zu schleppen, das etwa vierhundert Meter entfernt ist. Er schafft es nicht. Irgendwann gibt er auf, vor Entkräftung, wegen seiner Verletzungen oder wegen beidem – zehn Minuten von einer schwach ausgeprägten Felsrippe in der Mitte der Schneeterrasse und weitere dreißig Minuten von seinem Lager entfernt. Er kauert sich nieder, und in der eisigen Kälte in 8200 Metern Höhe ergibt sich Andrew Irvine dem Berg, schließt seine Augen und gleitet in eine Nacht, aus der es kein Erwachen gibt.

EPILOG

Weil er da ist

... eine reinere Luft umgibt ihn, eine weiße Klarheit umhüllt ihn, und die Götter dort laben sich an einer Glückseligkeit, die so lange währt wie ihr ewiges Leben.

Homer

Olymp, Berg Sinai, Fudschijama, Kilimandscharo, Mount Everest: Lange bevor die Menschheit von den Gipfeln der Berge Besitz ergriff, hatte die Magie der Berge schon von der Phantasie der Menschheit Besitz ergriffen. Wo es die Berge nicht gab, um diesen augenscheinlichen Urtrieb zu befriedigen, hat er sie sich geschaffen: den Turm zu Babel in Babylon, die Stufentürme (Zikkurats) im alten Mesopotamien, die Treppentempel der Maya in Yucatan, die Pyramiden im Niltal.

Als ob der Himalaja noch nicht hoch genug wäre, haben die heiligen Schriften der Hindus in Nordindien den Berg Meru beschworen, den mehr als hundertdreißigtausend Kilometer hohen Sitz ihrer Götter, das Herz des Kosmos, den Mittelpunkt ihrer Welt. Später übernahm der Buddhismus den Berg Meru, und es entstanden unzählige Repliken von ihm vor jedem Tempel und Kloster – *stupas*: quadratisch am Fuß, rund an der Spitze und weiß wie die schneebedeckten Riesen des Himalaja. Sogar am Fuß des Everest gibt es einen *stupa* vor dem Rongbukkloster.

»Weil er da ist«, soll Mallory geantwortet haben, als ihm von einem Reporter der *New York Times* – wohl zum hundertsten Mal – die Frage gestellt wurde, warum er denn den Mount Everest besteigen wolle. Das klingt eher nach dem flapsigen Spruch eines New Yorker Journalisten als nach Mallory selbst.[1] Mallory war Pedant und Romantiker zugleich – beides Wesenszüge, die nicht

Gegenüberliegende Seite:
Mount Everest – Chomolungma:
ein Ort voller Geheimnisse und Legenden
(*Foto von Jake Norton*)

recht zu einer so saloppen Redeweise passen. Bei einer anderen Gelegenheit zitierte ein Journalist eine Antwort, die weit besser auf Mallory paßt:

> Sollte man mich fragen, welchen »Nutzen« die Bergsteigerei hat oder welchen Sinn der Versuch, den höchsten Gipfel der Welt zu erklettern, so müßte ich antworten: »Gar keinen.« Da ist nichts, was der Wissenschaft dienen könnte; es geht nur darum, dem eigenen Leistungstrieb zu genügen, in Erfahrung zu bringen, was jenseits der bekannten Grenzen liegt – dieses unbezähmbare Verlangen zu befriedigen, das in der Brust des Menschen wohnt. Nachdem die Pole erobert sind, ist die größte Herausforderung, die sich dem Entdecker noch stellt, dieser übermächtige Gipfel des Himalaja.[2]

Dieses »unbezähmbare Verlangen« unterscheidet Mallory, Irvine und die anderen Everest-Pioniere von der übrigen Menschheit. Darin drückt sich ein Maß an Leidenschaft und Entschlossenheit aus, das uns noch heute in Staunen versetzt. Es ist die Entschiedenheit dieses Verlangens, die die Faszination des George Mallory ausmacht und die uns fünfundsiebzig Jahre nach seinem Verschwinden noch immer so in seinen Bann zieht. Diesen Mann zeichnet etwas aus, was wir selbst gern hätten, etwas, das mit der Klarheit seiner Absichten, der Unbedingtheit seines Wollens und, in gewisser Weise, mit Unbesiegbarkeit zu tun hat.

Vor einigen Jahren schrieb die Everest-Historikerin Audrey Salkeld über ihre eigene Suche nach Mallory: »Wer es wagt, sich mit einem Mythos auseinanderzusetzen, begibt sich in einen Bereich, der der Vernunft entzogen ist.«[3] Doch George Mallory ist weder ein Mythos noch der Vernunft entzogen. Vielmehr ist seine lebendige, fast strahlende Realität einer der Gründe, warum er die Menschen noch immer beschäftigt.

George Leigh Mallory und Andrew Comyn Irvine waren Menschen aus Fleisch und Blut; wir können uns über sie informieren. Sie hatten einen Charakter und eine Biografie, wenn auch in Irvines Fall eine tragisch kurze. Wir können in Erfahrung bringen, daß Irvine kräftig, umgänglich, eifrig und zum Ingenieur geboren war. Wir können in Büchern lesen, daß George Mallory ein hervorragender und eleganter Kletterer war, ein Mann, der zwischen Familie und Beruf auf der einen Seite und seiner Everest-Besessenheit auf der anderen hin- und hergerissen war. Wir können darüber spekulieren, inwieweit diese Besessenheit zur Triebfeder seines Handelns wurde. Wir wissen von seinen Freunden und Partnern, daß er aus ihr eine immense Energie und Entschlossenheit schöpfte, daß sie ihm die Kraft gab, auch dort noch sein Ziel zu verfolgen, wo andere, sterblichere Männer sich mit einer Niederlage abgefunden hätten – oder zumindest ihrem Selbsterhaltungstrieb gefolgt wären.

Auch die Notizen, die in Mallorys Taschen gefunden wurden, sind kein Mythos. Die Sauerstoffflasche Nr. 9, die fünfundsiebzig Jahre lang unentdeckt am Nordostgrat lag, ist kein Mythos. Daß Noel Odell seine Kletterpartner Mallory und Irvine am Berg gesichtet und diesen Vorgang zunächst in bestechender Detailtreue beschrieben hat, war kein Mythos – bis Odell sich offenbar dazu gedrängt fühlte, einen daraus zu machen. Wie lange der Inhalt einer Sauerstoffflasche vorhält, wie schwierig eine gegebene Kletterpassage oder wie weit ein Hindernis am Berg vom nächsten entfernt ist – all das sind keine mythischen Gegebenheiten. Es sind Tatsachen, die man wissen, die man erforschen kann.

Ein Ziel der 1999 Mallory & Research Expedition war es, eine Antwort auf die Frage *Haben sie es geschafft?* zu finden. In ihren zwei Monaten hat die Expedition mehr Informationen über den Gipfelversuch der beiden gesammelt, als in den ganzen fünfundsiebzig Jahren zuvor zusammengetragen worden waren. Wie eine nüchterne Analyse dieser Informationen zeigt, ist die Wahrscheinlichkeit, daß sie es geschafft haben, viel größer als bisher angenommen – doch sicher ist es beileibe nicht. Andere Experten mögen bei der Untersuchung der neuen Daten zu abweichenden Schlußfolgerungen kommen. Wir fordern sie ausdrücklich dazu auf. Um das Rätsel vollends aufzuklären, wird sich der Verstand vieler Menschen genauso unermüdlich um die Wahrheit bemühen müssen, wie Mallory und Irvine bemüht waren, den höchsten Gipfel der Welt zu erreichen.

Schließlich wird es die Menschen geben, die es auch nach der Untersuchung der neuen Daten und unserer Interpretation vorziehen, ungeachtet aller neuen Aspekte an ihrer Version der Geschichte festzuhalten – was möglicherweise mehr über sie selbst als über Mallory und Irvine aussagt. Das ist sehr bezeichnend, denn die Geschichte von Mallory und Irvine hat die Phantasie der Menschen nicht einfach deshalb gefangengenommen, weil sie uns Rätsel aufgibt, sondern auch, weil wir einen Sinn in ihr erkennen – und zwar jeder von uns einen anderen Sinn. In allen diesen individuellen »Geschichten« mischen sich Tatsachen und persönliche Weltanschauung – über Erfolg und Mißerfolg, über Willensfreiheit und Schicksal, über Sterblichkeit und Unsterblichkeit.

Am Ende steht anstelle der Frage *Haben sie es geschafft?* womöglich eine ganz andere: *Ist das wichtig?* Was sicherlich wichtig ist, was unser Interesse und unsere Hochachtung verdient, ist ihre Leistung, gemessen an den Mitteln, die ihnen zur Verfügung standen. Wichtig sind ihre Kraft und ihr Mut, die Unbeugsamkeit ihres Willens.

Und das – nicht die Frage, ob sie am 8. Juni 1924 den höchsten Berg der Welt bestiegen haben – ist das wirklich Bedeutende an der Geschichte von George Leigh Mallory und Andrew Comyn Irvine.

MOUNT EVEREST
Südgipfel
Nordostgrat
Gelbes Band
Lager VI
LHOTSE
Lager V West
Südsattel
Lager V
Westgrat
Geneva-
Vorsprung
NUPTSE
Lager IV West
Lager IV
CHANGTSE
Nordsattel
Cwm
Lager III
Lager III West
Westlicher
KRUMBUTSE
Lager II
(Vorgeschobenes
Basislager)
Rongbuk-
gletscher
Lho La (Paß)
Lager I
LINGTREN
PUMORI
Khumbu-
Eisbruch
Basislager
Phantomtal
Khumbugletscher
BERANN

Anmerkungen

PROLOG

1. Edward F. Norton et al., *The Fight for Everest 1924*, London: Edward Arnold and Company, 1925, S. 125.
2. Es herrscht in der Literatur einige Verwirrung hinsichtlich des Standortes und der genauen Höhe von Lager VI; die Analyse von Orthofotografien und der Vergleich mit zeitgenössischen Berichten ergeben 8230 Meter als die korrekte Höhe für Lager VI.
3. Brief Mallorys an seine Frau Ruth, in Dudley Green, *Mallory of Everest*, Burnley, England: Faust Publishing Company, 1990, S. 96.
4. Es besteht erhebliche Unsicherheit über die Höhe, die dieses Team erreichte. Ihr Höhenmesser zeigte 8170 Meter an, doch ergaben spätere Theodolitmessungen eine Höhe von 8225 Metern. In jüngster Zeit durchgeführte fotogrammetrische Untersuchungen von Jochen Hemmleb deuten darauf hin, daß die höchste Stelle, die dieses Team fotografiert hat, zwischen 8100 und 8130 Metern lag.
5. Auch hier kann jetzt die offizielle Angabe korrigiert werden. George Finch, der Leiter dieses Unternehmens, beschreibt den genauen Ort des Umkehrpunktes nur sehr allgemein: »Wir standen in der Biegung eines auffälligen auf den Kopf gestellten V aus Schnee, direkt unterhalb des großen, rötlich-gelben Granitgürtels [*sic*].« Aus dem Vergleich einer Fotografie der Expedition mit der Topografie des Areals geht eindeutig hervor, daß der Umkehrpunkt in der Tat nicht niedriger als 8370 Meter, möglicherweise sogar bis zu 8400 Meter hoch lag.
6. Norton, *Fight for Everest*, S. 125.
7. Tom Holzel und Audrey Salkeld stellen in ihrem Buch *First on Everest: The Mystery of Mallory and Irvine*, New York: Henry Holt and Company, 1986, S. 222, die These zur Diskussion, daß das Sauerstoffgerät, mit dem Odell so schlechte Erfahrungen gemacht hatte, defekt war.
8. John Noel, *Through Tibet to Everest*, London: Edward Arnold and Company, 1927, Kingfisher Library Edition, 1931, Foto des Briefes gegenüber S. 220.
9. Norton, *Fight for Everest*, S. 128.
10. Ebd., S. 129.
11. Odells Bericht in »The Mount Everest Dispatches«, *Alpine Journal* (Bd. 36, Nr. 229, November 1924, S. 223).
12. Norton, *Fight for Everest*, S. 134.
13. Ebd., S. 136.
14. Ebd., S. 137.
15. Ebd., S. 138.
16. »Mount Everest Tragedy«, *The Times*, 21. Juni 1924.

KAPITEL 1

1. Es handelte sich um das Buch *First on Everest* von Tom Holzel und Audrey Salkeld.
2. Geoffrey Young, zitiert in David Robertson, *George Mallory*, London: Faber and Faber, 1969, S. 84.
3. Ebd., S. 74.
4. Sir Francis Younghusband, *The Epic of Mount Everest*, London: Edward Arnold and Company, 1926; Ausgabe bei Longman's Green and Company, S. 27.
5. Ebd., S. 27 und 29.
6. Es gibt wenig Literatur über Andrew Comyn Irvines tragisch kurzes Leben. Ein schmaler Band, *The Irvine Diaries: Andrew Irvine and the Enigma of Everest* von Herbert Carr, ist 1979 bei Gastons-West Col Publications erschienen.
7. Ebd.
8. Robertson, *George Mallory*, S. 17.
9. Ebd., S. 29.
10. Ebd., S. 71.
11. Jon Tinker war der Leiter der von Out There Trekking in Sheffield, England, organisierten kommerziellen Expedition zum Nordostgrat des Everest im Jahre 1993 und der erste Engländer, dem es gelungen war, den Berg auf der klassischen Nordflankenroute zu bezwingen. Mit seiner »OTT-Variante« vollendete er die Route, die als erste, ohne Erfolg, Finch und Bruce 1922 versucht hatten, verband sie mit der 1922 von Norton und Somervell erschlossenen Querung entlang des Gelben Bandes, nahm dann aber einen kürzeren Weg direkt hinauf zur Zweiten Stufe, anstatt weiter in den Großen Couloir zu queren.
12. Brief von Hiroyuki Suzuki, Sekretär für Äußere Angelegenheiten beim japanischen Alpine Club, an Tom Holzel, 7. Februar 1980, zitiert in Holzel/Salkeld, *First on Everest*, S. 2f.

KAPITEL 2

1. Eine Summe, die erheblich höher war als der Betrag, den Brice in Wirklichkeit fordert.
2. Peter Gillman (Hg.), *Everest: The Best Writing and Pictures from Seventy Years of Human Endeavour*, New York: Little, Brown and Company, 1993, S. 10.
3. Holzel/Salkeld, *First on Everest*, S. 29.
4. Matt Dickinson, *The Other Side of Everest*, New York: Times Books, 1999, S. 21. Ursprünglich in England unter dem Titel *The Death Zone* veröffentlicht.
5. Fax von Peter Firstbrook, BBC-Produzent für Reise- und Abenteuersendungen, an Eric Simonson, Leiter der Mallory & Irvine Research Expedition, 21. Oktober 1998. Expeditionsarchiv.
6. Walt Unsworth, *Everest*, S. 40.
7. Younghusband in Norton, *Fight for Everest*, S. 1.
8. Holzel/Salkeld, *First on Everest*, S. 178.
9. Ebd., S. 53–55; detaillierte Darstellung.
10. Brief von George Mallory an A. R. Hinks, zitiert in Unsworth, *Everest*, S. 40.
11. Odells Bericht in »The Mount Everest Dispatches«, *Alpine Journal* (Bd. 36, Nr. 229, November 1924, S. 245).
12. Holzel/Salkeld, *First on Everest*, S. 142.
13. *Alpine Journal*, a. a. O., S. 246.
14. Younghusband, *Epic of Everest*, S. 176f.
15. David Robertson, *George Mallory*, London: Faber and Faber, 1969, S. 221.
16. Geoffrey Keynes' Erinnerungen werden zitiert in Holzel/Salkeld, *First on Everest*, S. 169f.

KAPITEL 3

1. Lieutenant-Colonel C. K. Howard-Bury, *Mount Everest: The Reconnaissance, 1921*, London: Edward Arnold and Company, 1922, S. 24.
2. Younghusband, *Epic of Everest*, S. 37.
3. Dave Hahn, »The Kathmandu Duffel Shuffle«, *Mallory & Irvine Research Expedition Daily Dispatches*, 20. März 1999, MountainZone (www.mountainzone.com).
4. Ebd.
5. Showell Styles, *Mallory of Everest*, New York: The Macmillan Company, 1967, S. 42.
6. Unsworth, *Everest*, S. 106.
7. Younghusband, *Epic of Everest*, S. 181.
8. Carr, *Irvine Diaries*, S. 67.
9. Bruce in Norton, *Fight for Everest*, S. 24.
10. Unsworth, *Everest*, S. 47.
11. Ebd., S. 25.
12. Ebd.
13. Norton, *Fight for Everest*, S. 31–33.
14. Unsworth, *Everest*, S. 47.
15. Younghusband, *Epic of Everest*, S. 190.
16. Brief an Geoffrey Winthrop Young, 9. Juni 1921, zitiert in Holzel/Salkeld, *First on Everest*, S. 66.
17. Howard-Bury, *Mount Everest*, S. 166.
18. Norton verwechselt hier die Richtungen; seine Aufzählung verläuft tatsächlich von rechts nach links.
19. Norton, *Fight for Everest*, S. 48.
20. Ebd.
21. Dave Hahn, »Motorcycles and Bureaucrats«, *Mallory & Irvine Research Expedition Daily Dispatches*, 24. März 1999, MountainZone (www.mountainzone.com).
22. Dave Hahn, »Portable Mountain Chunks Above, River Below«, *Mallory & Irvine Research Expedition Daily Dispatches*, 26. März 1999, MountainZone (www.mountainzone.com).
23. Dave Hahn, »Like from Winnemucca to Elko«, *Mallory & Irvine Research Expedition Daily Dispatches*, 30. März 1999, MountainZone (www.mountainzone.com).
24. Graham Hoyland, »The Finding of George Mallory«, *High*, 201, August 1999.
25. Norton, *Fight for Everest*, S. 49f.

KAPITEL 4

1. Ein Hindu-Wort, das soviel wie Plan, Anordnung oder Klärung von Einzelheiten bedeutet; wörtlich »festbinden und zusammenschnüren«.
2. Dave Hahn, »Mountain Buddhism«, *Mallory & Irvine Research Expedition Daily Dispatches*, 2. April 1999, MountainZone (www.mountainzone.com).
3. Tatsächlich waren sie aus abblätterndem verrostetem galvanisiertem Stahl.
4. Diese Expedition war jahrelang umstritten; viele westliche Bergsteiger glaubten nicht daran, daß die Chinesen den Gipfel erreicht hatten, ein Zweifel, der sich mittlerweile als unbegründet erwiesen hat. Durch eine Analyse des Fotomaterials von der 1960er Expedition ist es Jochen Hemmleb gelungen, endgültig nachzuweisen, daß die Chinesen die Zweite Stufe überwunden haben.
5. In neununddreißig Jahren hatten sich die Überreste des 1999 gefundenen chinesischen Lagers von 1960 nur einen Kilometer von ihrem ursprünglichen Standort entfernt, was darauf schließen läßt, daß sich dieser Teil des Ostrongbuk-

gletschers mit einer durchschnittlichen Geschwindigkeit von fünfundzwanzig Metern pro Jahr – das entspricht 0,7 Zentimetern pro Tag – bewegt hat.

KAPITEL 5

1. Norton, *Fight for Everest*, S. 51.
2. Carr, *Irvine Diaries*, S. 91.
3. Ebd.
4. »In Memoriam«, *Alpine Journal*, Bd. 36, Nr. 229, November 1924, S. 387.
5. Carr, *Irvine Diaries*, S. 69.
6. Ebd., S. 81.
7. Ebd., S. 87.
8. Younghusband, *Epic of Everest*, S. 191f.
9. Norton, *Fight for Everest*, S. 52.
10. Noel, *Through Tibet*, S. 222.
11. Bruce in Norton, *Fight for Everest*, S. 62f.
12. Noel, *Through Tibet*, S. 227.
13. Norton, *Fight for Everest*, S. 103.
14. Holzel/Salkeld, *First on Everest*, S. 62.
15. Noel, *Through Tibet*, S. 223.
16. Robertson, *George Mallory*, S. 199.
17. Ebd., S. 245.
18. Norton, *Fight for Everest*, S. 74.
19. Ebd., S. 77f.
20. Ebd., S. 237.
21. Ebd., S. 86f.
22. Ebd., S. 91.
23. Nortons Expeditionsbericht (zusammengestellt aus den Expeditionsdepeschen) datiert diesen Anstieg auf den 1. Juni, was, ebenso wie die Datierung einer Notiz, die bei Mallorys Leichnam gefunden wurde, ein Irrtum ist. Aus Somervells Aufzeichnungen über seinen und Nortons Aufbruch vom Nordgrat zum Lager V, bei dem er dem absteigenden Mallory begegnete, geht eindeutig hervor, daß Mallory Lager III in Wirklichkeit am 31. Mai verließ. Norton korrigierte seinen Fehler in einem der beiden Berichte über diese Zeit im *Alpine Journal*, a. a. O., S. 261, und auch Andrew Irvines Tagebuch (Carr, *Irvines Diaries*, S. 108) bestätigt den 31. Mai als korrektes Datum.
24. Norton, *Fight for Everest*, S. 96.
25. Holzel/Salkeld, *First on Everest*, S. 205.
26. T. Howard Somervell, *After Everest: The Experiences of a Mountaineer and Medical Missionary*, London: Hodder and Stoughton, 1936, S. 126.
27. Nortons Angaben zufolge war dieses Lager 8170 Meter hoch, doch die in dem Bericht der britischen Expedition von 1933 festgehaltenen topografischen Merkmale der Stelle, an der das Hochlager von 1924 entdeckt wurde, weisen, abgeglichen mit Luftbildern, eindeutig darauf hin, daß es tatsächlich auf einer Höhe von 8230 Metern errichtet worden war.
28. Hier irrt Norton. An keiner Stelle liegt der Gratkamm mehr als hundertzwanzig Meter über Nortons Traverse entlang des Gelben Bandes.
29. Norton, *Fight for Everest*, S. 112.
30. Somervell, *After Everest*, S. 129.
31. Norton, *Fight for Everest*, S. 112f.
32. Ebd., S. 130f.
33. Ebd.
34. Ebd., S. 116.
35. Odell in Norton, *Fight for Everest*, S. 123.
36. Noel, *Through Tibet*, S. 262.

KAPITEL 6

1. Tatsächlich machte sich, initiiert von Tom Holzel und Audrey Salkeld, 1986 eine Expedition auf den Weg, die sich an dieser Prämisse orientierte. Aufgrund schlechter Wetterverhältnisse und eines tödlichen Unfalls wurde sie jedoch abgebrochen, bevor sie das angestrebte Suchgebiet erreichen konnte.
2. Noel Odell, Brief, *Alpine Journal*, Bd. 46, Nr. 249, November 1934, S. 448.
3. Tom Holzel, »Mallory & Irvine: The First to the Top of Everest?«, *Summit*, September/Oktober 1987, S. 20–27.
4. Audrey Salkeld, *People in High Places: Approaches to Tibet*, London: Jonathan Cape, 1991, S. 130.
5. Ebd., S. 133.
6. In *Another Ascent of the World's Highest Peak – Qomolangma*, Peking: Foreign Languages Press, 1975, S. 73.
7. Dave Hahn, »The Search at 27,000 Feet«, *Mallory & Irvine Research Expedition Daily Dispatches*, 4. Mai 1999, MountainZone (*www.mountainzone.com*).
8. Einen solchen Hammer hatte, wie Jochen Hemmleb schließlich nachwies, einer der Bergsteiger der chinesischen Expedition von 1960 bei sich getragen.
9. Jake Norton, »Kind of an Eerie Job«, *Mallory & Irvine Research Expedition Daily Dispatches*, 3. Mai 1999, MountainZone (*www.mountainzone.com*).
10. Conrad Anker, »A Patch of White«, *Mallory & Irvine Research Expedition Daily Dispatches*, 3. Mai 1999, MountainZone (*www.mountainzone.com*).

11. Dave Hahn, »The Find After 75 Years«, *Mallory & Irvine Research Expedition Daily Dispatches*, 4. Mai 1999, MountainZone (*www.mountainzone.com*).
12. Für die 1922er Expedition hatte George Finch sich einen mit Daunen gefütterten Mantel gefertigt, aber die Mode ist ihm damals offensichtlich nicht gefolgt.

KAPITEL 7

1. Thom Pollard, »The Rescue«, *PBS/NOVA Online Adventure*, 11. Mai 1999, Depesche (*www.pbs.org*).
2. Noel, *Through Tibet*, S. 258.
3. Carr, *Irvine Diaries*, S. 111.
4. Norton, *Fight for Everest*, S. 120.
5. »Pinned in at Camp V«, *Mallory & Irvine Research Expedition Daily Dispatches*, 14. Mai 1999, MountainZone (*www.mountainzone.com*).
6. Noel, *Through Tibet*, S. 261.
7. Vgl. Norton, *Fight for Everest*, S. 141, und Hugh Ruttledge, *Everest 1933*, London: Hodder and Stoughton, 1934, S. 132f.
8. Die einzigen Bergsteiger, die diesen Ort als Hochlager benutzt haben, waren die Chinesen 1975, die chinesisch-japanisch-nepalesische Expedition von 1988 und der »1990 International Peace Climb«; Jim Whittaker, der Leiter der letztgenannten Expedition, ließ die russischen, chinesischen und amerikanischen Teilnehmer dort übernachten, um sicherzustellen, daß die Bergsteiger aller drei Nationen am »Summit Day«, dem festgelegten »Gipfeltag«, den höchsten Punkt der Erde auch tatsächlich erreichten. Expeditionsveteranen sind heute im allgemeinen der Ansicht, Lager VII zwinge die Bergsteiger, sich zu lange in zu großer Höhe aufzuhalten, weswegen es nicht länger benutzt wird.
9. Liesl Clark, »On Top of the World«, *PBS/NOVA Online Adventure*, 17. Mai 1999, Depesche (*www.pbs.org*).
10. Ebd.
11. Ebd.
12. Brief an D. W. Freshfield, zitiert in Holzel/Salkeld, *First on Everest*, S. 243.
13. Ebd.
14. Die renommierte Everest-Historikerin Audrey Salkeld hat die Dritte Stufe erstmals benannt und die Vermutung geäußert, sie könnte der Ort sein, an dem Odell Mallory und Irvine zuletzt gesichtet hat.

KAPITEL 8

1. E. F. Norton, »The Problem of Mt. Everest«, *Alpine Journal*, Bd. 37, Nr. 230, Mai 1925, S. 2. In diesem Aufsatz präsentiert Norton eine Tabelle der Kletterzeiten und -strecken, die Zeitspannen von fünf Stunden zehn Minuten und vier Stunden fünfzig Minuten für Anstiege vom Lager IV zum Lager V beziehungsweise von V nach VI verzeichnet. Das sind Zeiten, die viele Teams unserer Tage, einschließlich der 1999 Mallory & Irvine Research Expedition, nicht erreichen.
2. Der Stundenzeiger ging später verloren, doch Fotos im Expeditionsarchiv dokumentieren seine Position.
3. Eine später von einem Archäologen und einem Uhrenspezialisten durchgeführte Untersuchung ergab, daß sich die Einfassung der Uhr mühelos öffnen ließ; schon ein leichter Schlag gegen einen harten Gegenstand konnte dazu geführt haben, daß sie aufgesprungen und das Glas verlorengegangen war.
4. Es handelte sich aller Wahrscheinlichkeit nach um Stella Gibbons, eine britische Journalistin.
5. Norton, *Fight for Everest*, S. 116.
6. Darüber hinaus hatte einer ihrer Träger ein drittes Sauerstoffgerät im Gepäck, das Mallory am Abend mit sich führte, als er seinen nach ihrem erfolglosen Gipfelversuch absteigenden Gefährten Norton und Somervell entgegenstieg. »Wir wollen keinen verdammten Sauerstoff, wir wollen was zu trinken«, rief Norton ihm entgegen. Das zusätzliche Gerät ließen sie an dieser Stelle zurück, und Odell nahm es am Tag vor Mallorys und Irvines Gipfelversuch mit zum Lager V, für den Fall, daß die beiden es brauchten, sollten sie noch am Leben sein.
7. Bezogen auf die Zeit, als vier der Träger zum Lager IV zurückkehrten.
8. Aus den Expeditionsberichten geht hervor, daß Mallory und Irvine mit einem Sauerstoffdurchfluß von nur anderthalb Litern pro Minute zum Nordsattel aufstiegen, und in seinem Tagebuch vermerkt Irvine, er habe bis zum oberen Abschnitt des Aufstiegs überhaupt keinen Sauerstoff benutzt.
9. Norton, *Fight for Everest*, S. 331.
10. Noel E. Odell, »The Last Climb«, *Alpine Journal*, Bd. 36, Nr. 229, 1924, S. 266.
11. Holzel/Salkeld, *First on Everest*, S. 217.
12. Es war Odell, der feststellte, daß sie ihre Magnesiumfackeln zurückgelassen hatten (Norton, *Fight for Everest*, S. 141). Die britische Expedition von 1933 fand sowohl ihre faltbare

Kerzenlaterne als auch ihre Taschenlampe in den Überresten des Hochlagers von 1924, wie Hugh Ruttledge in seinem Buch *Everest 1933* schreibt (London: Hodder and Stoughton, 1934, S. 133).

13. Diese Daten berechneten Harry Hett mit *Xephem 3.2.2* und Thomas Wetter mit *Redshift* (zwei verschiedene astronomische Computerprogramme). Die eingegebenen Werte sind die für den Everest auf einer Höhe von 8800 Metern.
14. Odell in seinem Beitrag zu Norton, *Fight for Everest*, S. 131.
15. Ebd.
16. Ebd.
17. Holzel/Salkeld, *First on Everest*, S. 226f.
18. Norton, *Fight for Everest*, S. 133.
19. Edward F. Norton, »The Climb with Mr. Somervell to 28,000 Feet«, *Alpine Journal*, Bd. 36, Nr. 229, November 1924, S. 264.
20. Edward F. Norton, »Mr. Somervell's Story«, *Alpine Journal*, Bd. 36, Nr. 229, November 1924, S. 213.
21. Die, wie sich später herausstellte, gar keine Fossilien waren (Unsworth, *Everest*, S. 654).
22. Odell gab an, er sei auf 7900 Meter Höhe gewesen, als er Mallory und Irvine erblickt habe, und sei dann im Laufe der nächsten Stunde zum Camp VI (8200 Meter) aufgestiegen – ohne Sauerstoff eine nahezu unmögliche Klettergeschwindigkeit von dreihundert Metern pro Stunde. Viel wahrscheinlicher ist, daß er sich auf einer Höhe von etwa 8100 Metern befand, und das ist auch ungefähr der Punkt, von dem aus Politz seine Beobachtungen anstellte. Wäre er allerdings tatsächlich 7900 Meter hoch gewesen, hätte er die drei Stufen noch besser unterscheiden können als Politz.
23. Odell, zitiert in Tom Holzel/Audrey Salkeld, *First on Everest: The Mystery of Mallory and Irvine*, überarbeitete Ausgabe, London: Pimlico, 1996, S. 288.
24. Politz, zitiert in Liesl Clark, »Pieces of the Puzzle«, *NOVA Online*, 6. Mai 1999 (*www.pbs.org/wgbh/nova/everest*).
25. Tom Holzel, »The Search for Mallory & Irvine«, *Summit*, September/Oktober 1981, S. 11.
26. In der Zwischenzeit hat Anker seine Meinung geändert; er glaubt heute nicht mehr daran, daß Mallory und Irvine die Schlußwand der Zweiten Stufe überwunden haben können, obwohl sich seine Einschätzung des Schwierigkeitsgrades mit dieser Schlußfolgerung nicht vereinbaren läßt.
27. Im Yosemite-Dezimalsystem gehört zu einem Anstieg der Klasse 5 gewöhnlich der Gebrauch von Seilen und Haken und mechanische wie natürliche Sicherung gegen Stürze. Ein 5.8-Anstieg liegt nach dieser Klassifikation im Rahmen der Fähigkeiten eines durchschnittlichen Wochenendkletterers, 5.10 am oberen Ende der Schwierigkeitsskala für einen anspruchsvollen Hobbybergsteiger. Die Stufen 5.11 bis 5.14 stehen für einen Schwierigkeitsgrad, den man besser trainierten Profis überläßt. Klassifizierung nach Don Graydon und Kurt Hanson (Hg.), *Mountaineering: Freedom of the Hills*, 6. Auflage, Seattle: The Mountaineers, 1997, S. 510–513.
28. »Anker Free-Climbs Second Step«, *Mallory & Irvine Research Expedition Daily Dispatches*, 17. Mai 1999, MountainZone (*www.mountainzone.com*).
29. David Pye, *George Leigh Mallory: A Memoir*, London: Oxford University Press/Humphrey Milford, 1927, S. 105.
30. Odell, »The Last Climb«, S. 268.
31. Holzel/Salkeld, *First on Everest*, überarbeitete Ausgabe 1996, S. 293, und persönliche Mitteilung von Clare Mallory Millikan.
32. Norton, *Fight for Everest*, S. 133.
33. Odell in seinem Beitrag zu Norton, *Fight for Everest*, S. 134.
34. Es ist möglich, daß Mallory oder Irvine den Eispickel während des Abstiegs nicht fallen gelassen, sondern absichtlich zurückgelassen hat. Sie hatten die Abschnitte der Route hinter sich, in denen ein Eispickel wichtig sein kann, und es war vielleicht notwendig, beide Hände frei zu haben. Außer Zweifel steht, daß Mallory nicht vom Kamm des Nordostgrats stürzte; seine Verletzungen sind zu geringfügig für einen solchen gnadenlos langen Sturz.
35. Diese Variante hat Frank Smythe als erster in seinem Buch *Camp Six* erwogen (London: Hodder and Stoughton, 1937, S. 306f.).

EPILOG

1. Darauf haben schon Holzel und Salkeld in *First on Everest*, S. 295, hingewiesen.
2. Ebd., S. 298.
3. Salkeld, *People in High Places*, S. 27.

Everest-Nordseite: Gelöste und ungelöste Rätsel

Über jeden Zweifel erhaben: die chinesische Gipfelbesteigung 1960 über den Nordgrat

Jahrelang zweifelte man im Westen an der Behauptung der Chinesen, sie hätten auf ihrer Expedition im Jahr 1960 die Zweite Stufe überklettert, von der Gipfelbesteigung ganz zu schweigen. Selbst Reinhold Messner behauptete noch kürzlich in einem Interview, er besitze »Unterlagen, daß ... die Chinesen 1960 am Second Step scheiterten« (*Der Spiegel* 19/1999). Die Zweifel stützten sich teilweise auf die Vorführung des chinesischen Expeditionsfilms *Conquering the World's Highest Peak* im Oktober 1962 im Alpine Club in London. Dazu hieß es:

> Die Klettersequenzen des Films belegen zweifellos den Aufstieg bis zum alten Lager V von 1933... Der Kommentar des Films führt, unterstützt durch einige Aufnahmen, den Anstieg über »8100 Meter« bis zu einem Punkt, an dem behauptet wird: »Wir befinden uns jetzt auf 8500 Metern«. Außer Teleaufnahmen von diesem Punkt die Flanke hinauf zum Gipfel ließ sich in dem Film kein Bild finden, das eine Aufnahme von einem höheren Standort zeigt.

Doch es sind keine »Teleaufnahmen«. Mit Hilfe des BBC-Produzenten Graham Hoyland und der Everest-Historikerin Audrey Salkeld erhielt Jochen Hemmleb eine Videokopie des chinesischen Films. »Der entscheidende Filmabschnitt besteht aus zwei Teilen«, erläutert Hemmleb. »Ein Standfoto von der ersten Sequenz, einer elfsekündigen Panoramaaufnahme, die einen Ausschnitt von ungefähr dreißig Grad in Richtung Nordosten zeigt, ist Anfang der sechziger Jahre von Basil Goodfellow, Lawrence Wager und Hugh Merrick analysiert worden. Zwar haben Goodfellow und Wager nachgewiesen, daß die Aufnahme tatsächlich von einem Standort oberhalb der Zweiten Stufe gemacht worden sein könnte, wie die Chinesen behauptet hatten, doch Merrick glaubte, das Foto sei von einer Stelle aus aufgenommen worden, die nicht höher als die Erste Stufe gelegen habe. 1985 hat Tom Holzel es mit einem Bild verglichen, das die chinesische Expedition von 1975 auf dem Plateau oberhalb der Zweiten Stufe aufgenommen hatte. Doch da die Fotografie von 1960 keine Einzelheiten im Vordergrund zeigt, bleibt eine gewisse Unsicherheit.«

Dann untersuchte Hemmleb die zweite Sequenz, einen Panoramaschwenk über die Gipfelpyramide von zehn Sekunden Dauer, und entdeckte, daß während der letzten vier Sekunden unten links im Vordergrund Felsen vom Fuß der Dritten Stufe erscheinen. Das allerletzte Bild der Sequenz zeigt charakteristische Merkmale der Dritten Stufe. Sie sind auf einem Bild der chinesischen Expedition von 1975 leicht wiederzuerkennen, das wiederum vom Plateau oberhalb der Zweiten Stufe aus aufgenommen wurde. Die Detailgenauigkeit auf der Aufnahme von 1960 hätte sich mit einem Teleobjektiv nicht erzielen lassen; das Bild ist klar und ziemlich ruhig und die Auflösung zu hoch für ein Telefoto.

Das Standfoto aus dem chinesischen Film von 1960; es zeigt die Gipfelpyramide und die Dritte Stufe. (*China Newsreel & Documentary Film, Peking*)

Chinesische Bergsteiger auf dem Weg zur Dritten Stufe, 1975. Die Übereinstimmung der topografischen Merkmale auf den beiden Fotos ist deutlich zu erkennnen. (*Aus:* Another Ascent of the World's Highest Peak – Qomolangma, *Foreign Languages Press, Peking 1975*)

»Dieses Bild«, sagt Hemmleb, »ist die einzige Aufnahme in dem Film von 1960, die topografische Einzelheiten des Bergs oberhalb von 8700 Metern zeigt, und somit ein sichtbarer Beleg dafür, daß der Fotograf Qu Yinhua und wahrscheinlich seine drei Gefährten am Morgen des 25. Mai 1960 auf dem Plateau oberhalb der Zweiten Stufe standen. Sie hatten also das entscheidende Hindernis auf dem Weg zum Gipfel überwunden.«

Haben sie den Gipfel erreicht? Eine Analyse zweier Expeditionsberichte, die damals in den Zeitschriften *Alpine Journal* und *Mountaincraft* erschienen sind (vgl. Ausgewählte Literatur), zeigt, daß in ihnen topografische Einzelheiten der Gipfelpyramide erwähnt werden, die den Expeditionsmitgliedern nur bekannt sein konnten, wenn sie den Gipfel tatsächlich erreicht hatten. Wie Tom Holzel schrieb: »Der chinesische Aufstieg von 1960 muß zweifellos zu den am härtesten erkämpften Besteigungen in der Himalaja-Geschichte gezählt werden. Und es muß anerkannt werden, daß es die erste bewiesene Besteigung der Nordseite des Berges war.«

Das Rätsel um das Seil und die Zeltstange

Es gab noch eine interessante Randnotiz zur chinesischen Besteigung von 1960: Auf einem Kongreß des American Alpine Club von 1981 soll der Expeditionsleiter Shi Zhanchun einem Dolmetscher zufolge gesagt haben, während dieser Besteigung seien ein Stück Hanfseil und eine kurze Zeltstange aus Holz entdeckt worden – und zwar oberhalb der Zweiten Stufe. Doch die Höhen- und Ortsangaben, die Shi machte, lagen alle unterhalb der Ersten Stufe. Ein Jahr später führte der amerikanische Bergsteiger Nick Clinch ein Interview mit Shi und berichtete, dieser habe gesagt, daß die Zeltstange und das Seil in einer Höhe von 8500 Metern auf den Platten der Nordflanke unterhalb der Zweiten Stufe gefunden worden seien.

Hatten Mallory und Irvine ein Extraseil und eine hölzerne Zeltstange mitgenommen, weil sie sich von ihnen irgendwelche Hilfe bei der Gipfelbesteigung versprachen? Hatten sie diese Ausrüstungsgegenstände nach dem Abstieg von der Zweiten Stufe zurückgelassen? Einige Forscher, unter ihnen auch Jochen Hemmleb, hielten es für möglich. Doch 1998 bekam Hemmleb eine E-mail von Maohai Huang, einem chinesischen Forscher mit Wohnsitz in Boston, Massachusetts, der die Frage endgültig klären konnte: In einer Übersetzung aus dem chinesischen Buch *History of Mountaineering in China* (vgl. Ausgewählte Literatur) schrieb er: »Auf 8300 Metern ... fanden Shi Zhanchun und andere ein altes Lager, einen zerfetzten Schlafsack, der im Wind flatterte, und dicht neben dem Schlafsack ein Stück Hanfseil (von einem Zentimeter Durchmesser). In einer Ecke des Lagers stand eine kleine hölzerne Zeltstange.« Angesichts der ungefähren Höhe der Entdeckung und dessen, was über die Route der chinesischen Expedition bekannt ist, handelte es sich mit an Sicherheit grenzender Wahrscheinlichkeit um die Reste des englischen Lagers VI von 1933 in 8380 Meter Höhe auf dem Gelben Band nördlich der Ersten Stufe. Das deckt sich letztendlich mit den Informationen, die Shi Zhanchun ursprünglich lieferte.

Als die Mitglieder der Mallory & Irvine Research Expedition am 17. Mai 1999 auf dem Weg zum Gipfel an der Stelle des Lagers VI von 1933 vorbeikamen, entdeckten sie im Schnee noch immer Überreste der Zeltleinwand, den braunen Schlafsack und die hölzerne Zeltstange. Außerdem bargen sie ein Tragegestell aus Metall mit vollkommen erhaltenen Lederriemen. Ein Foto aus dem Lager VI von 1933 zeigt ein identisches Tragegestell (vgl. Seite 141).

Zwei winzige Punkte: Was zeigt Captain Noels Film tatsächlich?

Mitte März 1999 berichtete Jay Budnick, der den Everest 1995 über die Nordseite bestiegen hatte, Larry Johnson, dem Koordinator der Mallory & Irvine Research Expedition, er habe eine digital aufbereitete Kopie des von Captain Noel aufgenommenen Expeditionsfilms von 1924. Darauf seien »zwei winzige Punkte« zu sehen, die das Gipfelschneefeld hinabstiegen. Wenn das stimmte, war es eine sensationelle Neuigkeit – hätte sie doch bedeutet, daß der Beweis für die erfolgreiche Gipfelbesteigung durch Mallory und Irvine schon seit fünfundsiebzig Jahren in den Archiven ruhte, aber bislang jedermann entgangen war.

Die Information war einfach zu schön, um wahr zu sein. WGBH/*NOVA*-Produzentin Liesl Clark ließ Standfotos des ursprünglichen Noel-Films vergrößern, elektronisch aufbessern und per E-mail ins Basislager schicken. Schon beim ersten Blick auf die Bilder beschlich Jochen Hemmleb ein ungutes Gefühl hinsichtlich der »zwei winzigen Punkte«. Sie schienen sich genau an der Kante des Gipfelschneefeldes zu befinden, und das ist eine Route, die wegen der Schneewächte über der Ostwand normalerweise vermieden wird. Noch aufschlußreicher war eine Beobachtung, die Hemmleb während eines Aufstiegs zum vorgeschobenen Basislager machte, als er zufällig zur Gipfelpyramide hinaufblickte und genau an dieser Stelle deutlich zwei Punkte ausmachen konnte. Doch als er und andere Expeditionsmitglieder am nächsten Morgen den Gipfelgrat durch einen Feldstecher musterten, waren die Punkte verschwunden...

Erst nach der Expedition konnte das Rätsel gelöst werden: In Noels Buch *Through Tibet to Everest* beschreibt er, wie er sein »bestes Bild« von der Gipfelpyramide aufnahm, und dies dürfte mit hoher Wahrscheinlichkeit die Sequenz sein, die er in seinem Film verwendet hat. Obwohl Noel kein Datum nennt, geht aus dem Zusammenhang hervor, daß er diese Filmsequenz während Nortons und Somervells Aufstieg vom Nordsattel zum Lager V gedreht hat – sechs Tage, bevor Mallory und Irvine ihren Versuch unternahmen. Außerdem zeigt ein Film jüngeren Datums, *Mount Everest, Summit of Dreams* (Peak Media, Bellingham, Washington 1995), die beiden Punkte erneut – und eindeutig als Felsblöcke. Und schließlich zeigt ein Bild der norwegischen Nordgratexpedition von 1996, aufgenommen von oben das Gipfelschneefeld hinab, daß besagte Felsblöcke *hinter* der verwächteten Gratschneide hervorragen. Damit wurde mit einem Mal deutlich, wie sie von der kleinsten Schneeverwehung verdeckt werden und damit »über Nacht« verschwinden konnen.

Das Rätsel war gelöst. Doch selbst wenn wir wissen, daß wir Felsblöcke betrachten – das Bild auf Noels Film bleibt fesselnd: die majestätische Gipfelpyramide mit ihrer flatternden Schneefahne, und auf dem letzten Abhang vor dem höchsten Punkt der Erde zwei winzige Punkte – Geister des Mount Everest.

Eine braune Papiertüte: das geheimnisvolle chinesische »Geschenk« auf dem Snow in Motion Symposium 1979

Am 28. April 1999 erhielt die Mallory & Irvine Research Expedition von Doug Fesler vom Alaska Mountain Safety Center eine E-mail brisanten Inhalts: Vor zwanzig Jahren hätten auf einer internationalen Lawinenkonferenz in Colorado drei chinesische Glaziologen dem Konferenzleiter Peter Martinelli eine braune Papiertüte überreicht, die einige Fundstücke enthalten habe – einen Stiefel, einige Kleiderfetzen und einen kleinen Lederbeutel. Es habe geheißen, es handle sich um die Überreste von George Mallory, die auf einem Band in der Nordflanke des Everest gefunden worden seien...

Konnte dies stimmen? Die Mallory & Irvine Research Expedition lieferte selbst eine mögliche Antwort, als sie an Mallorys Leichnam einen unversehrten rechten Stiefel und den oberen Teil des linken Stiefels fand. Stammten die Fundstücke der Chinesen möglicherweise von Maurice Wilson, dem exzentrischen Alleingänger, der 1934 unterhalb des Nordsattels ums Leben gekommen war und dessen Überreste regelmäßig aus dem Östlichen Rongbukgletscher auftauchten? Auch das aller Wahrscheinlichkeit nach nicht, denn er hatte keine Stiefel getragen, als ihn die englische Erkundungsexpedition von 1935 gefunden hatte.

Als der Expeditionskoordinator Larry Johnson vom Everest zurückkehrte, versuchte er umgehend, die Konferenzteilnehmer ausfindig zu machen, um sich den chinesischen Bericht von ihnen bestätigen zu lassen. Was die Fundstücke in der braunen Papiertüte angeht, so konnte sich Peter Martinelli leider nicht erinnern, was aus ihnen geworden war. Schließlich lieferte eine Antwort von Dr. Charles Obled aus Grenoble einen vielversprechenden Hinweis:

> ...die Fundstücke stammten von Dr. Keith Warburton, dem Leiter der Batura-Muztagh-Expedition, der 1959 in einer Lawine ums Leben kam. Der Gletscher hat seine Überreste 1975 und 1978 freigegeben. Sie werden in zwei Berichten beschrieben, die die chinesischen Delegierten vortrugen und die auch einige Fotografien beinhalteten. Ich kann mich noch sehr gut an das Referat erinnern, bei dem der Assistent des Referenten plötzlich neben einigen anderen Dingen einen Kletterschuh und eine Uhr aus der Tasche zog ... und uns wurde zu unserer Verblüffung klar, daß diese Dinge an einem Leichnam gefunden worden waren!

Tatsächlich decken sich die aufgelisteten Fundstücke in den von den Chinesen eingereichten Referaten mit Feslers Information, ebenso die Fotografien. Doch Muztagh liegt im Karakorum, nicht im Himalaja. Wenn es sich um Fundstücke aus dem Besitz von Warburton handelt, können sie nicht vom Everest stammen. Mit an Sicherheit grenzender Wahrscheinlichkeit beruhte also Feslers Information auf einem Mißverständnis der chinesischen Berichte. Doch bei Drucklegung dieses Buches kann immer noch nicht ganz ausgeschlossen werden, daß bei derselben Konferenz in einem anderen Zusammenhang Fundstücke vom Everest erwähnt worden sind. Wenn dem so wäre, woher könnten sie dann stammen? Womöglich von dem »englischen Toten«, den Wang Hongbao 1975 gefunden hat? Wir wissen, daß Wang einigen seiner Teamgefährten von seinem Fund erzählt hat, nachdem sie vom Berg abgestiegen waren. Sind andere Expeditionsmitglieder vielleicht später an diese Stelle zurückgekehrt, um einige Artefakte zu bergen? Solange nicht andere Berichte vorgelegt oder weitere Entdeckungen gemacht werden, ist diese Möglichkeit nicht völlig auszuschließen.

Das geheimnisvolle Zelt: ein Lager in zu großer Höhe

Während der Arbeit an diesem Buch nahm ein Forscher aus Seattle (der anonym bleiben möchte) mit Jochen Hemmleb Kontakt auf und ließ ihm die Abschrift eines Interviews zukommen, das vor etwa fünfzehn Jahren mit Gonbu, dem tibetischen Mitglied des chinesischen Gipfelteams von 1960, geführt worden war. Darin berichtet dieser von einem erstaunlichen Fund:

> Auf 8500 Metern, jenseits des Gelben Bandes, stießen wir auf ein Zelt, eines, das sich höher befand als ein anderes altes Zelt auf ungefähr 8300 Metern. Es war mit Seilen festgezurrt. Darin entdeckten wir einige Kleidungsstücke ... das war auf 8500 Metern.

Das Zelt auf 8300 Meter Höhe ist inzwischen als das Lager VI von 1933 identifiziert worden. Dem chinesischen Forscher Maohai Huang zufolge erklärt das Buch *History of Mountaineering in China* unmißverständlich, dies sei das höchste Lager, das die Expedition von 1960 gefunden habe. Er nehme daher an, Gonbu habe entweder die Standorte verwechselt – oder seine Entdeckung ist nicht offiziell bekannt. Interessant ist, daß Gonbu eindeutig zwischen zwei Lagern unterschieden und auf die erneute Frage des Interviewers wiederholt hat, dieses zweite Zelt habe *über* dem Gelben Band gestanden.

Es gibt nicht den geringsten Hinweis, daß Mallory und Irvine ein Ersatzzelt mitgeführt haben könnten. Doch außer der Expedition von 1933 sind sie bekanntlich die einzige Seilschaft, die vor 1960 an dieser Stelle vorbeigekommen ist, und niemand aus der Expedition von 1933 hat berichtet, sie hätten in diesem Gebiet ein Zelt zurückgelassen oder gesehen. Wenn also dieses »geheimnisvolle Zelt« wirklich existiert, gibt es keine schlüssige Antwort auf die Frage, wer es dort hinaufgebracht haben könnte. Außer den Sowjets im Jahr 1952 ...

In russischen Bergsteigerkreisen ist immer wieder bestritten worden, daß diese Expedition je stattgefunden hat. Doch das jüngste Dementi, ein Artikel von Jewgenij Gippenreiter im *Alpine Journal*, enthält überraschende Einzelheiten über die Mitglieder und Ereignisse der Expedition – zitiert aus einem zeitgenössischen Bericht in der Londoner *Times*. Obwohl der Zeitpunkt der Expedition falsch zu sein scheint – ein später Versuch im Nachmonsun zwischen Mitte Oktober und Ende Dezember –, ist damit nichts bewiesen. Ein anderer Forscher fragte zu Recht: Warum sollte man in dieser Ausführlichkeit über ein Ereignis berichten, das angeblich nie stattgefunden hat? Eine Bemerkung in Gippenreiters Bericht ist von besonderem Interesse:

> Aus Lager VII auf 8200 Metern gab der Leiter über Funk bekannt, daß die Gipfelseilschaft, die sich in guter Verfassung befinde, damit rechne, den Gipfel in zwei Tagen zu erreichen, vorausgesetzt, das Wetter lasse es zu.

Wenn die Gipfelseilschaft keinen Grund zu der Annahme hatte, sie werde durch schlechtes Wetter aufgehalten, dann könnte »in zwei Tagen« auch bedeuten, daß sie beim Gipfelversuch noch ein weiteres Lager aufzuschlagen gedachte. Könnte dieser Umstand das »geheimnisvolle Zelt« erklären? Die Höhe – 8500 Meter – hieße am Fuß der Ersten Stufe. Die Chinesen selber hatten in den Jahren 1960 und 1975 ein Lager an dieser Stelle. Gelegentlich wurde sie auch von späteren Expeditionen benutzt.

Es bleibt abzuwarten, ob aus China weitere Informationen auftauchen, die Gonbus Bericht erhärten. Eines ist jedoch klar: Die frühen chinesischen Expeditionen könnten erheblich mehr am Everest entdeckt haben, als allgemein bekannt ist. Daher ist es durchaus denkbar, daß der eine oder andere Schlüssel zu den Rätseln der Nordseite noch immer in China verborgen liegt.

ANHANG 2

Die Mallory & Irvine Research Expedition im Überblick

Expeditionsmitglieder (in Klammern Alter im Juni 1999)

Bergsteiger/Helfer

Conrad Anker (36)	Bergsteiger
Dave Hahn (37)	Bergsteiger, Kameramann
Jake Norton (25)	Bergsteiger
Andy Politz (39)	Bergsteiger
Tap Richards (25)	Bergsteiger
Eric Simonson (44)	Expeditionsleiter
Jochen Hemmleb (27)	Experte in historischen Fragen
Lee Meyers (52)	Expeditionsarzt
Larry Johnson (53)	Expeditionskoordinator
Dan Mann (46)	Geologe/Glaziologe
Michael Nelson Ntiyu (26)	Support-Bergsteiger
Bernhard Rabus (33)	Geophysiker
Schelleen Scott (32)	Sponsorenkoordinator

BBC- und PBS/*NOVA*-Filmteams

Peter Firstbrook (48)	Produzent
Graham Hoyland (42)	Co-Produzent
Ned Johnston (44)	Kameramann
Liesl Clark (32)	Produzentin
Thom Pollard (37)	Bergsteiger, Kameramann
Jyoti Rana (37)	Tontechniker

Sherpas

Ang Chhiring (37)	
Ang Pasang (34)	
Ang Phinjo (46)	
Danuru (»Dawa«) (40)	Sirdar (Sherpaführer)
Da Nuru (31)	
Lakpa Gelje (28)	
Lakpa Rita (27)	
Pa Nuru (31)	
Pasang Nuru (45)	Koch
Pemba Tshiri (31)	Koch
Tashi Dorje (29)	

Trekkingteam

Heidi Eichner (32)	Trekkingführer
Heather MacDonald (29)	Trekkingführer
Wayne Curtis (37)	
Rene Contreras (56)	
Horst Jung (65)	
Vlad Langer (56)	
Alice Norton (54)	
Deborah Read (42)	
Edward Smith (29)	
Janette Sweasy (47)	
Troy Walker (36)	
Josef Wolfgruber (60)	

Sponsoren

Finanzielle und Produktbeiträge

MOUNTAIN HARDWEAR: Zelte und Daunenanzüge für Hochlager (Lager III–VI). In Zusammenarbeit mit W. L. GORE AND ASSOCIATES (Stoffe) und EASTON TECHNICAL PRODUCTS (Zeltstangen).
LOWE ALPINE SYSTEMS: Rucksäcke, Faserpelzbekleidung, Überbekleidung.
VASQUE OUTDOOR FOOTWEAR: Trekkingschuhe, Bergstiefel.
SLUMBERJACK: Schlafsäcke, Isoliermatten, Campingmöbel. In Zusammenarbeit mit DUPONT (Schlafsackfüllungen/Hohlfasern).
EUREKA!: Zelte für untere Lager (Basislager, Lager I–II).
OUTDOOR RESEARCH: Handschuhe, Überhandschuhe, Gamaschen, Überschuhe, Mützen.
LINCOLN LS: Sponsor der Internet-Beiträge auf *Mountainzone.com.* Direktübertragung vom Berg via Satellitentelefon.
POWERBAR: Energieriegel und -gel.
STARBUCK'S: Kaffee.
GLAZER'S CAMERA: Kleinbild-Spiegelreflexkamera und Kodak-Diafilme.

Produktbeiträge

DuPont Industrial Yarn Division and Pigeon Mountain Industries: Dupont produzierte die Nylonfasern, und PMI stellte daraus die Seile her, die am Berg eingesetzt wurden.
Smith Sport Optics: Sonnenbrillen und Schneebrillen.
Adventure Medical Kits: Erste-Hilfe-Sets.
LEKI: Teleskop-Skistöcke.
Outdoor Products: Seesäcke.
Dermatone: Sonnenschutzcreme und Lippensalbe.
Cascade Designs: Folien-Trinkflaschen (»Platypus«).
Thorlo: Socken.
Besonderer Dank gilt folgenden Personen: Jack Gilbert, Mike Wallenfels und Jennifer Slaboda von Mountain Hardwear; Frank Hugelmeyer und Anna Schreiber von Lowe Alpine Systems; Bill Sweasy und Cindy Taube von der Red Wing Shoe Company/Vasque Outdoor Footwear; Ron Gregg und Jim Meyers von Outdoor Research; Joel Anderson und Karen Bridgeman von Slumberjack; Lee Wishau von Eureka!; Wendy Smith von PowerBar; und dem gesamten Team von Lincoln LS.

Tagebuch der Expedition

Basislager (BL)	5200 Meter
Zwischenlager/Lager I (L1)	5890 Meter
Lager III (L2)	6100 Meter
Vorgeschobenes Basislager/Lager III (L3)	6460 Meter
Lager IV (L4)/Nordsattel	7070 Meter
Lager V (L5)	7800 Meter
Lager VI (L6)	8200 Meter

März

18. Bergsteiger (Anker, Hahn, Norton, Politz, Richards), Expeditionsleitung (Simonson) und Expeditionsarzt (Meyers) treffen in Katmandu ein.
19. In Katmandu; Organisation.
20. Hemmleb trifft in Katmandu ein.
21. Ankunft der PBS/BBC-Mitglieder (Clark, Johnson und Pollard).
22. Puja-Zeremonie in Katmandu; Ankunft der übrigen BBC-Mitglieder (Firstbrook und Hoyland).
23. Expedition verläßt Katmandu; Busfahrt nach Kodari (nepalesisch-tibetische Grenze); Übernachtung in Zhangmu (2300 Meter).
24. In Zhangmu.
25. Busfahrt von Zhangmu nach Nyalam (3750 Meter) durch die Schlucht des Both Kosi.
26. In Nyalam; Wanderungen zur Akklimatisierung.
27. Busfahrt von Nyalam über den Tsong La (5125 Meter) nach Tingri (4390 Meter).
28. In Tingri; Sherpas und Lastwagen zum Basislager (5200 Meter).
29. Hemmleb bleibt wegen Krankheit in Tingri zurück; übriges Team per Geländewagen über den Pang La (5120 Meter) ins Basislager (BL).
30. Errichtung des BL.
31. Hemmleb trifft im BL ein.

April

1. Puja-Zeremonie im Basislager; Sherpas zum Zwischenlager (5890 Meter). Trekkingteam trifft in Katmandu ein.
2. Anker, Norton, Pollard und Richards zum Zwischenlager (L1); Sherpas ins vorgeschobene Basislager (L3; 6460 Meter); Trekkingteam fliegt nach Lhasa.
3. Hahn stößt zu Bergsteigern in L1; Sherpas errichten L3.
4. Anker, Hahn, Norton, Pollard und Richards nach L3.
5. Anker, Hahn and Sherpas richten erstes Drittel der Route zum Nordsattel ein; Trekkingteam fährt nach Shigatse.
6. Anker, Hahn, Norton, Pollard, Richards sowie die Sherpas richten Route bis etwa fünfzig Meter unterhalb des Nordsattels ein; Hemmleb, Hoyland, Meyers, Politz und Simonson plus Filmteam (Clark, Johnston, Rana, Lakpa Gelje) nach L1; Trekking fährt nach Tingri.
7. Rasttag in L3; Richards steigt zum BL ab; Hemmleb, Hoyland, Meyers, Politz und Simonson plus Filmteam nach L2 (6100 Meter); Errichtung des Lagers und Übernachtung.
8. Anker, Norton und Pollard vollenden Route zum Nordsattel, errichten L4 (7070 Meter); Hemmleb und Filmteam nach L3 und zurück; Hoyland, Politz und Simonson übernachten im L3; Trekkingteam besucht Xegar.
9. Hoyland steigt ins BL ab wegen Symptomen eines Schlaganfalls, begleitet von Anker, Hahn, Meyers, Norton und Pollard; Hemmleb, Politz, Simonson und Filmteam übernachten in L2; Trekkingteam fährt nach Rongbuk.
10. Hemmleb, Simonson und Filmteam steigen ins BL ab; Politz nach L3; Trekkingteam trifft im Basislager ein.
11. Rasttag im BL; Politz zum Nordsattel und zurück, entdeckt altes chinesisches Lager von 1960 in etwa 6630 Meter Höhe auf dem Östlichen Rongbukgletscher.
12. Hoyland verläßt BL in Richtung Katmandu, übriges Team im BL; Politz zum Nordsattel und zurück.
13. Anker nach L3; Norton, Pollard und Richards nach L2.
14. Norton, Pollard und Richards nach L3; Clark, Hahn, Hemmleb, Johnston und Simonson vom BL nach L2; Rana und Lakpa Gelje vom BL nach L3.

15. Anker, Norton, Pollard und Richards plus Sherpas zum Nordsattel; Sherpas übernachten in L4; Clark, Hahn, Hemmleb, Johnston und Simonson nach L3; Mitglieder des Trekkingteams nach L1; Firstbrook wegen Lungenödem zurück ins BL.
16. Sherpas richten Route am Nordgrat bis etwa 7600 Meter ein; Hahn, Hemmleb, Politz und Simonson plus Filmteam (Clark, Johnson, Rana, Lakpa Gelje) untersuchen altes chinesisches Lager.
17. Politz zurück ins BL; Anker, Norton und Pollard nach L4, übernachten in L4; Trekkingteam nach L2.
18. Norton bis etwa 7600 Meter; Anker und Pollard rasten; Hahn und Richards nach L4, übernachten in L4; Hemmleb zum Nordsattel und zurück.
19. Anker + Sherpas vollenden Route nach L5 (7800 Meter); Richards trägt Lasten nach L5; Hahn und Pollard bis etwa 7600 Meter; Anker und Pollard steigen ins L3 ab; Hahn und Richards verbleiben in L4; Norton steigt von L4 direkt ins BL ab; Hemmleb, Simonson plus Filmteam steigen ins BL ab; Trekkingteam steigt ins BL ab.
20. Hahn und Richards steigen ins L3 ab; nachmittags alle Bergsteiger ins BL; Abreise des Trekkingteams.
21. Rasttag.
22. Rasttag.
23. Rasttag.
24. Meyers, Politz und Simonson nach L2.
25. Meyers, Politz und Simonson von L2 nach L3; Anker, Hahn, Norton, Pollard und Richards vom BL nach L3; Hemmleb solo bis unterhalb des Zusammenflusses von West- und Hauptrongbukgletscher (etwa 5600 Meter).
26. Rasttag im L3; Hemmleb kehrt zum BL zurück.
27. Rasttag im L3 (starker Wind); Meyers steigt ins BL ab.
28. Rasttag im L3.
29. Anker, Hahn, Norton, Politz, Pollard, Richards und Simonson zum Nordsattel.
30. Anker, Hahn, Norton, Politz, Pollard und Richards nach L5; Simonson kehrt auf etwa 7600 Metern um, steigt ins L3 ab.

Mai

1. Anker, Hahn, Norton, Politz und Richards nach L6 und ins Suchgebiet; Pollard kehrt auf etwa 7850 Metern um; um 11 Uhr 45 entdeckt Anker den Leichnam George Mallorys auf etwa 8160 Metern; Suchmannschaft verbringt drei Stunden mit Untersuchung und Bergung von Artefakten, kehrt um 17 Uhr 30 ins L5 zurück.
2. Suchmannschaft steigt ins L3 ab.
3. Suchmannschaft steigt ins BL ab; Firstbrook verläßt BL mit DNS-Probe.
4. Rasttag.
5. Rasttag.
6. Rasttag; Scott verläßt BL mit Fundstücken; Hemmleb und Meyers brechen Aufstieg nach L3 unterhalb von L1 ab.
7. Rasttag; Expedition besucht Rongbukkloster.
8. Anker, Nelson, Norton, Politz, Pollard, Richards nach L3; Hahn und Simonson nach L2.
9. Hahn und Simonson von L2 nach L3; Clark und Johnston vom BL nach L3; Hemmleb und Meyers nach L2; nächtliche Rettung eines Ukrainers vom Nordsattel.
10. Rasttag; Hemmleb und Meyers von L2 nach L3.
11. Gipfelteam (Anker, Hahn, Norton, Politz, Pollard und Richards) zum Nordsattel.
12. Gipfelteam nach L5; Johnston und Lakpa Gelje zum Nordsattel; Hemmleb und Meyers entdecken die sterblichen Überreste Maurice Wilsons auf der Seitenmoräne unterhalb L3.
13. Gipfelteam in L5 (starker Wind); Johnston und Lakpa Gelje in L4.
14. Gipfelteam in L5 (starker Wind); Johnson und Lakpa Gelje steigen ins L3 ab; Hemmleb bricht Lastentransport zum Nordsattel auf etwa 6800 Metern ab.
15. Gipfelteam von L5 nach L6 (8200 Meter); Dawa Nuru und Ang Pasang vom Nordsattel nach L6; Politz und Pollard untersuchen nochmals Fundort von Mallory, kehren um 21 Uhr ins L5 zurück.
16. Gipfelteam (Anker, Hahn, Norton und Richards sowie Dawa Nuru und Ang Pasang) verlassen L6 um zwei Uhr morgens; Norton, Richards und Sherpas kehren um 10 Uhr 30 am L7 (etwa 8560 Meter) um, finden und bergen Sauerstoffflasche von 1924 unterhalb der Ersten Stufe, kehren um 14 Uhr ins L6 zurück; Anker klettert Zweite Stufe frei; Hahn und Anker erreichen Gipfel um 14 Uhr 50, gelangen um 21 Uhr 20 zurück ins L6; Politz und Pollard steigen ins L3 ab.
17. Gipfelteam steigt ins L3 ab.
18. Gesamtes Team steigt ins BL ab.
19. Packen im BL.
20. Abbruch des Basislagers.
21. Expedition verläßt BL, übernachtet in Zhangmu.
22. Expedition kehrt nach Katmandu zurück.
23. In Katmandu; abends obligatorische Unterschrift der Gipfelbesteiger in der »Rum Doodle Bar«.
24. In Katmandu; Pressekonferenz im »Yak & Yeti Hotel«.
25. Abreise von Hemmleb und Johnston aus Katmandu.
26. Verbleibendes Team verläßt Katmandu.

Ausgewählte Literatur

Die nachfolgende Bibliografie ist keineswegs vollständig. Sie beschränkt sich vor allem auf die britischen Vorkriegsexpeditionen zum Everest und das Geheimnis um Mallory und Irvine. Spätere Expeditionen zum Nordgrat wurden nur insoweit berücksichtigt, als sie neue Erkenntnisse über frühere Gipfelversuche beisteuern.

Der Alpine Club und die Royal Geographical Society in London verfügen über eine umfangreiche Sammlung von Material (Berichte, Fotografien, Tagebücher und Briefe) zu den britischen Vorkriegsexpeditionen. Wo solches Material benutzt wurde, ist dies in den entsprechenden Werken vermerkt. Obwohl einige wenige Quellen keinerlei bibliografische Angaben aufweisen, enthalten sie doch ausreichend Informationen, die es dem interessierten Leser ermöglichen, den Fundort zu lokalisieren.

Die folgenden Buchhandlungen haben bei der Suche nach Literatur geholfen, die bei den Recherchen für dieses Buch benutzt wurde:

The Adventurous Traveler Bookstore, Burlington, Vermont, USA;

Aree Greul – Internationale Alpin- und Polarliteratur, Frankfurt a. M.;

Chessler Books, Evergreen, Colorado, USA;

Verandah Books, London.

Bücher

Anderson, J. R. L. *High Mountains and Cold Seas: A Biography of H. W. Tilman*. London: Victor Gollancz, 1980.

Blanch, C., und J. Masson. *El Everest, Historia de una Conquista*. Barcelona: Ediciones Peninsula, 1986.

Boustead, Sir H. *Wind of Morning*. London: Chatto and Windus, 1971.

Bruce, Brig. Gen. C. G., et al. *The Assault on Mount Everest 1922*. London: Edward Arnold and Company, 1923. Deutsch: *Mount Everest: Der Angriff*, Basel: Verlag von Benno Schwabe & Co., 1924.

Calvert, H. *Smythe's Mountains: The Climbs of F. S. Smythe*. London: Victor Gollancz, 1985.

Carr, H. R. C. *The Irvine Diaries: Andrew Irvine and the Enigma of Everest, 1924*. Reading, England: Gastons-West Col Publications, 1979.

Clydesdale (Marquess), und D. F. M'Intyre. *The Pilot's Book of Everest*. Edinburgh: W. Hodge and Company, 1936.

Dickinson, M. *The Death Zone: Climbing Everest through the Killer Storm*. London: Hutchinson, 1997.

Fellowes, P. F. M., et al. *First Over Everest: The Houston – Mount Everest Expedition 1933*. London: John Lane/The Bodley Head, 1933.

Finch, G. I. *The Making of a Mountaineer*. London: Arrowsmith, 1924. Neuausgabe (London: Arrowsmith, 1988), inkl. der 116seitigen biografischen Skizze ›*George Finch – The Mountaineer*‹ von Scott Russell.

—. *Der Kampf um den Everest*. Leipzig: Brockhaus, 1925.

—. *Climbing Mount Everest*. London: G. Philip, 1930.

Gangdal, J. *Til topps på Mount Everest*. Kolsås, Norwegen: Arneberg Forlag, 1996.

Gillman, P., ed. *Everest, the Best Writing and Pictures from 70 Years of Human Endeavour*. London: Little, Brown and Company, 1993.

Green, D. *Mallory of Everest*. Burnley: Faust Publishing, 1990.
Greene, R. *Moments of Being: Random Recollections*. London: Heinemann, 1974.
Hargreaves, J. *Wager – A Life 1904–1965*. Oxford: Privatdruck, 1991.
Herligkoffer, K. M. *Mount Everest, Thron der Götter*. München: Langen-Müller, 1982.
Holzel, T., und A. Salkeld. *The Mystery of Mallory and Irvine*. London: Jonathan Cape, 1986. Überarbeitete Ausgabe: London: Pimlico, 1996.
Howard-Bury, C. K., et al. *Mount Everest: The Reconnaissance 1921*. London: Edward Arnold and Company, 1922. Deutsch: *Mount Everest: Die Erkundungsfahrt 1921*, Basel: Verlag von Benno Schwabe & Co., 1922.
Howard-Bury, C. K., und G. L. Mallory. *Everest Reconnaissance: The First Expedition of 1921*. Neuauflage von *Mount Everest: The Reconnaissance 1921*, enthält neues biografisches Material von Marian Keaney und Auszüge aus Howard-Burys Tagebüchern von 1921. London: Hodder and Stoughton, 1991.
Longstaff, T. G. *This My Voyage*. London: Murray, 1950.
Madge, T. *The Last Hero – Bill Tilman: A Biography of the Explorer*. London: Hodder and Stoughton, 1995.
Mantovani, R. *Everest, the History of the Himalayan Giant*. Vercelli: White Star, 1997.
Messner, R. *Der gläserne Horizont: Durch Tibet zum Mount Everest*. München: BLV Verlags-Gesellschaft, 1982.
Morshead, I. *The Life and Murder of Henry Morshead: A True Story from the Days of the Raj*. Cambridge: Oleander, 1982.
Noel, Capt. J. B. L. *Through Tibet to Everest*. London: Edward Arnold and Company, 1927.
Norton, E. F., et al. *The Fight for Everest 1924*. London: Edward Arnold and Company, 1925. Deutsch: *Bis zur Spitze des Mount Everest: Die Besteigung 1924*, Basel: Verlag von Benno Schwabe & Co., 1926.
People's Republic of China. *Another Ascent of the World's Highest Peak – Qomolangma*. Peking: Foreign Languages Press, 1975.
People's Republic of China. *A Photographic Record of the Mount Jolmo Lungma Scientific Expedition 1966–1968*. Peking: Chinese Academy of Science/Science Press, 1974.
People's Republic of China. *High Mountain Peaks in China – Newly Opened to Foreigners*. Beijing: CMA, und The People's Sports Publishing House of China/Tokio: Shimbun Publishing, 1981.
People's Republic of China. *Mountaineering in China*. Peking: Foreign Languages Press, 1965.
Pye, D. *George Leigh Mallory, a Memoir*. London: Oxford University Press, 1927.
Roberts, D. *I'll Climb Mount Everest Alone: The Story of Maurice Wilson*. London: Hale, 1957.
Robertson, D. *George Mallory*. London: Faber and Faber, 1969.
Ruttledge, H. *Everest 1933*. London: Hodder and Stoughton, 1934.
—. *Everest, the Unfinished Adventure*. London: Hodder and Stoughton, 1937.
Salkeld, A. *People in High Places*. London: Jonathan Cape, 1991.
Sayre, W. W. *Four Against Everest*. Englewood Cliffs, N.J.: Prentice-Hall, 1964.
Shipton, E. E. *Upon that Mountain*. London: Hodder and Stoughton, 1943.
—. *That Untravelled World: An Autobiography*. London: Hodder and Stoughton, 1969.
Siggins, L. *Everest Calling*. Edinburgh: Mainstream Publishing Company, 1994.
Smythe, F. S. *Camp Six: An Account of the 1933 Mount Everest Expedition*. London: Hodder and Stoughton, 1937.
—. *The Adventures of a Mountaineer*. London: Dent, 1940.

Somervell, T. H. *After Everest: The Experiences of a Mountaineer and Medical Missionary*. London: Hodder and Stoughton, 1936.
Steele, P. *Eric Shipton: Everest and Beyond*. London: Constable and Company, 1998.
Styles, S. *Mallory of Everest*. New York: The Macmillan Company, 1967.
Tenzing Norgay (with J. R. Ullman). *Tiger of the Snows: The Autobiography of Tenzing of Everest*. New York: Putnam, 1955.
Tilman, H. W. *Mount Everest 1938*. Cambridge: Cambridge University Press, 1948.
Unsworth, W. *Everest*. London: Allen Lane, 1981. 2., überarbeitete und erweiterte Auflage, Sparkford: Oxford Illustrated Press, 1989.
Watanabe, H./Japanese Alpine Club. *Chomolangma-Tibet: Official Account of the Japanese Alpine Club Chomolangma Expedition*. Tokio: Kodan-sha, 1981.
[Yomiuri Zeitung]. *Stood on the Summit of Chomolangma*. Tokio: Yomiuri, 1980.
Younghusband, Sir F. E. *The Epic of Mount Everest*. London: Edward Arnold and Company, 1926.
Zhang, Caizhen (ed.). *History of Mountaineering in China*. Han Kou: Wuhan Publishing House, 1993.
Zhou Zhen and Liu Zhenkai. *Footprints on the Peaks: Mountaineering in China*. Seattle: The Mountaineers Books, 1995.

Aufsätze und Artikel

Folgende Abkürzungen werden verwendet:

A. J.	Alpine Journal
A. A. J.	American Alpine Journal
G. J.	Geographical Journal
H. J.	Himalayan Journal

Adler, J. »Ghost of Everest«. *Newsweek*, 17. Mai 1999, 72–74.
Alpine Journal. Nachruf auf J. de Vere Hazard, in *A. J.*, 1969, 350.
Astorg, P., und Marmier, J. C. »Echec au Qomolangma«. *La Montagne* 3, 1981, 143–45.
»The Battle with Everest«. *A.J.* 36, Nr. 229, 1924, 277–281.
Beauman, R. Greene, und H. Ruttledge. Nachruf auf F. S. Smythe, in *A. J.*, 102–104; *H. J.*, 1949, 230–35.
Blacker, L. V. S. »The Mount Everest Flights«. *H. J.*, 1934, 53–56.
Blakeney, T. S. »A. R. Hinks and the First Everest Expedition, 1921«. *H. J.*, 1971, 3–18.
—. »The First Steps towards Mount Everest«. *A. J.*, 1971, 43–69.
—. »Maurice Wilson and Everest.« *A. J.* 70, 269–72.
—. Nachruf auf J. G. Bruce, in *A. J.*, 1973, 283.
—. Nachruf auf R. W. Hingston, in *A. J.* 71, 347.
Blakeney, T. S., and N. E. Odell. Nachruf auf E. O. Shebbeare, in *A. J.* 69, 327–28.
Blakeney, T. S., T. A. H. Peacocke, and B. R. Goodfellow. Nachruf auf G. I. Finch, in *A. J.*, 1972, 287–90.
Bruce, Brig. Gen. C. G. »The Organisation and Start of the Expedition«. *A. J.* 36, Nr. 229, 1924, 241–244.
Bruce, Cap. J. G. »The Journey through Tibet and the Establishment of the High Camps«. *A. J.* 36, Nr. 229, 1924, 251–260.
Bueler, W. M. »New Information on Chinese Ascents of Everest«. *Off Belay*, April 1980, 35–39.

Bullock, G. H. »The Everest Expedition, 1921 – Diary of G. H. Bullock«. *A. J.* 67, 130–49, 291–309.

Child, G. »The Big Easy – Everest the Weird Way«. *Climbing* 155, September-November 1995, 82–88, 149–151.

Collie, J. N. »A short Summary of Mountaineering in the Himalaya, with a Note on the Approaches to Everest«. *A. J.* 33, Nr. 222, 1921, 295–303.

—. »The Mount Everest Expedition«. *A. J.* 34, Nr. 224, 1922, 114–117.

Crawford, C. G. »Extracts from the Everest Diary (1933) of C. G. Crawford«. *A. J.* 46, 1934, 111–129.

Farrar, J. P. »The Everest Expeditions; Conclusions«. *A. J.* 34, Nr. 225, 1922, 452–456.

Faux, R. »Mallory's Grandson Fulfils Family's Everest Dream«. *The Times* (London), 23. Mai 1995.

Fiedler, T. »Der Marmor-Mann.« *Stern* 20, 12. Mai 1999.

Finch, G. I. »The Second Attempt on Mt. Everest«. *A. J.* 34, Nr. 225, 1922, 439–450.

—. »Equipment for High Altitude Mountaineering, with Special Reference to Climbing Mt. Everest«. *A. J.* 35, Nr. 226, 1923, 68–74. Auch erschienen in *G. J.* 61, 194–207.

—. »Oxygen and Mount Everest«. *A. J.* 51.

Freshfield, D. W. »The Conquest of Mount Everest«. *A. J.* 36, Nr. 228, 1924, 1–11.

—. »The Last Climb« (Gedicht). *A. J.* 36, Nr. 229, 1924, 227.

Gippenreiter, Y. B. »Mount Everest and the Russians 1952 and 1958«. *A. J.*, 109–115.

Goodfellow, B. R. »Chinese Everest Expedition, 1960 – A further commentary«. *A. J.* 66, 1961, 313–315.

Harvard, A. C. »Everest Attempt«. *A. A. J.*, 1987, 300f.

Hawley, E. »China and Everest«. *OutThere.*

—. »Mount Everest: Ascents and Attempts during the Pre-Monsoon Season«. *A. A. J.*, 1996, 311f.

Hemmleb, J. »Second Step – Unravelling the Mystery«. Forschungsbericht. Archiv des Autors, Frankfurt a. M., 1994, pp. 1–7 und 4 Appendices, pp. 8–16.

—. »Second Step – Update, Spring 1995«. Forschungsbericht. Archiv des Autors, Frankfurt a. M., 1995, pp. 17–21.

—. »Second Step – Update, Spring 1998: Revising the Mystery«. Forschungsbericht. Archiv des Autors, Frankfurt a. M., 1998, pp. 22–34.

—. »Second Step – Update, Autumn 1998: No Matter of Doubt – The 1960 Chinese Ascent of the North Ridge«. Forschungsbericht. Archiv des Autors, Frankfurt a. M., 1998, pp. 35–44.

—. »Second Step – Update, Winter 1998«. Forschungsbericht. Archiv des Autors, Frankfurt a. M., 1998, pp. 45–53.

—. »Second Step – Update, Summer 1999: The Mystery Unravelled«. Forschungsbericht. Archiv des Autors, Frankfurt a. M., 1999, pp. 54–72 u. Appendices/Postscript, pp. 73–80.

—. »The Location of the 1975 Chinese Camp VI – A Possible Key to the Mystery«. Bericht (7 Seiten) und Addendum/Appendices (10 Seiten). Forschungsbericht. Archiv des Autors, Frankfurt a. M., 1998.

Himalayan Club. »The Problem of Mount Everest«. *H. J.*, 1937, 110–125.

Hingston, R. W. G. »Physiological Difficulties in the Ascent of Mount Everest.« *A. J.* 37, Nr. 230, 1925, 22–38.

Hinks, A. R. »The Mount Everest Maps and Photographs.« *A. J.* 34, Nr. 224, 1922, 228–235.

Hölzgen, J. »Das phantastischste Rätsel des Jahrhunderts«. *Der Spiegel* 27, 1986, 140–152.

Holguin, N. »A Partner in Myself«. *Mountain* 80, Juli-August 1981, 36f.

Holzel, T. »The Mystery of Mallory and Irvine«. *Mountain* 17, 1971, 30–35.

—. »The Mallory and Irvine Enigma« (Brief). *Mountain* 26, 1972.

—. »The Search for Mallory & Irvine«. *Summit*, September-Oktober 1981, 8–13.
—. »Mallory & Irvine Second Step Clues«. *A. A. J.*, 1983.
—. »Oxygen Use on Mt. Everest«. *Summit*, März-April 1985, 20–25.
—. »The Chinese 1960 Ascent of Mount Everest«. *Mountain* 101, Januar-Februar 1985.
—. »Mystery on the Mountain«. *Dartmouth Alumni Magazine*, September 1987, 33–36.
—. »Mallory and Irvine: First to the Top of Everest?« *Summit*, September-Oktober 1987, 20–27.
Howard-Bury, Lt. Col. C. K. »The 1921 Mount Everest Expedition«. *A. J.* 34, Nr. 224, 1922, 195–214.
Irving, R. L. G. Nachruf auf G. H. L. Mallory, in *A. J.* 36, Nr. 229, 1924, 381–385.
Lloyd, P. »Oxygen on Mount Everest, 1938«. *A. J.* 51, 85–90.
Lloyd, P., und H. Adams Carter. Nachruf auf N. E. Odell, in *A. J.*, 1988, 309–312.
Lloyd, P., und C. Putt, Nachruf auf H. W. Tilman, in *A. J.*, 1979, 132–135.
Longland, J. L. »Between the Wars 1919-1939.« *A. J.* 62, pp. 83–97.
—. Nachruf auf L. R. Wager, in *A. J.* 71, 349–55.
Longland, J. L., T. H. Somervell, und R. Wilson. Nachruf auf H. Ruttledge, in *A. J.* 67, 393–399.
Longstaff, T. G. »Some Aspects of the Everest Problem«. *A. J.* 35, Nr. 226, 1923, 57–68.
—. »Lessons from the Mount Everest Expedition of 1933«. *A. J.* 46, 1934, 102–110.
Mallory, G. L. »Mount Everest: The Reconnaissance«. *A. J.* 34, Nr. 224, 1922, 215–227.
—. »The Second Mount Everest Expedition«. *A. J.* 34, Nr. 225, 1922, 425–439.
Mallory, G. »Summit Day on the Mallory Route«. *OutThere* 8, 1995.
Marmier, J. C. »Experience Chinoise«. *La Montagne*, 1980, 343–347.
Mason, K. »Some Observations on the Problem of Mount Everest«. *H. J.*, 1939.
Merrick, H. »Everest: The Chinese Photograph«. *A. J.* 67–68, 1962, 310–312; 1963, 48f. and 359f.
Messner, R. »I Climbed Everest Alone ... at my Limit«. *National Geographic*, October 1981, 552–66.
Millman, L. »Our Man in Everest« (Maurice Wilson). *Summit*, Winter 1992–93, 19–21.
Mountain. Nachruf auf P. Wyn-Harris, in *Mountain* 69, September-Oktober 1979.
Nightingale, M. R. W., T. G. Longstaff, E. L. Strutt, und A. P. Harper. Nachruf auf C. G. Bruce, in *A. J.* 52, pp. 101–107.
Norton, Col. E. F. »The Mount Everest Dispatches «. *A. J.* 36, Nr. 229, 1924, 196–241.
—. »The Personnel of the Expedition«. *A. J.* 36, Nr. 229, 1924, 244–251.
—. »The Climb with Mr. Somervell to 28,000 ft«. *A. J.* 36, Nr. 229, 1924, 260–265.
—. »The Problem of Mt. Everest«. *A. J.* 37, Nr. 230, 1925, 1–22.
—. Nachruf auf H. T. Morshead, in *A. J.* 43, 348–352.
Odell, N. E. »The Last Climb.« *A. J.* 36, Nr. 229, 1924, 265–272.
—. Nachruf auf A. C. Irvine, in *A. J.* 36, Nr. 229, 1924, 386–388.
—. »Observations on the Rocks and Glaciers of Mount Everest«. *G. J.* 66, Nr. 4, 1925, 289–315.
—. »The Ice Axe found on Everest«. *A. J.* 46, Nr. 249, November 1934, 447–449.
—. »To the Editor« (Bemerkung zu Mallory und Irvine). *A. J.* 59, 1954.
—. »The Ice-Axe found on Everest in 1933«. *A. J.*, 1963.
—. »Mallory and Irvine's last climb, 1924«. *A. J.* 78, 1973.
Odell, N. E., und T. S. Blakeney. Nachruf auf T. H. Somervell, in *A. J.*, 1976, 272–274.

Paget, H. L. (Lord Bishop of Chester). »Memorial Services in Memory of the Men Killed on Everest«. *A. J.* 36, Nr. 229, 1924, 273–277.

People's Republic of China. »Nine Who Climbed Qomolangma Feng«. *Mountain* 46, November-Dezember 1975, 20–24.

Perrin, J. »Capt. J. B. L. Noel«. *Climber & Rambler*, Januar 1978, 20–23.

—. »H. W. Tilman«. *Climber & Rambler*, April 1977, 20–24.

Pfau, P. »The Ghosts of Everest Past.« *Rock & Ice* 86, 1998, 46–48.

»Russische Everest-Expedition«. *Der Bergsteiger*, April 1952.

»Russische Mount Everest-Expedition spurlos verschwunden?«. *Der Bergsteiger*, November 1953.

Ruttledge, H. »The Mount Everest Expedition, 1933«. *A. J.* 45, 1934, 216–231.

—. »Mount Everest: The Sixth Expedition«. *A. J.* 48, Nr. 253, November 1936, 221–233.

Salkeld, A. »Important Diaries Come to Light« (über Irvine). *Mountain* 69.

—. »The Unquiet Ghost: The Strange Story of Maurice Wilson«. *Mountain* 99, 46.

—. Nachruf auf J. B. L. Noel, in *Mountain* 127, 42f.

Sayre, W. W. »Commando Raid on Everest«. *Life*, 22. März 1963, 62–72 und 76A–76B.

Schulz, M. »Marmormumie am Himalaja«. *Der Spiegel* 19, 1999, 230–232.

Seiner, D. D. »Everest: A Few More Words«. *Summit*, Juli-August 1982, 28–30.

Shipton, E. E. »The Mount Everest Reconnaissance, 1935«. *A. J.* 48, Nr. 252, Mai 1936, 1–14.

Shi Zhanchun [Shih Chan-chun]. »The Conquest of Mount Everest by the Chinese Mountaineering Team« (mit Annotationen von T. S. Blakeney). *A. J.* 66, 1961, 28–41.

Smythe, F. S. »The Accident on the S. Face of Mont Blanc« (zum Eispickel). *A. J.* 46, 1934, 414–419.

—. »Everest: The Final Problem« (Brief). *A. J.* 46, 1934, 442–446.

Somervell, T. H., und T. G. Longstaff. Nachruf auf E. F. Norton, in *A. J.* 60, 157–160.

Sors, A. »Everest« (zur Catalanbesteigung 1985). *A. A. J.*, 1986, 297.

Spender, M. »Survey on the Mount Everest Reconnaissance, 1935«. *H. J.*, 1937, 16–20.

Stelfox, D. »Everest North Side Story«. *High*, September 1993, 44–48.

—. »Everest Calling«. *A. J.*, 1995, 15–24.

Suzuki, H. »Bodies on Mount Everest«. *A. A. J.*, 1980, 658.

Tambe, S. »Mount Everest, Reconnaissance from the North«. *A. A. J.*, 1980, 3–17.

Tilman, H. W. »Mount Everest, 1938«. *A. J.* 51. Auch in *G. J.*, 1938, 481–498; und *H. J.*, 1939, 1–14.

Tinker, J. »Everest North Ridge«. *High*, März 1994, 70–75.

—. »Climbing the North Ridge of Everest«. *A. J.*, 1995, 25–29.

Unna, P. J. H. »The Oxygen Equipment of the 1922 Everest Expedition«.
A. J. 34, Nr. 224, 1922, 235–250.

—. »Everest Expedition, 1922; Notes on Illustrations«. *A. J.* 34, Nr. 225, 1922, 450–452.

Ward, M. »The Exploration and Mapping of Everest«. *A. J.*, 1994, 97–105.

—. »Northern Approaches: Everest 1918–22«. *A. J.*, 1996, 213–217.

Wager, L. R. »Mount Everest: The Chinese Photograph«. *A. J.* 68, 1963, 49–51 und 360.

Wang Fuzhou [Wang Fu-chou], und Qu Yinhua [Chu Yin-hua]. »How We Climbed the World's Highest Peak«. *Mountaincraft*, Juli-September 1961, 9–11.

Warren, Dr. C. B. »The Medical and Physiological Aspects of the Mount Everest Expeditions«. *G. J.* 1937, 126–147.

—. Nachruf auf E. Shipton, in *A. J.*, 1978.

—. »Everest 1935: The Forgotten Adventure«. *A. J.*, 1995, 3–14.

Watanabe, H. »The Chomolangma Project 1980 – North Face and Northeast Ridge«. Sangaku (Tokio), 1980, 1–5.

Wyn-Harris, Sir P., und J. Paine. »What happened to Mallory & Irvine?« *Mountain* 21, 1972, 32–37.

»Zur Everest-Tragödie«. *Mitteilungen des Deutschen und österreichischen Alpenvereins* (München), September 1926, 195.

Karten und Handbücher

Howard-Bury, C. K., und G. L. Mallory. *Mount Everest: The Reconnaissance* 1921. London: Edward Arnold and Company, 1922, *Vorläufige Karte vom Mount Everest,* 1:100.000, nach E. O. Wheeler (1921).

Kielkowski, J. *Mount Everest Massif: Climbing Guide – Monographie – Chronik*. Gliwice, Polen: Explo, 1993.

—. *Mount Everest Massif: Mountaineering Atlas*. Gliwice, Polen: Explo, 1993.

National Geographic Society and Boston's Museum of Science/Bradford Washburn. *Mount Everest,* 1:50.000. National Geographic Society and Boston's Museum of Science/Bradford Washburn, 1988; 2d ed., 1991, mit 1:25.000-Vergrößerung des Hauptgipfelgebiets.

Norton, Col. E. F., et al. *The Fight for Everest 1924*. London: Edward Arnold and Company, 1925, *Mount Everest and the Group of Chomo Lungma,* 1:63,360, nach E. O. Wheeler (1921) und H. Singh (1924).

Royal Geographical Society/G. S. Holland. *Mount Everest Region,* 1:100.000. Royal Geographical Society/G. S. Holland, 1975.

Ruttledge, H. *Everest, the Unfinished Adventure*. London: Hodder and Stoughton, 1937, *The Northern Face of Mount Everest,* 1:20.000, nach M. Spender (1935).

Filme, Videos und CD-ROMs

Breashears, D. *The Mystery of Mallory and Irvine*. Newton, Mass.: Arcturus Motion Picture Company/British Broadcasting Corporation, 1987. Untersucht das Geheimnis um Mallory und Irvine im Kontext der Forschungsexpedition von 1986; Interviews mit Capt. J. B. L. Noel, N. E. Odell, J. L. Longland, Edmund Hillary, Chris Bonington und T. Holzel.

Dickinson, M., A. Hinkes, K. 't Hooft, und N. Johnston. *Summit Fever*. Channel 4, 1996. Film (45 Minuten) von der 1996er Besteigung auf der Nordsattelroute.

Ducroz, D., und J. P. Chaligne. *Sous l'oeil de Qomolangma*. 1981. Film über die französische Militärexpedition zur Nordsattelroute.

Everest, Ten on Top – The 1991 American Expedition. AFFIMER, 1991. Video (50 Minuten) von der Besteigung auf der Nordsattelroute, geführt von Eric Simonson; Gipfel-Aufnahmen M. Whetu und B. Okida.

The Fatal Game. New Zealand. Film (45 Minuten) von der Tragödie am Nordsattel 1994 und ihren Auswirkungen aus der Sicht des Überlebenden M. Whetu.

Kore Ga ›Chomolangma‹ Da! Tokio: Nippon TV, 1980. Expeditionsfilm von der japanischen Besteigung über den Nordostgrat und die Nordflanke.

Noel, Capt. J. B. L. *The Tragedy of Everest*. London, 1922. Expeditionsfilm. Auch lieferbar unter dem Titel *Climbing Mount Everest* in *Everest* von W. Unsworth (London: Allen Lane, 1981); es ist unklar, ob der Film unter zwei Titeln bekannt ist oder ob zwei verschiedene Versionen existieren.

—. *Epic of Everest*. London: Explore Films, 1924. Expeditionsfilm.

Peet, S. *The Mystery of Mallory and Irvine*. London: British Broadcasting Corporation, 1974. »Yesterday's Witness«-Dokumentarfilm; enthält Filmmaterial von Capt. J. B. L. Noels Filmen und Interviews mit Noel, N. E. Odell und T. H. Somervell.

People's Republic of China. *Conquering the World's Highest Peak*. Peking: Chinesisches Wochenschau- und Dokumentarfilmstudio, 1960. Expeditionsfilm von der chinesischen Besteigung an der Nordseite von Wang Hsi-mou und Mou Sheng (mit Filmbeiträgen von Chu Yin-hua, Shi Ching, Wang Fu-chou und Liu Chi-Ming).

People's Republic of China. *Another Ascent of the World's Highest Peak*. Peking: Chinesisches Wochenschau- und Dokumentarfilmstudio, 1975. Expeditionsfilm über die chinesische Besteigung; Gipfel-Aufnahmen Kunga Pasang, Ngapo Khyen, Hou Shen-fu und Sodnam Norbu.

Reneker, S. *The 1995 American Mount Everest Expedition*. S. Reneker, 1996. Video (50 Minuten) vom »Commemorative Climb« des Enkels Mallorys 1995 auf der Nordsattelroute. Nur Standfotos von der Gipfelbesteigung.

Three Flags over Everest. Pal Productions, 1990. Video (50 Minuten) vom 1990 gemeinsam von den USA, der UdSSR und China unternommenen »Peace Climb«-Aufstieg auf der Nordsattelroute.

Whetu, M., und M. Perry. *Mount Everest, the Summit of Dreams*. Bellingham, Wash.: Peak Media, 1995. Video (45 Minuten) von der 1994er Besteigung auf der Nordsattelroute und von der Tragödie (zusätzliches Filmmaterial von D. Hahn, C. Fawley und R. Robert). Die mitgelieferte CD-ROM *Everest – Quest for the Summit of Dreams* enthält wahrscheinlich die umfassendste Sammlung von Fotos von der Nordsattelroute, einschließlich der Stufen des Gipfelgrats.

Wyn-Harris, P. *Climbing Mount Everest*. Privat produzierter Expeditionsfilm, 1933; zeigt Aufnahmen von der Gegend, wo der Eispickel gefunden wurde. Auch lieferbar unter dem Titel *The Fourth Everest Expedition* in *Everest* von W. Unsworth (London: Allen Lane, 1981).

Register